南开人物志

南开故事丛书·第二辑

（第二辑）

王文俊　主编

南开大学出版社

图书在版编目(CIP)数据

南开人物志 第 2 辑 / 王文俊主编. —天津：南开大学
出版社，1999.10(2016.6 重印)
ISBN 978-7-310-01336-4

Ⅰ. ①南… Ⅱ. ①王… Ⅲ. ①南开大学－名人－生平事
迹 Ⅳ. ①K820.821

中国版本图书馆 CIP 数据核字(1999)第 60102 号

南开大学出版社出版发行
出版人:孙克强
地址:天津市南开区卫津路 94 号　　邮政编码:300071
营销部电话:(022)23508339　23500755
营销部传真:(022)23508542　　邮购部电话:(022)23502200
*
天津泰宇印务有限公司印刷
全国各地新华书店经销
*
1999 年 10 月第 1 版　　2016 年 6 月第 2 次印刷
230×155 毫米　16 开本　19 印张　2 插页　270 千字
定价:46.00 元

如遇图书印装质量问题,请与本社营销部联系调换,电话:(022)23507125

出版说明

巍巍学府,百年南开。

南开大学是一所有着深厚的历史积淀的大学,也是一所有着丰厚的文化底蕴的大学,更是一所有着动人故事的大学。

从诞生伊始,南开大学经历了"五四"肇兴、筚路蓝缕、弦诵西南、浴火重生、创新发展等艰辛而辉煌的历程。一百年来,南开大学始终将教育与国家的命运、教育与民族的前途、教育与社会的发展紧密相联。为了实现中华民族的伟大复兴,一代又一代的南开人秉承"允公允能,日新月异"的校训,发扬"爱国、敬业、创新、乐群"的光荣传统,团结努力,不懈奋斗。在一百年的沧桑历程中,南开大学涌现出许许多多杰出的人物、动人的事迹和耐人寻味的故事,这些故事被一代代南开人书写、传承和弘扬,在过去发生,在未来继续,永远不会终结。

为了迎接南开大学百年校庆,我们在积累下来的出版资源的基础上,决定编辑出版"南开故事丛书",其目的在于保存历史文献,传承南开精神,为南开校友和广大读者奉献一部鲜活的南开记录。

《南开人物志》是一部对在南开大学发展史上做出突出贡献的部分人物所做的传略汇编,旨在讴歌先驱,激励当代,垂范未来。第二辑集中记述了新中国成立后的知名学者和教育家,如吴大任、申泮文、杨敬年、李霁野、季陶达、李何林、朱维之、何炳林等,他们是在各学科领域成就卓著的专家学者,是毕生献身于南开教育的授业良师。

该书原收入"纪念南开大学建校八十周年丛书",由我社于1999年10月出版,此次编入"南开故事丛书"第二辑。

南开大学出版社

2016 年 4 月

目 录

侯洛荀

  侯洛荀,1901 年 8 月 15 日出生于浙江省平湖县一个贫苦家庭。他少年时代正是清朝末年和北洋军阀统治时期。当时的中国政治腐败,经济凋敝,内战频起,外国侵略者横行霸道,为所欲为,中国人民生活贫困,体弱多病,被外国人称为"东亚病夫"。在浙江省嘉兴县浙江第二中学读书时,侯洛荀认识到要使中国富强起来就要有强壮的身体,强身、强种才能强国。他放学后经常到嘉兴南湖划赛艇,锻炼身体,磨炼意志。中学毕业后,侯洛荀放弃了报考中文系的机会,毅然考入南京东南大学体育系。1924 年以优异的成绩毕业,接受张伯苓的聘请到南开学校任体育教员。从 1926 年起一直在南开工作。

  1937 年 7 月,南开遭日军飞机轰炸前夕,侯洛荀终日忙于抢救学校设备,置家室妻儿于不顾。1937 年 11 月,侯洛荀在长沙临时大学任教,并兼任教室宿舍设备委员会委员。南京失守后,日军飞机对长沙的轰炸日益加剧,师生们已不能安心上课。1938 年 1 月 20 日学校决定搬迁昆明,制定了陆、海两路入滇的计划:校本部女生及年老体弱师生走海路;男生和身体健壮的教师组成"湘黔滇旅行团"步行去昆明。陆路步行师生 336 人,其中教师 11 人,侯洛荀就是其中之一。1938 年 2 月中旬踏上漫漫征途,他们每人每天三角钱的伙食费,在风雨泥泞中跋涉,在高山上攀行。有时借住荒村野店,睡在稻草窝中;有时投宿破旧古庙,伴着泥塑偶像入眠,和庙里存放的棺材为邻;有时与猪、牛同屋。他们沿途高唱抗日救亡歌曲,1938 年 4 月 28 日抵达昆明。5 月 4 日开学。西南联大校舍以泥土为墙,茅草或铁皮为顶。体育设施缺乏,条件很差。学生生活艰苦,经常躲避日机空袭,跑"警报",有时不得不在早晨七点上课,但学校十分重视体育教育,规定体育是必修课,必须学满四年,不足四年者不能毕业。侯洛荀在联大执教八年期间,克服重重困难,想方设法坚持体育教学,对学生要求严格,认真负责。每当教授球类技术时,他都不厌其烦地为学生作示范动作。在篮球教学中,他要求学生每一分钟投12个球。当时学生经济条件很差,上体育课时衣鞋破烂,有的卷起长裤练长跑,有的用麻绳捆着掉了底的鞋子打篮球。为了使更多的学生参加体育锻炼,侯洛荀利用纪念日、节假日组织学生去滇池、抚仙湖或杨宗海爬山、游泳,还组成篮球、排球、足球、棒球等校队进行训练、比赛。他指导学生成立体育协会开展体育活动,组织运动队参加云南省教育厅举办的各项比赛。在此期间,侯洛荀被提升为副教授。

抗日战争胜利后,联大三校迁回原址。1946年10月17日,南开大学在八里台举行复校开学典礼,侯洛荀被聘为体育组主任。复校后,体育依然同过去一样受到重视。学生每周上三小时体育课;不得无故缺课,无故缺课满10小时者,由注册课予以警告。四年中,体育课占12学分,不修满体育不准毕业。体育课以外,还指导学生组织体育团体,如野猿体育会、铁马体育会、南光体育会等,课余时间组织学生锻炼身体并组织举办体育比赛,很受同学们欢迎。为进一步推动学校体育活动的开展,他除经常组织院系排球、篮球、划船等比赛外,每年春秋两季还要举办一次全校规模的运动会,规定学生每人必须参加一项竞赛,成绩在前四名者,分别予以金牌或银牌作为纪念。上述措施,极大地调动了全体同学参加体育活动的积极性,因而奠定了南开重视体育的基础,形成了南开体育教育的特色。天津解放时,侯洛荀担任南开大学保安组组长,为保卫学校免遭国民党反动派破坏做了大量工作。1950年晋升为教授。

侯洛荀除担任南开大学体育教员外,还积极参与社会体育工作。1930年至解放前夕,他担任了大多数全国运动会的裁判工作。1936年第十一届奥运会在德国柏林举行,他作为中国体育考察团成员观摩了奥运会并对德国等九个国家进行了考察。

解放后,他一直担任天津市足球协会主席职务。1960年出任河北省体委副主任。历任河北省第一、第二届政协委员,第三、第四届政协常委,天津市第三届至第十一届人大代表。他还是中国民主促进会成员。他一生追求光明,追求进步,热爱共产党,热爱社会主义。几十年来,他作为政协委员、人大代表积极宣传并带头执行党和国家的方针、路线、政策,主动负责地向党和政府反映群众特别是教师和体育界的疾苦和要求,诚心诚意地为党和政府献计献策,坦诚地提出自己的意见或建议,如八里台学校门前的卫津河得以治理就是侯洛荀等上书市长李瑞环同志的功劳。

他经常用新旧社会的对比和自己的亲身经历教育青年教师热爱党,珍惜新社会,努力工作,为人师表,无愧于南开大学体育教师的称号。他经常对身边的人说,旧中国政治腐败,经济落后,外国人说我们是东亚病夫,我之所以学体育、干体育就是想甩掉东亚病夫的帽子,但那时的政府不行,光靠个人拼搏无回天之力。只有在共产党、毛主席领导下解放了中国,体育事业才取得了辉煌的成绩,现在谁还敢说我们是东亚病夫!他对党的感激之情、自豪之感溢于言表。

侯洛荀作为南开元老之一,谦逊朴实,有很强的组织观念,对学校党政领导,对体育教研室历任党组织的负责人十分尊重,遇事共同商量,不擅作主张。学校党政领导和各系各部门的领导以及许多名流教授不少是侯洛荀的学生。他们对侯洛荀十分尊重、爱戴;而侯洛荀对他们布置的工作,提出的要求,总是一丝不苟,竭尽全力执行照办。

吴大任二十世纪二十年代在南开读书时,侯洛荀曾是他的体育老师。新中国成立以后,吴大任先后担任南开大学教务长、副校长,成为侯洛荀的直接领导。吴校长对侯洛荀之尊重,侯洛荀对吴校长之敬服,两人关系之融洽,情义之深厚,堪称学界之楷模。

一、坚持原则,刚直不阿

在侯洛荀领导下工作过的同仁们都知道,他平时对体育教研室的每个人都很热情,很和善。但如果工作马虎不负责任,迟到早退,玩忽职守,让侯洛荀看到或知道,他绝不轻饶,该说的说,该批的批,该罚的罚。谁要想找侯洛荀违反原则办点私事,讨个便宜,那算是走错了"衙门",找错了人了。初建时的南开大学游泳池是当时天津为数不多的一个,几十年来在他的指导下管理得井井有条,不管是谁来游泳必须遵守制度。在制度和规矩面前侯洛荀是铁面无私、六亲不认的。

二十世纪三十年代天津举办"万国足球赛"。那些以主子自居的外国人不仅平日里飞扬跋扈胡作非为，在足球比赛时也称王称霸。有的还挎着手枪上场比赛，很多人不敢担任裁判工作，而侯洛荀毅然执法，表现出非凡的胆识。公正准确的裁决，使外国人也不得不赞叹折服！

"文化大革命"期间，在一次工宣队组织的批斗会上，有的人厉声问侯洛荀"某某（指被批斗者）是不是坏蛋？"侯洛荀义正词严地回答："不是！"这一下捅了马蜂窝，参加会的侯洛荀也成了被批判的对象，责令他站在一旁低头弯腰，接着问他"是不是坏蛋？"侯洛荀掷地有声地说道："不是！"

二、克己奉公，清正廉洁

侯洛荀执教六十余载，为"官"几十年，克己奉公，清正廉洁。1952年调整工资时，一般人都想长一级工资，侯洛荀却上书校领导说自己工资高，生活好，要求领导给他降一级工资，补给低工资的同志。侯洛荀上了年纪后主要做体育教研室的行政工作，不再教课了，他主动提出不领运动服。有个教师刚从国家队回校教课，侯洛荀主动把自己的运动服送给这位老师穿。有一年发给他的冰鞋放在办公室里被别人拿走了，他自己掏腰包赔了鞋钱。1976年大地震时，他已75岁高龄，子女又不在身边。为了防震，他和夫人睡在住宅外边，当时体育教研室有不少油毡、木板，有的同志要主动为他搭个防震棚，他执意不肯。有时他请体育教研室的修鞋师傅修鞋，修好后一定要付钱然后上缴学校。按侯洛荀的身份、资历、声望以及对南开的贡献，住三室的房子是顺理成章的事。但侯洛荀考虑到学校经费困难，住房紧张，他和儿子一家一直挤在两室的房子内，不肯向领导申请三居室，以减少学校的负担。

1990年5月27日侯洛荀不幸逝世，对后事安排他留下遗嘱：一切从简，不送花圈，不开追悼会，不惊动领导和同事们，不提任何要求，把骨灰撒到家乡的土地上。

三、工作极端负责，爱护学校荣誉

解放前和解放初期南开大学体育教师有六七人。体育教师不仅要带学生出早操、上体育课、指导学生课外体育锻炼，还要经常组织各种球类比赛。夏天组织游泳，冬天组织滑冰，在开洼地里练长跑。每年还要组织篮、排、足、棒球队外出比赛。在张伯苓校长的倡导和南开老一辈的体育教师的努力下，重视体育蔚然成风，体育事业蓬勃发展。体育成为南开的传统和骄傲，这其中侯洛荀功不可没！

侯洛荀从 1946 年南开大学复校后到 1985 年退休，一直担任南开体育教研室主任。在长达 40 年的时间里，他把体育教研室的工作当成头等大事，当成自己生活的一部分，兢兢业业，克尽职守。每天早晨都要到操场上看看学生出操的情况，一直到 80 多岁高龄走路有些吃力了，还要骑着自行车到操场上转一转，看一看。后来连骑车也困难了，拄着拐杖也要到操场上去。

几十年来他没请过假，每天他总是第一个来到教研室，最后一个离开。下班后他还要到操场上看看还有没有该收的器材没有收回来，学生有没有丢下东西，到各屋看看门锁了没有，灯熄了没有，窗户关了没有。节假日也要到教研室巡视一遍。

"不劳动者不得食"，"自己动手，丰衣足食"。这是侯洛荀的口头禅。在他的带动和感召下，几十年来，夏天游泳池的清扫管理、小修小补，冬天冰场的修整清扫推冰，运动场冰雪、雨水的清理与修整，教研室的卫生工作等等，都是由教师、干部、工人自己动手干。自己动手，勤俭节约，蔚然成风！

侯洛荀一生艰苦朴素，反对铺张浪费，能修的不丢，能用的不弃。至今体育部还有一批二十世纪五十年代的冰鞋在服役，不少是补了再补，修了再修，换了前掌包了后跟。侯洛荀提倡的这种精神、这种作风，带出的这种传统，是应该长期坚持和发扬的。

侯洛荀对学校体育运动队的组队、教育、管理、训练和比赛成绩十分重视，经常到训练场地了解情况，指导工作。每到比赛前他都要做动员，鼓干劲，提要求。他经常说：外出比赛一穿上印有"南开大学"四个字的运动服就是代表着南开上万人，一定要体现出南开人的风格，赛出南开人的水平。哪个队在天津市或全国比赛中取得了好成绩，他都会像年轻人一样高兴。"文化大革命"以前，运动队没有奖金，不能奖励为校争光的运动员、教练员，侯洛荀就自己出钱犒赏他们。

他还经常给运动员讲南开的老校长张伯苓重视体育、重视运动队建设的事迹，讲南开体育的光荣传统。尤其是"南开五虎"威震东南亚的事迹更是侯洛荀用以激励后人的生动教材。对历史上为南开争光的那些运动员、教练员的人品、风貌、技术特点、比赛风格、成长过程、重大比赛的情节，侯洛荀如数家珍，常常向教师和运动员讲述，至今大家还记忆犹新。

四、尊贤任能，信忠纳谏

二十世纪五六十年代体育教研室人员虽不多，但集中了京津和华北地区体育教师的一批精英，用侯洛荀常说的话形容就是"群贤毕至，少长咸集"。他经常说这样一句话："我将随众君之后，活到老学到老。"这既是侯洛荀永不满足、不断进取的写照，也是他真心实意地信任、尊重、激励下属的肺腑之言。

侯洛荀在工作中从不居功自傲，也不忌贤妒能，而是知人善任，量才使用，充分发挥每个教师的积极性。工作做好了他高兴表扬，从不埋没别人的成绩；工作出了问题他主动承担责任，耐心帮助总结教训，从不诿过于人。做一项工作，决定一件事情，他总是要听听大家的意见，让大家出出主意，可以七嘴八舌，也可以争得面红耳赤，即使有反对的意见甚至过激的言辞，也能耐心地听，虚心考虑。谁的主意好，办法高就按谁的办。大家都有这种体会，跟侯洛荀说话办事不必兜圈子，不必有顾虑。在这样的领导者手下干工作，气顺、心舒、痛快。

古人说："乐民之乐者，民亦乐其乐；忧民之忧者，民亦忧其忧。"侯洛荀之所以在我校教职工中、在体育界享有盛誉，受到人们的尊重与思念，与他关心同志们的疾苦，爱护部下，提携部下有很大关系。有一位年轻教师工作认真成绩显著，他便向学校领导反映应该加薪晋级。一位老师因公病倒，他煮好牛奶亲自端到床前。一位工人过年时手头有些困难,他解囊相助。一位教师"文化大革命"期间,房屋被抢占,住在跳坑式屋里,大雨之后他蹚着没膝深的水前去探询。夏天教师们劳动之后,他自己掏钱给大家买冰棍、糖果进行慰问。

解放前,在第一任校长张伯苓的关心和倡导下,在侯洛荀等体育教师卓有成效的辛勤耕耘下,南开形成了良好的体育传统。既重视体育教学、群体工作,又重视运动队建设、运动场地和设备的建设;既重视运动成绩的优劣,更重视培养优良的体育道德风尚。南开的足球队、网球队、棒球队,特别是"南开五虎"篮球队都是全国闻名的。解放后南开体育有了长足发展,特别是改革开放以来取得了可喜的成绩:体育教学荣获全国百名先进校称号;群众性体育工作受到国家体委的表彰;运动队训练荣获国家教委颁发的优秀学校称号,特别是女子排球队跻身于全国女排甲级队行列,战胜不少省市专业运动队。南开大学女子排球队是目前全国甲级队中唯一的一支大学生运动队,在全国体育界、教育界引起很大的震动。1990年应邀访问日本,与日本七所大学队比赛七战七胜,在日本学界产生强烈的反响,为中国大学生、为南开大学增添了光彩。

南开体育的发展,南开体育的辉煌,与侯洛荀教授的敬业精神、辛勤耕耘、言传身教密不可分。侯洛荀教授是南开体育的功臣。

(邢纯贵)

吴大任

吴大任教授在我国数学界和教育界素享盛名。在新中国成立以后的 30 余年中，他长期任南开大学教务长、副校长，中国数学会副理事长、名誉理事长，天津市科协副主席、名誉主席等职。他一生坚持真理，追求进步，治学严谨，学力深厚，淡泊名利，勤勉敬业，为南开大学的发展和我国高等教育及科学事业作出了卓越的贡献。

吴大任原籍广东肇庆，1908 年出生于天津。考入南开大学后，最初攻读物理学，1927 年我国现代数学奠基人姜立夫先生重返南开教席，他为姜先生所吸引，很快转到数学系。当时理学院每年仅设一个奖学金名额，而他独获两次。1930 年以最优等成绩毕业后考取清华大学奖学金研究生，但由于家境变迁，未能前往就读，后到中山大学、南开大学任助教。1933 年，考取首届中英庚款公费留学生，入英国伦敦大学研究生院，两年后以优异成绩获硕士学位。1935 年到德国汉堡大学作访问学者，在德国发表了关于积分几何和椭圆几何的两篇论文，由于具有较高的创造性本可以取得博士学位，只因作为进修人员手续不完备而未实现。对此，他的指导教授布拉施克异常惋惜。这一时期的学习为他在几何学研究上奠定了良好的基础。1937 年回国后，先后在武汉大学、四川大学任教。1946 年他谢绝几所大学的盛邀，怀着深厚的感情重返哺育他成长的母校南开大学，从事积分几何、射影几何、非欧空间微分几何研究，发表多篇论文，显示了他在学术上的功力；在教学上，以逻辑谨严、语言洗练著称，深受学生的欢迎。

一、在党和国家需要与个人理想之间，他毅然选择了前者

吴大任是一代爱国知识分子的代表。早在青少年时代，他就怀着

拯救国家的热望立志成为一名科学家。但是,当他从国外学成归来后,国家、民族正处在危急存亡的关头。他在四川大学任教时,目睹国民党特务横行,学术空气窒息。1945年,校方指使特务学生陷害三名进步教授,吴大任为此极为愤慨,和其他教授一起要求校方开除特务学生。他还和其他进步教授联名抗议国民党政府的反动政策,并以罢教行动声援全国反独裁、反饥饿运动。回到南开大学后,在进步师生影响下,他的正义感更加强烈,爱憎更加鲜明。他继续积极参加反内战、反饥饿运动,在代理教务长期间,曾多次保护进步学生,而当特务学生野蛮殴打进步学生时,他则主张严厉惩处。1948年,上海交大一名学生因领导学运暴露了共产党员身份,党组织派他到北方建立党的联络站。虽经陈省身教授介绍,其他学校亦不敢收留,而吴大任却把他留在南开作自己的助教。不仅使这个学生从事党的工作有了方便条件,而且又在学术上得到了吴大任的教益。这个学生就是著名数学家、南开大学前副校长胡国定教授。吴大任追求进步的思想行为,受到地下党组织的重视。在党的关怀教育下,这位曾经对中国的前途感到迷茫的爱国知识分子,终于看到了祖国的前途和希望。1951年,吴大任在怀仁堂亲自聆听了周恩来总理关于知识分子工作的报告,周总理的亲切教诲使他激动不已,精神无比振奋,于1956年加入中国共产党,他决心把自己的全部知识才能贡献给新中国的教育和科学事业。

吴大任是中国较早从事积分几何研究的数学家之一。他第一次把欧氏空间积分几何的基本成果,推广到三维椭圆空间。他还证明了关于欧氏平面和空间中的凸体弦幂积分的一系列不等式。正当吴大任准备在数学研究中一展宏图的时候,党组织要求他出任新中国成立后南开大学的第一任教务长。1961年他又被任命为副校长。这一事业的重大转折,意味着将要放弃半生的追求。生命有限,学海无涯。尽管在数学的海洋尽情地遨游是他梦寐以求的夙愿,然而,吴大任把个人价值的实现,与党和国家及南开大学的事业紧密联系在一起。他坚信,科学的高校管理是我国高等教育实现快速发展的重要环节,对于祖国培养高级人才意义重大。在党和国家的需要与个人理想之间,他毅然选择了前者。在此后长达30余年的时间里,作为学校的领导者,以他的智慧、坚韧的意志,克服困难,全心全意地致力于南开建设,在领导教学、科研的工作实践中,不断研究、总结高等教育的规律。在他的辛勤努力下,南开大学无论在教学、科研方面,还是在学科建设、师资队伍建设以及在培养人才质量方面,都获得了很大发展。他对南开的建树,他为祖国的教育科学事业做出的贡献,人民是不会忘记的。

多年以后,许多人仍然认为,凭吴大任在数学研究方面的深厚功力和刻苦精神,如果以往的光阴不被行政管理所占用,他在几何研究领域可能取得更高的成就。对此,吴大任表现出很高的思想境界。他说:"国民党时代我只能管自己。在共产党领导下,我对祖国的未来就像真理必然要胜利一样充满信心。搞管理工作是党的需要,不是我干就是别人干,党把任务交给我,我就全力以赴地去干。如果说我基本上完成了这个历史任务的话,那么我就终身无憾了。"

二、他一系列教育主张的精辟正确,一再被实践所证明

吴大任作为数学家、教育家所拥有的知识、敏锐的观察力以及数十年积累的经验,使他对教育管理,对教育工作的诸多问题都具有深刻的见解,形成了一系列的教育主张。

在高等学校的教育目标问题上,针对如何把学生培养成国家所需要的人才,他提出因材施教的方针。他认为,人的思想、智力、体力及兴趣等都有差异,有时差异还很大。因材施教就是针对这种差异的教育原则。国家对于人才的需求也是多种多样的,贯彻因材施教的原则正可以把不同的教育对象培养成国家所需要的各种人才。1980 年,他在《人民教育》第 4 期上发表《实行学分制的几点设想——兼论教学计划》的文章,详尽分析了当时整个高等教育中施行的学年制专业太专、基础太窄、课程太多、计划太死的弊端,以主动适应国家经济和社会发展需要和培养新型人才的战略眼光,阐述了推行学分制与培养目标的关系,转变教育思想与改革教育模式、教学的关系,提出了试行学分制的设想以及如何克服主客观障碍。学分制在全国高校中普遍实施后,在许多方面都印证了他的设想。在工作实践中,他还创造了许多鼓励人才脱颖而出的方法,如在奖励制度上,主张既要评选三好学生,又要设各种

单项奖励,南开大学姜立夫奖学金就是由他和陈省身教授等人力主创立的。

他一贯主张加强基础课教学和基本技能训练。高校如何在有限的时间里合理地组织教学,是一个极其重要和复杂的问题。吴大任认为,学校教育的任务不仅是传授知识,更重要的是通过基本训练,培养学生自学能力、获取新知识和创造性地发展知识的能力。他指出:"学校不可能把学生毕业后所需用的知识全教给学生,但只要帮助学生打好坚实的基础,端正学习态度,掌握学习方法和研究方法,他们就一生受用不尽。"他曾形象地作比喻,培养学生要"点铁成金",而不是赠他们一枚"金戒指"。因此,他主张在高校要加深加厚基础,使学生有扎实的基本功,能够独立分析与解决问题,并及时让学生掌握正确的学习方法和治学方法,培养他们的书面与口头的逻辑表达能力。基于对学生能力的培养是教学的主要目的和意图的认识,他曾反复强调,为使学生学得积极主动,教师授课要提纲挈领,以讲道理为主,技巧为副;要减轻学生学习负担,使学生有充分独立思考、消化钻研的余地,有较多时间接触各种书刊和社会实际。他特别指出,这个问题越到高年级,特别是研究生阶段,越是重要。这与我们今天所提倡的加强课程的基础性,大力开展素质教育,拓宽专业口径,培养基础宽厚的德、智、体、美全面发展的人才,是完全一致的。

重视教育质量,是吴大任又一个一贯的教育思想。他认为,质量低下的数量是有水分的、甚至是虚假的数量。他主张对学生提出严格的要求。1961年,在他领导下制定了《南开学则》,对学生入学、考核、毕业及组织纪律、规章制度、奖惩办法等作了详尽的规定,效果良好。尽管因此他在"文革"中受到无端批判,"文革"后他仍坚持主张恢复《学则》,并在原有基础上实事求是地作了修订,使之更加完善,为加强学生管理、提高教学质量建立了很好的基础。南开大学素以管理严格、学风严谨著称,与吴大任等老一代南开人所一贯坚持的主张是分不开的。在近些年的教育改革中,南开大学作出关于教学管理的一系列规定,收到显著效果,在国内高校中产生了积极影响。对此,《人民日报》曾以《南开学风,堪称一流》为题进行报道。

吴大任长期致力于南开的建设,致力于高等教育事业的发展,至精至诚,呕心沥血。他关于教育投资是最有效的投资、综合大学与单科学院人才培养应有不同规格以及为统筹、领导全国教育工作建议组建国家教育委员会和适当延长中小学制等的一系列教育主张及实施意见,都已被实践证明是正确的。在我们面向二十一世纪进行教育教学改革的今天,仍然具有借鉴意义。这一个个建议,一篇篇文章,一席席谈话,是他多年教育管理经验的结晶,其中渗透着数学家缜密、冷峻的思维,更饱含着一位爱国知识分子的敬业、奉献精神。

三、他衷心希望世纪之交中国成为数学大国　　南开跻身于世界先进学校之列

几十年来,吴大任几乎把他的全部精力倾注于教育和科学事业。虽然他的大部分时间用于行政管理和社会工作,但他一直承担教学任务,还亲自投入科研工作。他在积分几何、射影几何、非欧几何、圆素和球素几何及微分几何应用方面,发表了有重要意义的论文和著(译)作20多篇(本)。其中《微分几何讲义》获第二届全国优秀科技图书一等奖及国家教委优秀教材一等奖,《空间解析几何引论》获得国家教委优秀教材一等奖。此外,他还积极指导中山大学的青年教师整理姜立夫先生数学研究的遗稿。就是在"文革"那寒月如霜的年代里,他也不甘庸闲遣日,与数学系几位教师一起从事齿轮啮合理论研究。由于在理论上有所发现,在实践中得到验证和应用,受到1978年全国科学大会表彰并获得天津市科技成果一等奖。

在吴大任辞去领导职务之后,虽已年过古稀,双耳失聪,却依然关心着教育和科学事业的发展,默默地奉献着他的广博知识和宝贵经验。为了培养高级数学人才,使我国早日成为数学大国,他多次向国家教育部门建议,聘请国际一流数学家来华作长期讲学。他在与陈省身教授的书信往来和会晤中,经常介绍国内建设和发展情况,同时为争取和安排陈省身教授回国工作创造条件。在吴大任的努力下,1984年陈省身接受原国家教育部的邀请,出任南开数学研究所所长。吴大任为南开数学研究所拟就办所宗旨:"立足南开,面向全国,放眼世界。"

南开人还清楚地记得,在 1988 年师生员工为吴大任举行的执教 50 周年庆祝会上,他除了简要回顾从事教育工作的经历及深切感受外,主要谈了七点对教育及学校工作的建设与希望。他充满感情的声音至今仍回响在人们耳边:"衷心希望在本世纪与下个世纪之交,中国成为数学大国,南开能跻身于世界先进学校之列!"

一个民族不能没有自己的民族精神。

一个人亦不能没有自己热切的期盼。

吴大任所由衷希望的,也正是南开全体师生员工的共同心愿。

中华民族精神中最撼人心魄的情愫是奉献——这在吴大任教授的事业中得到了充分的体现;共产党员最坚定的信念是全人类美好理想的实现——吴大任教授已用他的一生去证明、去实践。现在,吴大任教授离开了我们。然而他的精神,他的业绩,在南开人的心中树起了一座丰碑;他对祖国教育科学事业的一片真情,也永远地留在了人间。

（王　巍）

王赣愚

　　王赣愚(1906—1997)，原名王家茂，字贡予，祖籍江西，生于福建省福州市。

　　王赣愚出生于一个小职员家庭，幼时家境比较艰难。7岁入私塾读书，9岁在福州鹤龄英华书院学习。1925年考入清华大学政治学系，课余从事译作。1929年参加公费留美考试，被选派到美国哈佛大学留学，获政治学硕士和博士学位；旋即又去英国伦敦大学和德国柏林大学短期进修、访问。1933年底回国，在南京中央政治学院任教授；1935年来南开大学任教，1937年南开大学遭日军轰炸，王赣愚随校南迁昆明；后被熊庆来校长聘为云南大学教授；1941年又返西南联大政治系任教，直至1946年联大结束，1946年他应聘到美国州立华盛顿大学政治系、远东系执教；1949年再度回国后，长期任教于南开大学，先是担任财经学院院长；1952年院系调整后任经济系教授；1985年后任国际经济系教授。

　　王赣愚作为一名著名学者，长期潜心于政治学和经济学两个领域的教学研究工作，并有较深的造诣。根据时期的不同，他关注的学科也有所不同。新中国成立前，他基本上侧重于政治学领域；新中国建立后，政治系被取消，他转向于经济学的教学和研究工作。

　　大学求学时期，王赣愚思想活跃、勤奋好学，尤对政治学有浓厚的兴趣。当他还是清华大学二年级学生时，就参加了由世界书局主办的全国英文论文竞赛，名列榜首。他经常为当时的《国闻周报》《大公报》星期论文栏撰稿，并撰写了大量政治学研究论文，陆续发表在《东方杂志》《民族》等刊物上。在美、英、德三国的学习和进修，使他如虎添翼，眼界大开，熟悉、了解了西方的文化政治背景。如果说勤奋和聪颖为他在政治学方面取得成就打下了坚实的基础,那么南开大学优越的学术环境为他的成长创造了良好的条件。

著名物理学家吴大猷曾经说过:南开在教育上的成就不在于一味强调延揽现成的人才,更重要的在于藉伯乐识才之能,聘得年轻学者,予以适宜的研教环境,使其继续成长,卒有大成。二十世纪三十年代,一批刚刚留美回国的青年学者,都想在事业上有所贡献,他们对学术环境看得比较重要。南开的薪水虽低,但专心致力于学术研究的学者,都认为有利于自己的前途。当时报载:南开"教授待遇虽不优,而能奋勉从事;有的教授在职十年,其他大学虽以重金邀约,亦不离去。"王赣愚就是以这样的眼光与抱负来南开任教的,被聘为政治学系教授时刚进而立之年。当时南开的政治学系有较为深厚的基础。从学校建立起一直是文科的一个重点,历年来虽经数次科系变动,但以政治类课程为主的学系始终弦歌不辍,而且非常活跃,学术气氛颇为浓厚。正如一篇介绍该系的文章中写道:在这里,"你可以自由地研究各种政治思想、制度、人物和现象,你可以听到卢梭、孟德斯鸠的学说;你可以明瞭英美的政治,也可以明瞭苏联的制度;……你可以清楚过去的演变,也可以判明未来的进程。"著名的学者余文灿、孙启濂、胡理(美籍)、徐谟、沈仲端、肖公权等曾先后执教该系,其中不少是有声于时的学者,其学术文章,均已驰誉海内。处在这样的学术环境中,王赣愚的学术抱负得以施展。他开设的课程有中国当代政治问题、政治学原理、比较政治、国际法、国际关系、西洋政治思想史等,这些课程讲解了国家的起源及性质,政治的分类及异同,尤其比较详细地用比较的方法研究了英美等国的政体现状,从而拓展了该系的授课内容。由于才学得以发挥,加之当时校长张伯苓处处创造"家庭学校"的气氛,如新教师到校,召开茶话会;每到放假学校宴请全体教职人员,以酬谢一年之辛劳,一切融融和畅,这一时期是王赣愚最为愉快的时期之一。

1937年南开遭侵华日军轰炸,被迫南迁,与清华、北大合组西南联合大学。王赣愚即先到达云南,与龙云、缪云台等相识,做了一些中间工作,为建立西南联大付出了一定的心力。1941年,王赣愚复返西南联大政治系任教。尽管环境恶劣,仍在政治学方面取得丰硕的成果,与张奚若、钱端升两教授被称为"西南联大政治系三杰"。

西南联大设有文学、理学、法商、工学、师范等 5 个学院 26 个系,全校教师 350 人左右,约占当时全国国立大学教师总数的 9%~10%,集中了中国自然科学和社会科学界的一大批精英。政治学系隶属法商学院,系主任为张奚若(后为崔书琴)。在此期间,王赣愚除以前开设的一些课程外,还与钱端升合作讲授了中国政治制度等课程。教学研究之外,还积极在各种讲座、演讲活动中,纵论时势。当时的法商学院经常举办时事政治方面的演讲,如 1944 年主办宪政问题系列演讲,历时两月有余,内容包括宪政与政治、经济、文化、教育等方面;1945 年又主办了"战后的中国"系列讲座,对战后中国的国防、政治、经济、人口等问题展开讨论,王赣愚均积极参加。在中国国际同志会云南分会举行的"现代问题"演讲、女青年会举办的国际问题系列讲座中,他进行了"自由主义的危机""印度政治与中国前途""美国经济状况""法德政治制度"等演讲,受到学生的欢迎。

西南联大期间也是王赣愚在学术研究上的丰收期。1941 年,他的《中国政治改进》出版,该书系以前发表过的论文整理而成。在书中,王赣愚认为,任何国家在政治上有长足的进步,先决条件是国家统一。抗战是除旧革新的大时机,在政治上尤其应从观念到习惯上,进行自我检讨。他说:"我国政治向来失之于法者少,失之于人者多,因此谈政治改造者,对法固应重视,而对人更不容疏忽"。在此基础上,他阐述了中国政治制度的特点,对于根深蒂固的封建主义影响进行了批评,同时也评析了国民党中央政府与地方政府,以及人事行政方面的种种弊端。接着,《中国地方政府》(The Local Government of China——A Study of the Adiministrative Nature of Local Units,1945 年)、《新政治观》(1946 年)、《民治新论》(1946 年)和《民主独裁和战争》(1947 年)等专著先后出版。《中国地方政府》是他用英文撰写的著作,对秦汉至国民党统治时期的中央政府和地方政府的历史变迁做了详尽的阐述,认为中国历代政府的主要弊端是中央集权程度高,权力过分集中影响地方自治发展;主张孙中山的均权思想,合理划分中央和地方的权力。该书的出版在西方国家引起较大反响,至今国外许多研究中国政治制度的学者仍在引用书中的观点。后三部专著通过介绍美、英、法等国的政治制度,分析了当代政治的哲学背景及特点,阐述了民主政治与独裁政治的对立,抨击了法西斯独裁政治,并指出国民党政府在中国实行独裁政治是没有前途的。这些政治学著作的出版奠定了王赣愚在中国政治学领域的学术地位,也是他政治学思想成熟的一个标志。

抗战胜利后,王赣愚于1946年应聘赴美讲学,同时兼任复校后南开大学的政治系主任(未到职,由陈序经兼代)。1949年1月,天津解放。8月,王赣愚放弃国外优越的生活条件,再度回南开执教,当时南开政治学系已撤销,他被任命为财经学院院长兼经济研究所所长,并被选为校务委员会委员。新中国刚成立,百业待举,教育界也面临着教育体制、教学内容、教学方法等繁重而又艰巨的改革任务。他积极参加,推动了财经学院的各项改革。

南开大学财经学院是一个有较长历史、基础雄厚的学院,最初为商学院,后改为政治经济学院;解放后,为适应国家经济建设的发展和培养财经干部的迫切需要,更名为财经学院,设有政治经济系、财政系、金融贸易系(后分为金融系和贸易系)、会计统计系(后分为会计系和统计系)、企业管理系、经济研究所和贸易专修科。通过一系列改革,财经学院明确了自身任务,以对学生进行理论与技术并重的训练,培养学生以马列主义的立场、观点及方法处理实际财政经济问题的能力,造就具有高度文化水平、掌握科学技术业务和全心全意为人民服务的高级建设人才为主。该院各系围绕这个任务开展教学研究活动,比如当时称财经系为"新中国理财能手的保姆",金融贸易系为"高级金融人才的源泉",会计统计系"精打细算、实事求是"等等,其与国家经济建设的紧密结合略见一斑。为了更快地培养出大批国家经济建设急需的人才,当时中央贸易部特委托财经学院创设一个华北最大的培养贸易人才的贸易专修科,王赣愚亲自担任主任。此外,王赣愚还兼任经济研究所所长,该所是南开历史最悠久的研究机构,早已驰名海内外,自1935年始基本每年招收研究生,是培养高级经济人才的基地。王赣愚兼任所长期间,亲自讲授"马列名著选读"等课,培养出一批著名的经济学家,如谷书堂、熊性美、李竞能、何自强等。

1952 年院系调整，王赣愚从大局出发，积极参与了此项工作，作为"京津高等学校院系调整南开大学筹备委员会"13 位委员之一，为南开的院系调整做出了自己的贡献。此后，他还兼任天津市司法局局长。

一个已过不惑之年的人，尤其是在某个领域已有成就时，改变学术方向是较困难的，既有年龄的限制，又有功名所累，要有前功尽弃的准备。王赣愚勇敢地面对现实，适应形势的需要转攻经济学，并取得了显著的成果。他先后开设了马列主义基础、国家与法权、政治经济学史、当代资产阶级经济学批判等课。他结合教学需要，积极进行科研，撰写教材和论文。其中与季陶达、纪明山等教师合编的《政治经济学史》，由于选材面广，分析深刻，成为当时国内唯一的资料较为完备的教材。在讲授当代资产阶级经济学批判的教学过程中，他以联邦德国为代表的新自由主义思想和以美国罗斯托为代表的经济成长阶段论为讲授重点，引起经济学界的关注。在此基础上，他撰写了小册子《西德新自由主义》和长文《经济成长阶段论》，对当时盛行的所谓不发达国家经济发展最后必然导致资本主义的观点和传统的自由主义思潮进行了严肃批判，维护了马克思主义经济学的基本理论。此外，他还撰写了《我国宪法草案的人民民主性质》《批判社会科学领域中的唯心观点》等大量学术论文，发表在国内外的报刊上。

党的十一届三中全会以后，王赣愚焕发了青春。对当代经济的发展给予极大关注，他认为，当代国际经济有一个明显的特点，既分化，又联合；我国要建立新的经济体制，要配合政治的变化，以政治扶持、促进经济的发展，政治推动经济，经济是基础。他先后撰写了《资本国际化与跨国公司》《国际经济法初探》等论文。1983 年，他不顾年迈，率领天津部分专家学者赴闽考察，提出许多宝贵的建议，受到有关部门的重视。

王赣愚为人正直，平易近人，特别关心青年学者的成长，对培养研究生工作，认真负责。1986 年，在他 80 岁的时候，还认真备课，为国际经济系的研究生班讲授国际经济法。他学识渊博，讲课内容充实，经常有校外人员前来听课，或者邀请他到校外去讲课。由于年龄的缘故，他终于体力不支，晕倒在讲台上。离休以后，他仍关心时事，关心改革开放。

王赣愚追求进步,在新中国成立后的 40 余年风雨中,历尽坎坷,但他追随共产党锲而不舍,义无返顾。民主革命时期,他反对国民党的独裁统治,倡导民主,宣传宪政。1935 年在南开任教期间,因华北局势危机,他和几位同仁在《益世报》上发表了多篇国事论文,呼吁国内团结,共同抗日。西南联大时期,对国民党抗日不力和官僚机关的腐败产生了厌恶之心。1946 年,李公朴和闻一多遇难,使他进一步坚定了反蒋抗暴的决心。他积极参加民主革命活动,在教授会议上主张罢课,支持学生运动。同时经常参加反蒋宣传活动,参加主编《今日评论》《自由论坛》《当代评论》等进步刊物,揭露和抨击国民党政府的反动统治,成为当时西南联大有影响的民主进步教授之一。1946 年在美国华盛顾大学任教期间,经常撰文或者讲演,赞扬中国共产党领导的人民解放战争,批评国民党统治。1947 年 5 月,在美国普林斯顿大学建校二百周年纪念会上,应邀做了《对当前中国政治的观察》的演讲,引起中美舆论界的关注,被国民党报刊称为"中共的尾巴"。二十世纪五十年代,他曾向党组织提出入党申请,虽未被批准,但他毫无怨言,对人民的事业尽心尽责。十年"文革",虽身心受到严重摧残,多年心血积累的书稿被付之一炬,珍藏的名贵书画被洗劫一空,但未改变他对党的信念。"文革"结束后,他以杜甫的"古来存老马,不必取长途"自励,决心为党和国家贡献余热。二十世纪八十年代,他又多次提出入党要求。他在思想汇报中写道:"对我来说,申请入党不是为了获得什么'尊称',取得什么'资格',而是为了实现党的最终目标而奋斗","我虽已届耄耋之年,但尚能为党为人民做有益的事,有一份热,发一份光"。1988 年 10 月 21 日,党终于接纳了这位年已 82 岁的老学者,从此,王赣愚追寻了几十年的梦想终于实现了。他抑制不住内心的激动,感慨万端地说:"我要当一个忠诚的战士,把剩余的光和热贡献给人民。"

王赣愚教授对祖国有一颗赤子之心,他认为无论在国内还是国外求学,都是为了报效国家,而不是为了自己生活的舒适。基于这种信念,1933 年他在哈佛大学完成学业就回国任教;1949 年毅然放弃异国的舒适生活和优厚待遇,冲破重重阻力,怀着报国之心回到祖国,来南开执教。王赣愚夫妇身边无子女,独生子已是美国一所大学教授,加入美国国籍。他们夫妇与儿媳和两个孙女,都未见过面。许多人曾劝说两老到儿子身边生活,但他总是说,我是中国人,我是中国教授,我的事业在中国,怎么能躲在异国过优裕的生活呢? 由于亲人的一再恳求,他才于 1983 年与夫人一起赴美探亲。他在美国有许多亲朋好友和学生,纷纷邀他作客、座谈、演讲。他介绍中国四化建设的成就,热情回答人们就我国对外开放政策、祖国和平统一等所提出的种种问题。然而,一件突如其来的事情使他遭到沉重打击——和他共同生活了 50 年的老伴因心脏病突发不幸逝世。噩耗传开,亲朋故旧纷纷登门慰问并挽留他定居美国。一位学法律的亲戚劝他说:你过去曾长期在美国居住并工作,获有永久居住权。你的直系亲属又都在美国,按照美国法律,只要你本人同意,就可立刻办手续,取得美国公民资格。为了表明他坚决回国的态度,他给南开大学发了一封电报,爱人病逝,我即返回。终于提前 9 个月踏上归途,回到了这片生他养他的土地,回到了他眷恋着的南开园。南开大学派专车到首都机场迎接他,对他回校后的生活作了妥善安排,各方面倍加照顾。他说:"无论发生什么事也割不断我同祖国、人民的联系。留在美国,生活虽优裕,可精神空虚。我怎能坐在软软的摇椅上,一天天看着时光白白逝去呢! 我回来还要尽力工作,为祖国多贡献点余热。"殷殷之情,拳拳之心,这就是他的中国心!

王赣愚教授以这样的赤子之心走完了他的余年。人们永远不会忘记这位毕生献身教育、献身南开的著名学者。

(李旭炎)

杨志玖

南开大学历史学科是南开大学最具实力的人文学科之一。二十世纪二三十年代，众多名家陆续在该系讲学执教奠定了学科的基础；抗战时期，西南联大的三校雄厚师资保证了战争时期学科的发展。二十世纪四五十年代，更有一批卓越的历史学家先后荟萃南开，以他们辛勤的劳动和心血使南开历史学科确立了在全国高校和历史学界的一流地位，他们是南开历史学科壮大时期的骄傲和旗帜，杨志玖教授就是他们中间一位颇具代表性的人物。

杨志玖教授是著名的蒙元史、隋唐史、回族史、中西交通史专家。1941年，他应聘来到南开历史系，此后除了1944年至1946年间被借调到当时中央研究院历史语言研究所外，一直在南开大学工作，是迄今在历史系任教时间最长的教师。他在学术研究领域取得了突出的成就，对南开历史学科的建设做出了重大的贡献。

一

杨志玖，字佩之，1915年10月1日出生于山东省长山县周村镇（今淄博市周村区）一个回族家庭。三四岁时，父亲不幸去世，仅靠母亲和长兄劳作勉强维持生计。尽管家境贫寒，但杨志玖自小就表现出强烈的学习兴趣和能力，他记忆力出众，刻苦努力，成绩突出。一贯优异的成绩使他在高中、大学都获得了奖学金，加上家中的借贷和师友们的接济，从而完成了各个阶段的学业。1931年，他在班上十几个投考高中的同学中唯一考入山东省著名的济南高级中学，获得县教育局助学贷金。1934年夏，他又在全省高中毕业会考中取得第三名，获得省教育厅等部门的奖金，以此作为旅费，前往北平考大学，结果同时考取清华大学和北京大学。杨志玖本打算进北大英文系,他当时入学英文成绩在北大文学院名列第二,录取原本也无问题,不料由于教务处的人看错了分数,他被分配到了史学系,直到文学院长胡适召集新生宣布入学分数,他才得知事情真相。杨志玖后来回忆说,他本来可以向胡适说明并要求转系,但由于刚入学胆小怕说话,加上事先中学老师的劝说,所以没有坚持原来的志愿。一个偶然的因素和自身随和忠厚的性格就这样戏剧性地确定了杨志玖的历史研究之路。

入北大史学系后,杨志玖受教于郑天挺、钱穆、傅斯年等教授。1937年卢沟桥事变爆发,又随校迁往长沙、昆明,在由北大、清华、南开三所大学组成的西南联合大学继续学习。1938年8月大学毕业,被推荐到中央研究院历史语言研究所作为所外研究生(当时史语所尚未正式招研究生,故名所外)。1939年9月,考入北京大学文科研究所,师从姚从吾、向达二位教授专攻元史和中西交通史,并接受陈寅恪、罗常培、汤用彤诸先生指导。这一时期,杨志玖在学术上已开始显露头角。

1941年,杨志玖从北大文科研究所研究生毕业,姚从吾先生向南开大学文学院院长冯文潜先生推荐杨志玖到南开大学历史系任教。当时杨志玖可以留在北大当助教,也可以到历史语言研究所当助理研究员,时在成都齐鲁大学的顾颉刚和钱穆先生也邀请杨志玖到齐鲁大学当讲师,但杨志玖最终还是来到了南开。此时西南联大属下的南开大学历史系只有皮名举和蔡维藩两位先生,加上杨志玖,是西南联大最小的系。皮名举1942年赴湖南大学任教,蔡维藩后去了昆明师范学院,只有杨志玖一直留在了南开大学。1944年3月,史语所所长傅斯年先生"借调"杨志玖去史语所任助理研究员,帮助他编写中国边疆史。傅斯年赏识杨志玖的才华与人品,本来想以借调的名义把杨志玖留在所里。1946年,西南联大结束,南开大学回天津复校,学校急电速召杨志玖回校,傅斯年对此很是不快。但杨志玖认为自己是从南开借调出来的,不能失信于学校,仍是坚持返校了。傅斯年后来离开大陆去台湾前,又一次敦请杨志玖同往,杨志玖还是未去。他和南开大学似乎结下了不解之缘。

杨志玖在南开大学历任历史系教员、副教授、教授、中国古代史专

业博士生导师(指导元史和隋唐史博士研究生,二十世纪八十年代初恢
复博士研究生招生制度时,杨志玖是当时国内为数不多的能够在两个
研究方向上同时带博士生的历史教授),他还兼任国家《中国历史大辞
典》主编、《历史教学》编辑委员会主任、中国元史研究会名誉会长、中国
蒙古史学会理事、中国海外交通史学会顾问、中国民族史学会顾问、中
国唐史学会顾问等。曾任天津市第六、七、八届政治协商会议委员和常
务委员。

二

在半个多世纪的研究生涯中,杨志玖形成了值得称道的治学方法
和学风,其特点归纳起来就是:精于考证,追求真实,富有创见。二十世
纪三十年代,杨志玖在北大和中央研究院史语所学习期间,深受当时占
主导地位的考据学派的影响,他既注意继承清代乾嘉考据学,又尽量吸
收西方近代史学方法。他主张,考证是澄清历史事实的必要手段,应予
足够重视。近六十年来,他撰写的学术论文近大半是考证类的。在长
期的学术实践中,杨志玖掌握了相当娴熟的考证方法,他思维敏捷,文
笔秀隽,考证精审而有逻辑,即使是微观的考证文章,也能写得生动活
泼,表现出将严谨论证与郁郁文采融为一体的风格。杨志玖历来主张
研究历史要求真,要按历史的本来面目理解历史真相,不容主观猜测,
这也就是实事求是。二十世纪五十年代,杨志玖学习了唯物辨证法,眼
界更为开阔,他认为在"求真"方面,各家实有相通之处。要做到求真,
就要对历史资料认真钻研,对其进行鉴别审查,去伪存真。他的所有论
著,都是本着这一原则和目标来撰著的。

在蒙元史研究上,杨志玖的学术贡献为学界所瞩目,其最主要的成
果集中在马可波罗研究、探马赤军研究、元代回族史研究等几个方面。

马可波罗来华及其所撰《游记》,是元代中西交通史中重大事件。
二十世纪四十年代以前,学术界一直未能在中国史书上发现有关马可
波罗来华的可靠记载。1941 年,杨志玖在读研究生期间,依据《永乐大
典》卷 19418 所录元代《经世大典·站赤》的一段史料,发表了《关于马
可波罗离华的一段汉文记载》(《文史杂志》1 卷 12 期,今收入杨志玖文

集《元史三论》)的论文,考证出马可波罗在其《游记》中所述他伴随蒙古公主从泉州返波斯等事是真实的,马可波罗确实到过中国。还订正马可波罗离华时间是在 1291 年初,而不是以前西方人所考订的 1292 年初。这一揭示迄今所知汉文记载中唯一能见到的马可波罗活动的考证和研究,得到了向达、顾颉刚、汤用彤、傅斯年等专家和学术界的很高评价,并因此而获中央研究院名誉学术奖。该文还译为英文,于 1944 年刊登在英国亚洲皇家学会学报孟加拉版第四卷上,又在美国《哈佛亚洲学报》1945 年 9 月九卷一期上发表了论文摘要。关于《马可波罗游记》的真实性,世界上大部分学者持肯定态度,但也有一些人至今仍有怀疑看法。1966 年德国学者傅海波(Herbert Franke)、1979 年美国学者海格尔(J. W. Haeger)、1982 年英国人克雷格·克鲁纳斯(Craig Clunas)先后发表文章,认为马可波罗未到过中国或只到过中国北方,1995 年英国.不列颠图书馆中国部主任弗兰西斯·伍德(Frances Wood,汉名吴芳思)更出版了专著《马可波罗到过中国吗?》(Did Marco Polo Go to China?),集怀疑和否定论者之大成。怀疑和否定论者人数虽然不多,其观点也大都出于推测,但引起了较大的关注和议论。杨志玖认为,这股风已不仅是学术问题,而是影响到中意人民友好关系的问题了。为此,1979 年以来,杨志玖又连续发表了《关于马可波罗的研究》《关于马可波罗在中国的几个问题》《马可波罗足迹遍中国》《马可波罗与中国》《再论马可波罗书的真伪问题》《百年来我国对〈马可波罗游记〉的介绍与研究》《马可波罗到过中国吗? ——与〈南方周末〉驻京记者的谈话》《马可波罗到过中国》《马可波罗问题争论的焦点何在?》《马可波罗书中的长老约翰——附论伍德博士的看法》等一系列论文,对怀疑和否定论者的疑问和论据一一给以了具体的辩驳。杨志玖坚持马可波罗书真实性的观点再次得到了国内外治元史和中西交通史的学者的普遍支持,国内多位元史专家发表了相关论文,当今国际最著名的蒙元史学者之一、澳大利亚国立大学远东系教授罗意果(Igor de Rachwiltz)亦在德国《中亚研究》(Zentrálasiatische Studien)发表长文"Marco Polo Went to China",对伍德书提出了严厉批评。1999 年,南开大学出版社将出版杨志玖关于马可波罗研究的总结专著《马可波罗在中国》。近年来,杨志玖还积极支持和参与了在我国举行的马可波罗国际学术讨论会及有关马可波罗书的出版整理。可以说,杨志玖是国际公认的马可波罗研究的权威之一。

探马赤军是蒙元时期的重要军队,它长期征戍于西域和汉地,对元代政治军事影响很大。但因史料记载含混,关于这种军队的真实面貌长期存在较多疑窦和争议。二十世纪六十年代以前,国内史学界大多沿用日本学者的看法,未作细致的研究。1965 年,杨志玖发表《元代的探马赤军》,批评了日本蒙古学者那珂通世、箭内亘等认为探马赤军系契丹人和女真人等非蒙古人组成的军队的观点,并对探马赤军的语源、语义、组成和性质进行了探讨。这是国内第一篇系统研究探马赤军问题的论文,引起了学术界的关注。二十世纪八十年代以来,杨志玖又连续发表《探马赤军问题再探》《探马赤军问题三探》《辽金的挞马与元代的探马赤》等论文,在吸收国内学者讨论意见的基础上,得出了"探马赤军是蒙古国时期从各千户、百户和部落中挑选士兵混编成的精锐军队,其职司是战时充当先锋,战事结束后镇戍于被征服地区"的结论,有力地推动了这项研究的不断深入。

元代是西域人大量东来和回族形成的重要时期。作为元色目人重要部分的回回人问题,既引人注目,又错综复杂。杨志玖长期致力于元代回族史,进行了一系列高质量的学术研究。二十世纪四十年代初,杨志玖就撰写了《回回一词的起源和演变》的论文,考辨回纥(回鹘)到回回的转变。关于回回人的构成,杨志玖也颇多创见。他先后发表了《元代的阿儿浑人》《阿儿思兰家族事迹杂考》《古速鲁氏非回回辨》《元代的吉普赛人——啰哩回回》等文章。关于回回人物,杨志玖主要侧重于对疑难或有争议的人物的问题考证。他还发表了《新元史·阿刺浅传证误》《海瑞是否回族?》等文章。关于元代回回人中是否存在伊斯兰诸教派,过去一直未有专门的研究。1988 年,杨志玖撰写《元代中国伊斯兰教派试探》,首次向人们展示了中国伊斯兰教派在元代的具体情况,颇有学术价值。关于回回人与元代政治,1941 年,杨志玖在北大文科研究所研究生毕业论文《元世祖时代"汉法"与"回回法"之冲突》中提出了"回回法(与汉法对立的回回人的政治观点和主张)与汉法的冲突曾经是元世祖时期朝廷政争的主要文化背景"的观点。1984 年,又发表《元代回回人的政治地位》,从元朝建立前的回回人、元朝建立后中书省的回回人、行中书省的回回人等方面,系统地研究了回回人在元代政治上的地位和作用。这种把政治斗争与文化背景结合起来分析回回人在元代政治中地位的深入研究在学界尚属首例。自二十世纪九十年代开始,杨志玖把很大一部分精力放在了撰写系统、全面的《元代回族史》专著上。作为专著的前期准备,杨志玖又相继发表了《元代的回回人》《元代回族史稿绪言》《回回人的东来和分布》《元代回回人的社会地位》《回回人与元代政治》等十数篇论文。将要出版的《元代回族史》将是 60 年来元代回族研究的总结性的高水平论著。

在隋唐史方面,杨志玖也作出了贡献,他在隋唐五代史的学科基础建设和一些重要史实及理论上的建树受到学界的广泛赞誉。

1955 年,杨志玖在授课讲义的基础上,编著了《隋唐五代史纲要》一书,先后由新知识出版社和上海人民出版社出版。《隋唐五代史纲要》内容系统概括,条理清晰,语言简洁明快,观点鲜明,立论平实,是新中国成立初期颇受欢迎的一部断代史著作和优秀教材。杨志玖还著有一部《隋唐史通俗讲话》,由通俗读物出版社 1957 年出版,对当时普及隋唐历史知识起了一定作用。二十世纪七十年代末,由全国各地区各部门历史学家集体协作编纂的中国第一部大型的中国历史辞典《中国历史大辞典》工程开始进行,杨志玖被聘为编辑委员会主编和隋唐五代史分卷主编。杨志玖除本人承担了大量辞条的撰写外,还不时写出有关辞条的考证订误文章,供其他编纂者作示范和参考。

三

见过杨志玖的人,都会对他的随和谦谨留下深刻的印象。他平易近人,和蔼可亲,从不摆教授专家的架子。平时与师友或学生相聚,宽厚木讷,恂恂然若有不能言者。但在学术的是非问题上,他却"为追求真实,好与人辩,无所顾忌"。他说:"君子无所争,必也治学乎!坚持真理,修正错误,其争也君子。"

例如,关于蒙古国时期贵田汗(元定宗)与宗王拔都有隙,率兵讨伐拔都事,汉文正史中隐而不载,以往学者意见也不统一。1935年,岑仲勉先生撰《定宗征把秃》一文,否认有贵田征拔都事。杨志玖平素颇受岑先生教益,对岑先生甚为尊重,但他考辨中外诸史料,断定定宗贵田征拔都确有其事,于是便本着"吾爱吾师,吾尤爱真理"的态度,另撰《定宗征拔都》纠正岑先生的误释。文章于1943年辗转寄到岑仲勉处,却遭到岑先生的驳斥。杨志玖不服,又写了答辩,但当时人微言轻,也不敢拿出来。直到1979年,这一争论才在《中华文史论丛》该年第二辑上公开,杨志玖的观点最终受到学界的充分肯定和承认。

又如,史学界曾流行方腊起义曾提出"平等"口号的看法。1960年和1978年,杨志玖先后发表《方腊起义提出过平等口号吗?》《再论方腊起义没有提出平等口号》二文,提出反驳。杨志玖指出:从南宋庄季裕《鸡肋篇》中摩尼教徒有意误念《金刚经》"是法平等无,有高下"的记载,不能得出方腊起义主张"平等"的结论。古代"平等"一词是佛教术语,是指精神世界而言。它大量出现于与佛教有关的名物和文献中,在经济和政治问题上则不见应用。王小波、钟相、邓茂七、李自成等起义都不应用这个词,连太平天国的正式文献也不见这两个字,虽然这些起义有类似平等的思想和行动。总之,"平等"一词在一个特定的历史时期有其独有的涵义和应用范围,不能作任意的解释,也不能用今天的理解强加于古代。这两篇论文充分地体现了杨志玖不迷信传统观念和实事求是的学风。

再如,唐安史之乱以后出现的藩镇割据,是唐后期历史中的重大问题。过去许多学者认为,藩镇割据是庄园经济的产物,藩镇代表庄园主的利益,或者说,藩镇政权是代表地方豪强大地主的政权。1980年,杨志玖发表《试论唐代藩镇割据的社会基础》的论文,批评以上说法,指出:藩镇依靠地方军士的支持而割据,而这些军士是破产农民和无业游民,他们以当兵为职业,依靠丰厚的待遇和赏赐来养活家口,节度使只代表他们的利益,执行他们的意志。藩镇割据的社会基础是均田制度破坏后失业的农民,而不是庄园主。此文突破了思维上的条条框框,与传统说法差异颇大,在唐史学界引起了较大的反响。此后,他又与张国刚合作,发表《藩镇割据与唐代的大土地所有制》,推动了这个问题讨论的进一步深入。

杨志玖在学术研究的"求真"问题上从不含糊,但他也非常愿意听取和接受别人的正确意见,从善如流。在听到批评时,他总是择善而从,随时接受,并公开纠正自己的失误或不足。撰文发表时,对提供帮助的学者,都要一一附志,从不埋没他人的协助之功。这些做法颇得学界的好评与尊重。

四

杨志玖学问上追求真实,做人同样是正直诚恳,质朴无华,始终保持着史学家的高尚品德。数十年来,他不愿做官,不求名利,不炫耀自我,一心扑在学术研究和教学上。同时他也始终关注着国家、社会和学校的发展,事遇不平,亦直言不隐。1957年春,南开大学历史系教授雷海宗在《人民日报》召开的关于"百家争鸣"的座谈会上,提出了马克思主义的社会科学1895年后停止发展的说法,《人民日报》加"编者按"予以驳斥批判。杨志玖认为《人民日报》误解了雷海宗的原意,在当时政治空气已十分紧张的情况下,仍写信给《人民日报》,阐明真相,为雷海宗辩解,说明雷海宗的原意是:1895年恩格斯逝世后,新的历史资料不断发现,但治史者仍墨守成说,不提出新看法,使马克思主义史学不能继续发展。《人民日报》发表了此信。不久杨志玖又在《天津日报》社的座谈会上再次发表了为雷海宗辩护的意见。后来,雷海宗为此被打成"右派",受到了不公正的待遇。杨志玖也因这一本可以争鸣的学术问题受到了牵连,作了不少的检讨,只是在当时历史系党总支的保护下幸而"过关"。这件事已过去四十多年了,但它仍不失为了解杨志玖品格和为人的生动事例。

1996年6月,杨志玖退休,至此他在历史教坛上执教已达五十五年了。他在南开大学先后开设了"中国通史""元史""宋辽金元史""蒙古史专题""隋唐史""史学名著选读""中国历史文选""中国土地制度史""中国回族史""中西交通史"等多门课程,孜孜不倦地培养了一批优秀的史学人才。1978年以后,他又相继指导和培养了多名隋唐史和元史的硕士生和博士生,现已毕业硕士九人、博士七人(至1999年还有一名在职博士在读）。

杨志玖几十年来在教学中循循善诱、诲人不倦，奖掖后进，不遗余力，令许多亲炙其教泽的学生终身铭感。现中国社会科学院研究员蔡美彪先生是南开大学抗战结束复校后的第一届历史系学生，他回忆说：那时历史系一个班的人数不多，杨先生那时也只有三十来岁，他们同学几个经常去杨先生家串门，有时就让杨师母给做吃的，师生非常融洽。蔡美彪称他当时虽然进了历史系，但起初对历史并不十分感兴趣，是杨先生不断地在这方面给他以引导和推动，特别是一次作业得到了杨先生高度赞许，给了一个满分，由此受到很大激励，坚定了从事历史研究的信心。1947 年，蔡美彪成为南开大学获国际奖学金的三名学生之一。现在蔡美彪已是国内外知名的史学大家。

十年动乱期间，学校的教学科研受到严重破坏，杨志玖也被作为"资产阶级学术权威"遭到批判、抄家和强制劳动。但即使在如此困难的年代里，杨志玖也没有忘记自己的职责。"文革"后期，学校开始部分招收"工农兵学员"，学员入学后政治运动多、劳动多、学习少，无法保证正常的教学秩序和质量。对此，杨志玖一方面在有限的教学时间里精心传授知识，一方面在运动和劳动中利用一切机会启发、鼓励学员思考和读书。有一次系里教师和学员到河北农村"开门办学"，杨志玖在和大学一起劳动时问学们是否知道唐代人陆龟蒙，同学们都答不上来，杨志玖便结合农业生产，详细介绍了陆龟蒙及其有关唐代农具的著作，使同学们了解了唐代生产工具状况及唐时期生产力的水平，由此也产生了浓厚的学习兴趣。

由于印象深刻，一些同学多年后提起此事还觉得历历在目。

为了甄拔人才，杨志玖有时还会表现的相当"倔"。"文革"后恢复研究生招生考试的第二年，某县有两个考生同时报考杨志玖的研究生，其中一位成绩良好，但家庭成份是地主。当时"左"的风气在社会上还颇有市场，考生所在的县里便对此考生百般刁难，向学校要求录取另一个成绩不好的考生。杨志玖面对时势压力，不愿苟且，毫不动摇地录取了成绩好的学生。二十世纪八十年代以后，以成绩为录取的主要标准已是普遍遵循的制度，可是在此以前，要坚持这一点还是需要胆识的。

那位被录取的考生现在也已经是历史教授了,他永远感激杨志玖在他事业和人生的转折关头给予的决定性的帮助。

如今,分布在各高校和研究部门的杨志玖的研究生大部分都已晋升为教授、研究员、副教授等,成为中国史等领域有所建树的学术骨干。他的大批学生散布全国各地,许多人事业有成,称得上桃李满天下。

五

凡去过杨志玖家的人,都会感慨其家的俭朴。1999年2月,上海《文汇报》的一位高级记者专访杨志玖后在报上这样描述杨志玖的书房兼会客室兼卧室:"一排与屋顶齐高的书架、一对沙发、一把藤椅、一张办公桌,所有的家具都显得十分陈旧。家具上面不是一本本书,就是一叠叠资料、一堆堆稿件,地板上也几乎为书刊占领。他的书房确实是一间名副其实的'陋室'"。就在这样的"陋室"里,杨志玖安贫乐道,长年累月、夜以继日地笔耕不辍。由于常年读书写作,他的眼疾越来越严重。但即使已经退休,即使已到耄耋之年,即使一只眼睛已完全失明,另一只眼依靠放大镜才能看书,他每天仍在伏案撰写,一天也未停止过研究,每年仍要发表多篇论文。同时他还继续指导着博士研究生。1995年,在杨志玖八十寿辰的祝贺会上,一位毕业于南开大学历史系的天津市领导动情地说:这些年的春节,常常去看望一些天津市各高校的老师和同志。一般人过年都休息了。一些人还会高兴地向来拜年的客人展示自己新装修的房间和设备。而每次到杨先生家,总看到杨先生大年初一仍埋头于书堆中工作,和客人交谈,也总是介绍自己的研究近况。这位领导在拜年时对此表示非常感动,杨志玖则回答:我们学术工作者,如不读书写作,那生命还有什么意义呢?

杨志玖具有渊博的学识,同时又具有不倦的求知精神。他是研究古代史的,但对今日科学发展的动向和趋势十分关心。二十世纪八十年代反映新技术革命的书籍如《第三次浪潮》等刚出版,他就让研究生给他找来学习和研究。二十世纪八十年代初期,天津市民盟总部举办计算机培训班,杨志玖马上自己掏钱交学费报名参加。后来又进了一个南开园里的电脑培训班学习。杨志玖有很高的英文水平,但多年来他每天都要阅读英文资料,目的是不要使英文荒疏了。现在眼睛不行了,就坚持天天听英语广播。杨志玖先后学习过日语、阿拉伯语、俄语、法语、德语、波斯语、蒙古语等多种语言,有的已有相当高造诣,仍不忘时时加以补充。二十世纪八十年代初,他已近七十岁了,还和本科生一起坐在课堂上进修德语,而且坚决要求和本科生一起参加考试。研究生上蒙古语课,他也坚持去旁听。

近年来,友人、同事、学生们都对杨志玖教授如此高龄还如此勤奋工作而深感钦佩,也都为他生活和学术之树的常青而倍感高兴。当人们询问杨志玖教授的"养生之道"和事业、生活观时,他向大家道出了自己的"八句箴言":

宠辱不惊

名利不争

肝火不盛

学习不停

淡泊宁静

度此一生

实事求是

乃吾所宗

如果把"学习不停"诠释为对真理的执着和对历史科学的追求,可以说这八句箴言正是杨志玖教授一生的生动写照!

（王晓欣）

滕维藻

  滕维藻,1917 年出生于江苏阜宁。他是浙江大学(本科时期)和西南联合大学(研究生时期)培养出来的老一辈著名经济学家,也是新中国成绩卓著、具有创新精神的教育家。他长期在南开大学执教并担任领导工作,是继著名教育家张伯苓、杨石先及何廉之后的南开大学第四任校长。

  五十七年以前,滕维藻就学于重庆沙坪坝的南开经济研究所,燃糠自照,困知勉行。毕业后留南开大学任教。在中国面临两种前途、两种命运决战之际,他作为青年教师毅然投身爱国民主运动,揭露《中美商约》的殖民地实质,演讲"新币制之前途",抨击国民党专制统治,与广大进步师生坚守南开园,朝夕与共,开展护校斗争。南开获得新生后,面临着革故鼎新的艰巨任务,他出任学校教学科研领导职务,与吴大任先生等一道,协助杨石先校长为南开贯彻执行新的教育制度做出了不懈的努力。

  "文革"期间,他虽然受到严重迫害,但坚信党的领导和社会主义光辉前程,对南开的教育事业仍一往情深,初衷不改。"文革"结束后,雨过天晴,本正源清,滕维藻意气风发,宝刀未老,迎来了使他可以一展雄图的知识分子的旖旎春光。在 1981 至 1986 年间,他以花甲之年,担起校长重任,同时代理党委书记,为新南开的复兴和崛起做出有口皆碑的巨大贡献。

一、拨乱反正

  美好的时期并不会自动降临,"文革"帷幕刚刚下落之时,南开校园残破凋蔽,人心涣散,教师队伍和组织处于半瘫痪状况。1979 年,根据中央指示精神,南开大学成立了拨乱反正办公室,在市委工作组的领导之下,滕维藻担任办公室主任,胡国定教授担任副主任。当时"四人帮"虽然早已被粉碎,但在重灾区的南开园首先必须进行拨乱反正,在政治上对"文革"中强加在教师头上的诬陷不实之词予以澄清,在思想上对四人帮的"两个估计"予以彻底批判和纠正①,在组织上要对十年动乱中的受迫害的教师和干部予以平反、摘帽和落实工作岗位。首先要做的是为"文革"中的被迫害致死的人平反昭雪,对 21 个非正常死亡的人进行深入细致的调查,批判极"左"思潮,做好死者家属的善后工作,这一举措在整个校园内树立了正气,人们奔走相告,欢迎南开校园新局面的诞生。对一些教师和干部在"文革"中被强加的所谓"特务""反动权威""海外关系"等等,根据党的政策,弄清情况,做出适当结论,报经上级批准,予以"解放",使他们感到欢欣鼓舞,愉快地投入新的工作岗位。

在对行政机构和各级干部进行初步安排之后,经过十年动乱的南开大学,终于走上正轨。

二、学科建设

滕维藻于 1981 年就任南开大学校长伊始,面对百废待兴、改革发展的新形势,他认真大胆贯彻党的知识分子政策和"双百"方针,及时把学校的工作重点转移到以教学科研为中心的轨道上。经过十年摧残,当时南开大学的规模很小,学科残缺不全,必须顺应形势的要求,使学校有一定发展。当时他提出"加强基础,着重提高,发挥优势,补充短线"的办学方针。他所提出的不但要办好理科,而且要办好文科,使文理科能"平衡发展,比翼双飞"的指导思想颇具超前性,完全符合后来由国家教委颁发的有关文件精神。

在自然科学方面,他积极倡导、支持和带领领导班子作出决策,使新兴学科和专业,如计算机、电子学、分子生物学、环境科学等学科得以建立和发展。为了改造原有的生物系,滕维藻得知加拿大蒙特利尔大

---

①　四人帮在台上时期对高校的两个基本"估计",称解放后头 17 年间高校执行的是一条资产阶级教育路线,是一条黑线,妄言大学里的教员基本上是资产阶级知识分子。

学在这方面很有经验，便亲自访问了该大学的詹生校长，签订了支援我校发展分子生物学学科的协议，由双方派出教授互访，为我校分子生物学的发展，打下了很好的基础，从而为分子生物学专业及研究所率先在国内成立创造了条件。

在社会科学方面，在滕维藻的主持和决策下，原先没有的学科和专业，如社会学最先办起来了，原先有的后来被撤消的学科和专业，如法学，也很快恢复起来了。当时西方学术界注意到中国社会学在复兴，而复兴的基地就在南开。费孝通先生很感谢滕维藻给他提出的复兴社会学的建议，而且效果确是相当好。当时，南开大学邀请了国内社会学界一些专家和学者，招收和培养了多届社会学研究生。这些研究生毕业后，大多已成为我国各大学中社会学学科的学术带头人。南开大学原来没有艺术类学科，后来因为滕维藻请来一些名家在国内综合大学中率先办起了中国画专业。再如，财经学科，设立了比较完整的经济学院和三个研究所。南开大学旅游学系也是国内综合性大学办得最早的一个系，至今仍在国内居领先地位。1980 年，南开大学设立了管理学系，这是国内综合大学第一个设立的管理学系。而当时管理学在中国还很陌生，还有不少学者不承认这是一门独立学科。这些例子表明，滕维藻的办学思想具有创造性和预见性。这是由于有着多年的教学、科研领导工作经验的滕维藻深谙现代教育事业的脉搏跳动并具备预测学科发展趋势的经验和能力。所以，在其他同类学校尚未行动时，他却已经取得先机，运筹帷幄，速作决策，扩充学科，提高了南开教育科研水准，从而在国内外同行中起了表率作用。

在滕维藻与全校教职员工的共同努力下，南开大学由原来的 9 个系 16 个专业发展为 22 个系 50 多个专业。一些有特点的交叉学科诸如人口经济学、数量经济学、计算机科学、分子生物学、环境化学、环境生物学等等，从无到有，并得到长足的发展。滕维藻大力发展研究生教育的思想也付诸实践。他很早提出了增加研究生招生专业，扩充硕士点、博士点，提高办学层次的主张。至今，南开大学已有了 40 余个博士点，80 多个硕士点。学校的规模、层次、结构、质量诸方面都发生了根本性变化，跃迁为名副其实、规模较大的综合性大学。

这一成就与滕维藻在 1981 至 1986 年间主持南开大学工作密不可分。

三、培养和延揽人才

滕维藻在培养人才方面的业绩颇具特色。他培养人才的思想与他的学术研究都具有一个特点,即强调求实,强调将学术研究和人才培养二者相结合,强调将学术研究和人才培养与中国经济建设的实践相结合。例如,他历来主张研究社会主义经济必须熟悉世界经济,而研究世界经济的目的最终还在于研究社会主义经济。1964 年在周恩来总理指示召开的国际问题研究工作会议上,滕维藻写了一份反映上述看法的建议给大会,受到钱俊瑞同志和同时主持会议的周扬同志、张彦同志的赞赏,将他的建议全文印发全国。这次会议取得了圆满的成功,在全国建立了一批至今仍在发挥重大影响的国际问题研究机构。同时会议还制定了研究规划,提出了"动静结合"(即把动态、政策问题的研究与理论研究、基本研究结合起来)的方针,这对推动高校人才的培养和国内有关国际问题的研究,产生了深远的影响。这说明学科、专业和研究方向的开拓与发展,需要一批研究成果的支持,而高水平成果的出现便意味着高水平人才和师资队伍的形成。又如滕维藻和他的同事们对跨国公司的研究,起始原因是 1973 年中央领导同志要出国参加重要国际会议,急需了解有关跨国公司的情况,滕维藻与他的同事为此组成临时研究小组,适时提供了最近资料;后来又在校内设立跨国公司研究室,经过 25 年的不间歇的努力,今日南开大学形成了一支著述颇丰、蜚声学界的研究跨国公司和国际投资的学术梯队。以国内外著名学术带头人为龙头,新研究机构和系科组织的增加与学术带头人的遴选以及通过研究生制度培养高素质人才和师资三者的一体整合,是滕维藻培养人才的另一思路。

滕维藻求才若渴。他延聘世界银行资深经济学家杨叔进、美国著名交通经济学家桑恒康、世界级数学大师陈省身来南开分别创办南开大学国际经济研究所、交通经济研究所和数学研究所。这在十年前就已为兄弟院校所称道。如今这些研究所的师资力量、学术水平和研究成果均臻国内一流。其中最突出的是数学研究所,该所在数学大师陈省身和数学家胡国定的带领下,已成国内外数学研究和交流的一个重要中心。

在教学上,滕维藻悉心探索人才培养规律,他鼓励文理结合,发展交叉学科,试行学分制,因材施教,允许学生辅修、转系转校学习。这些方面的改革举措,在国内高教界居于领先地位,使南开大学培养出了一批出色的人才。

突破封闭办学模式,与国外联合培养研究生,这是滕维藻主持学校工作时实行的培养人才的另一重要措施,是南开大学开展研究生教育的重要尝试,并已取得良好的效果。

1983年3月,滕维藻奉教委之命,率团访问加拿大。经过谈判,南开与加拿大约克大学、麦克玛斯特大学和拉瓦尔大学签订协议书,在我国南开大学联合培养工商管理硕士(MBA)。同年9月招收第一届研究生32名至1986年夏有31名毕业,得到南开大学的硕士学位。1985年5月,在有中加两国政府的教育部门官员和双方有关专家参加的上海国际会议上,南开与加方合作培养工商硕士的经验,被称为"南开—约克模式"。1986年滕维藻辞去校长之职,担任学校顾问以后,这一模式又进一步发展为中外双方合作培养博士生。"七五"期间,南开大学先后向国外派出合作培养的博士生43名,主要派往美国、加拿大、日本、德国等国家。

四、人格的力量

滕维藻多年来积极参与我国教育改革,热心探索建设有中国特色的社会主义高等教育体系的途径。在我国学位制度建立之后,他曾长期担任国务院学位委员会学科评议组成员,多年担任经济组的召集人之一。他还在教育领域发表了许多文章,总结正反两方面的经验,提出改革建议,尤其对我国社会科学学科教育事业和学位制度的建设,付出了大量的心血。可以肯定地说,滕维藻不仅在学术和教育改革上为南开、为国家作出了多方面的贡献,而且作为一个共产党员他还在道德上言教身传,为南开人树立了样板。从1997年起,由于年事已高,他已不再担任学校顾问,但对学校事业发展和学科建设仍然倾注热忱,乐此不疲。他的人生哲学是:一个人对社会要多奉献,少索取。他是这样说的,也是这样做的。近50年来,作为一个科研教学任务繁重的教师,作为一个思想敏锐、视野开阔、富于创新精神的学者来说,他投入大量时间忘我为南开的教育事业的发展呕心沥血,体现了一个中华民族的优秀学者的无私奉献精神。他平易近人,与人为善,团结同志,不计名利,一心为公,任劳任怨,人格上的力量远远大于权力的力量。据一位与他有多年接触的著名教授回忆,在他担任学校行政领导职务时的中层干部们,虽然物质条件逊于现在,工作比今日辛苦,但心情舒畅,工作干劲很大。

一事当前,他首先想到的是他人,是学校,是教育事业,是人才,是国家。这样的事例在他的教育生涯中不胜枚举。在二十世纪七十年代前半期,他力排障碍,批准一位家庭有历史问题的青年知识分子出国进修。在二十世纪八十年代,一位同志被要求完全脱离教学科研干行政领导工作,在征求滕维藻的意见时,他说,"还是双肩挑吧。"该同志于是将科研与行政双肩挑,从而"终生受益"。总而言之,滕维藻虚怀若谷的态度,诚恳敬业、勇于任事、乐于负责的精神,那种岂曰无衣、与子同袍般的关照,那种薄冰在前、我自信步的勇士气概,使他的同事与部下都乐于同他一起为教育事业而奋斗。

在他的人格力量和行政艺术的推动下,滕维藻发展教育事业的思路始终在南开园得以坚持。他强调办好大学必须注意创造良好的政治环境和学术环境,保证基础课程的规范化,要培养学生博学、多闻、审问、慎思、明辨、笃行的能力;对教师要十分尊重,求才若渴,培养和提高青年教师队伍的素质;对青年学生的政治思想要严格要求,学习上要因材施教,培养他们的独立工作能力,生活上要生动活泼,学会自己管理自己;充分发挥干部、职工尤其是老同志在办学中的作用;广泛开展国际学术交流,建立校际联系,把南开大学办成世界闻名的一流大学。

风风雨雨,沧海桑田。如今的南开大学已成为学科齐全、师资雄厚、学术水平较高的国家重点综合性大学,这是几代南开人自强不息、艰苦创业的结果,而滕维藻教授正是社会主义建设时期使南开得以蓬

勃发展的功绩卓著的代表之一。滕维藻教授在南开大学教育事业上的
明辨笃行,成果累累,他的名字将永远与南开紧密联系在一起。

(张岩贵)

邢公畹

一

　　每天清晨,在南开大学马蹄湖的中心花园,总会有一位八旬老人来到这里,独自在一角静静地打太极拳,做柔软操。长期以来定时定点,一招一式绝不含糊的认真劲儿,无不透露着老人坚韧、严谨、一丝不苟的禀性,他就是我国当代著名的汉藏语研究专家邢公畹教授。

　　邢公畹,名庆兰,1914年10月出生于安徽省安庆市,祖籍江苏高淳,是明朝诗人邢昉(孟贞)的后代。他的小学、中学、大学时代都是在家乡安庆度过的。安庆古称“宜城渡”,是由楚至吴的渡口,明朝钱澄之的诗中形容安庆:“长江万里此咽喉,吴楚分疆第一州。”可见这里很早就已是人烟稠密了。自南宋嘉定十年(1217)安庆建城之后,历代商业发达,市面繁华,他的家就住在城东北区的双莲寺和铁佛庵两座庙宇之间。二十世纪四十年代,谈及其早年情况时邢公畹说:“兰幼而家贫,故里有屋数椽,父以作画为生,龆龄庭训甚严,长而就学于乡先辈,颇读古人书,因知礼数。”童年时,他的家乡还保存有许多建筑风格极古老的售卖布匹、杂货的字号,纺织作坊,染坊,粮食行,炭行,生药铺,书肆,雨伞作坊,以及酒楼,茶楼,客栈等等,仿佛就像宋朝张择端《清明上河图》中所描绘的景象,还有家乡勤劳善良的人民及其风俗乡谈。这一切,在他的记忆里刻下了不可磨灭的印象。五十多年后,他在《治学经历自述》(《文献》1990年3期)中写道:“我离别故乡已经很久了,那是生长我、教育我的地方。旧游如梦,时常想念着。我从我的故乡认识了我的祖国,我热爱我的拥有数千年文化的祖国。我希望能进一步了解这些文化,并有所发明和创造。”正是怀着这份对故乡、对祖国的无比深情,他才有治学的坚强动力和信念,虽然历经人生的风雨坎坷,但他从未停止过治学道路上的跋涉与追求。

1933 年,他考入安徽大学中国语言文学系,系主任是周予同先生。安徽大学的前身是清朝末年革命党人江彤侯创办的安徽公学,当时的教员有严复、刘师培、柳亚子、苏曼殊等。在大学三年级时,他开始接触一些有关语言学和语音学的书,尤其是读到当时刚出版的王力先生的《中国音韵学》,书中的新观点和新方法吸引了他。他仔细阅读,详细记了笔记,渐渐对语言学产生了浓厚的兴趣。由于当时中文系没有《语言学概论》的课,也没有《语音学》的课,他就选修了外文系的 phonetics(实际只讲英语的发音)课程。到四年级,他撰写了语言学方面的毕业论文,题目是《中国古代民歌的拟似记音及其与安徽流行民歌的比较研究》,导师是方景略先生。论文根据黄侃所定的古音 28 部、19 纽,用国际音标把《诗经·国风》里的诗句逐字写出来,然后搜集安徽较流行的"山歌",用安庆音记下来,在节律、用韵、章法等方面跟《国风》作比较。

就在他大学毕业的那一年(1937),中央研究院历史语言研究所第二组(语言组)招考研究生,南方北方各取一名。他顺利地通过了初试,接着就到南京史语所参加复试。主考的是赵元任、丁声树两位先生。复杂的笔试、口试之后,赵元任先生问他:"研究生的生活是很艰苦的,每月只有 30 元的津贴,这事你考虑过没有?"他说:"考虑过了。我对语言现象感兴趣,愿意学习研究,愿意多读一些书。"回到安庆没多久,他就接到了史语所的研究生录取通知书,这便决定了他语言学研究的学者生涯。

可不久,他又接到史语所的一封通知,上面说:"抗战军兴,我院各所人员凡于 8 月 1 日未到职者,一律暂行疏散……"他只好到湖南西部的一所中学去教书,从此他离开了家乡。在湘西一年以后,他看到报上登载中英庚款董事会的一则通告,上面说,董事会决定资助四名研究人员在国内高等学校或研究机构就读两年。所公布的四名人员中有邢公畹的名字。于是他立即写信给史语所的赵元任先生,请求回所读书。当时史语所已迁往昆明,赵元任也已去美国。几经辗转,他收到李方桂先生的回信,这样他用全部的教书所得做路费到了昆明。由于中英庚款的事还未落实,所以他经罗常培先生的介绍,到云南大学附属中学教书,半年后才回到史语所开始研究生的学习。

研究生学制为两年,导师是当时回国讲学的李方桂先生。李先生是美国著名语言学家布龙菲尔德和萨丕尔两位教授培养出的语言学博士,国际语言学大师。在李方桂先生的指导下,他刻苦学习,并经常与同窗马学良、张琨相互切磋,感觉自己走出了过去旧的治学范围,眼界顿然开阔,领悟到:(1)语言的田野工作、掌握第一手语言材料是学好语言学的基本功;(2)汉语方言之间的音韵对应关系可以同中古《广韵》音系作对比,并可以之印证古音系统;(3)只研究一种语言,不如研究一系列可能有发生学关系的语言,以便看出这些语言在各自演变过程中的对应关系。研究生学业的第二年,李方桂先生对他说:"你得再学一种民族语言,马学良和张琨分别学了藏缅语和苗瑶语,你就学台语(侗傣语)吧。"这样,他深入到贵州惠水调查了布依族(当时称仲家)语言,写出了研究生毕业论文《远羊寨仲歌记音》,这为他以后从事汉语侗傣语比较研究打下了坚实的基础。

研究生毕业后,经李方桂先生介绍,他到南开大学文学院边疆人文研究室工作,并同时在西南联大中文系任教。从此,他与南开大学结下了不解之缘。

二

1942年8月,邢公畹初到南开大学时,边疆人文研究室还在草创之中,这个研究室的全称是"南开大学文学院文科研究所边疆人文研究室",负责创办的是冯文潜、黄钰生、陶云逵三位先生。他们向邢公畹介绍说,抗战前,南开大学的文学院只有外文、历史、哲学教育三个系。抗战爆发后,南开与清华、北大组合成西南联大,但南开文学院仍是系科不全,拟议中的文科研究所还未能建立。他们希望经过不懈的努力,待抗战胜利,南开复校到天津之时,能带回一个健全的、教学科研阵容充实的文学院,并且将计划中的文科研究所付诸实现,因此,创办边疆人文研究室,负有为未来的文科研究所建基铺路的使命。

怀着为南开创业的抱负和责任感,邢公畹同冯文潜、陶云逵等先生一道，以极大的热情投入到边疆人文研究室的建设中。当时的环境十分艰苦，一开始研究室只是有其名而无其"室"，后来，经冯文潜先生足足一年的奔忙，终于在西南联大小西门外新校舍附近，为研究室找到一座旧三合院的东厢三间屋，并借到旧桌椅板凳，研究室才终于有了"室"。就这样，研究室的各项具体的科研活动迅速地开展起来。邢公畹深入滇西区元江傣族区调查语言，以便："(1)明确地觅出当地语音系统；(2)详细记下流行当地的神话、故事、传说、民谣及风俗等；(3)觅出该语言的文法系统"。那时元江气候恶劣，6月已经火热，邢公畹用"酸角花开，旱云如火"来形容。在这样艰难的工作中，他也不忘祖国河山的秀美，他在元江漫漾致书云："窗外棲霞二十五峰，迤逦南下，无黄山之奇峭，亦不及富春两岸之秀，地老天荒，殊非胜境；唯峰峦如洗，行云横巅，芳草渐绿，鹧鸪声苦，益令故宅湖山，频来人梦耳。"

　　边疆人文研究室有自己的刊物《边疆人文》。由于正当战乱时期，为了使研究成果能及时问世，研究室决定因陋就简，自力更生，刻蜡版油印。从第一期开始，邢公畹就担任刻写工作，为了这个刊物，他刻写了数千张的蜡版，白天时间不够用，只有在夜里刻写，可房东太太因节约电费，每晚供电到十点钟，十点以后如果还没关灯，房东就拉下电闸，他只好点起小菜油灯刻写，直至深夜。虽然被油烟熏得头昏眼花，但一想到刊物能很快出版，他心里就热乎乎的，劲头也足了。蜡版刻好之后，就去研究室进行油印、装订，全室的人员只要没有讲课任务的都参加进来，裁纸、调墨、推油印机的滚筒，等等，大家不分彼此齐动手，《边疆人文》一期又一期顺利地问世了。

　　本来《边疆人文》只打算刊发研究室同仁的撰述，故创刊号（第一卷第一期）及第一卷第二期只登载了陶云逵和邢公畹的各两篇文章。邢公畹的文章为《台语中的助词 luk 和汉语中的"子、儿"》《评埃斯吉罗与韦野氏（Esquirol, Jos. et williatte, Gust）〈仲法字典（Essai de Dictionaire dioi-francais）〉》。没想到一经刊出，却引起许多专家、前辈学者的支持、重视，他们热心指教，并为刊物撰稿，从第三期开始，陆续登载了罗常培、闻一多、游国恩、向达、罗膺中、方国瑜、袁家骅等著名学者的文章，其中不少堪称名篇。油印的《边疆人文》成为同行学者们共同耕耘的学术园地，在当时产生了较大的影响。

邢公畹等在边疆人文研究室的活动经历，体现了老一辈南开人团结协作、不畏艰难的创业精神，也反映出南开大学始终坚持教学、科研并重的办学传统。

三

1946年8月，邢公畹随南开大学从昆明复校到天津，次年被评为副教授，1951年被评聘为教授。1953—1956年，他受国家委派赴苏联莫斯科大学任教授，1956年2月苏联高教部特聘他任苏联汉学家波兹耶娃（П. Д. лозпиеева）博士论文答辩会的首席论文评论员。在莫斯科期间，尽管课务繁忙，他仍心系祖国。听说祖国某地受灾，他就把在苏联三年薪金所积累的卢布（约合人民币两万元）全部交给了我国驻苏大使馆，转赠给灾区人民，由此表达他对祖国的一片赤诚之心。

邢公畹爱好音乐，从苏联带回一把小提琴，这把琴伴随他十多年，"文革"时被造反派抄家拿走，几年后落实政策组织上特意赔还给他另一把高质量的小提琴，可他认为这琴本不是自己的就不该要，执意把琴送还给了组织。

邢公畹还擅长文学创作。早在二十世纪三四十年代，他就在朱光潜先生主编的《文学杂志》以及《大公报》等报刊上发表过一系列小说，与沈从文、废名、萧乾、汪曾祺等同被称为"京派小说家"。1958年，天津人民出版社还出版了他的小说集《红河之月》；1990年，人民文学出版社出版了一部《京派小说选》，其中选了他（署名邢楚均）的一篇小说《棺材匠》。

然而，由于遭受了"反右斗争"和"文化大革命"的挫折，他的种种业余爱好都在长期的磨难中逐渐放弃了。但是，无论在什么样的情况下，他对语言科学，尤其是对汉语侗傣语的比较研究却从未放弃过。边疆人文研究室自南开大学复校天津之后，更名为汉语侗傣语研究室，他一直在研究室工作。"衣带渐宽终不悔，为伊消得人憔悴"，他常常用柳永的这两句词来形容对自己专业的痴情，正因为这样的执著，他才在汉语侗傣语研究领域取得了令世人瞩目的丰硕成果。

四

党的十一届三中全会之后,邢公畹焕发了第二个学术青春。他以只争朝夕的精神投入到教学和科研之中。虽然已步入老年,他仍亲自带领研究生到广西地区调查少数民族语言;同时,发表了一系列的学术论文。1981年,他所主持的南开大学汉语侗傣语研究室被国务院批准为我国首批博士点,他成为首批博士生导师。这样,我国综合大学的中文系,只有南开大学才设有少数民族语言文学专业的博士点,使南开大学中文系在语言学的教学研究方面独具特色,并且在汉藏语研究领域处于全国领先地位。

在教学上,邢公畹是一位严师,对学生的学业要求极其严格,不留情面。同时,他又象慈父一样关心学生,一次他执意在清晨四点钟为一位分配在外省的博士生送行,感动得那位学生眼泪直淌。十几年来,他呕心沥血地培养出许多硕士、博士研究生,赢得了学生们由衷的敬仰。

在学术研究方面,邢公畹致力于汉语与侗傣语之间亲属关系的研究。1942年,美国学者白保罗(Paul K. Benedict)提出侗傣语与汉语没有发生学关系的观点,1966年又进一步提出澳泰语系学说,把侗傣语归入澳泰语系。白氏的观点对中国传统的汉藏语分类理论提出了挑战,在国际上有很大影响。针对白氏的观点,中国学者应作何回答呢?无论是赞成,还是反对,都首先必须从理论上解释清楚,汉语与侗傣语之间客观存在着的、有音义对应关系的那些基本词汇,究竟是侗傣语借自汉语的呢,还是表明二者本来就同源? 对此,邢公畹进行了长期的艰苦探索。他认为,用西方传统的历史比较法研究汉藏语的亲缘关系是有缺陷的,应该针对汉藏语言形态较缺乏的特点,创立适合汉藏语言实际的新的理论和方法,以此论证汉语与侗傣语之间是否有同源关系。1982年,在第15届国际汉藏语言学术会议上,他所宣读的论文《汉语遇蟹止效流摄的一些字在侗台语里的对应》中首次提出了"对应同源体系"的研究方法。在此之后,他又不断地对这种方法加以修正补充,终于创立了"语义学比较法"。这种方法旨在在被比较的两种语言的词之间建立起一种"形同(形近)义对应程式"。比如:

广州 kao(阴上)〈　　＊kjegw(上)"九":曼谷 kau(阴上)〈　　＊k-"九"

广州 kau(阴平)〈　　＊kjegw(平)"鸠":曼谷 khau(阴平)〈　　＊khr-"鸽子"

如果怀疑泰语的"九"借自汉语,那么泰语的"鸽子"与汉语"鸠"音义对应(《说文·鸟部》:"鸽,鸠属。"段玉裁注:"鸽,鸠之可畜于家者。"),难道也是借的吗?因此这一组"形同(形近)义异对应式"所显示的是一种发生学关系。用这种方法他写了多篇论文,提出了汉语与侗傣语有发生学关系的许多例证,从而对白保罗的观点提出异议,引起学界的高度重视。同行专家们认为,"语义学比较法"是探求原始汉藏语同源词的一种有效方式,无疑,这也是邢公畹在方法论上对我国汉藏语言研究理论做出的新贡献。

近二十年来,邢公畹出版了学术专著五部:《语言论集》(商务印书馆 1983),《三江侗语》(南开大学出版社 1985),《红河上游傣雅语》(语言出版社 1989),《汉台语比较手册》(商务印书馆 1999),《邢公畹语言论文集》(商务印书馆 1999);发表了三十多篇学术论文,其中《关于汉语和南岛语的发生学关系问题——L.沙加尔〈汉语南岛语同源论〉述评补正》(《民族语文》1991 年第 3、4、5 期)、《汉藏语研究和中国考古学》(《民族语文》1996 年第 4 期)等在学界产生了很大影响。他还先后主持承担了"侗台语和汉语关系字研究""汉语侗台语关系字研究及原始侗水语构拟""侗语和汉语对比语法研究""汉语历史比较语言学的新方法——语义学比较法"等四项国家级科研项目。他的研究成果所体现的学术思想可以概括为四点:第一,语言研究应该特别关注语音形式下所包含的反映客观实际的意义;第二,"语义学比较法"是汉藏语系诸语言间同源关系的有效证明方法;第三,汉藏语系除汉语和藏缅语外,还必须包含侗傣语、苗瑶语以及南岛语,侗傣语、苗瑶语是和汉语有亲缘关系的;第四,研究汉藏语系必须启用丰富古老的汉语文献。

邢公畹认为,治学的总目的在于探索宇宙间(包括人类社会)的各种规律,以便人们去利用,他不过是通过语言研究来进行这种探索罢了。谈到如何治学,他喜欢引用《荀子·大略》中的话:"君子之学如蜕,幡然迁之。"意思是,治学应当不断地从旧范围里走出来,走向新的境界。

如今,邢公畹教授虽然已是八十五岁高龄,依然孜孜不倦地伏案治学,笔耕不辍,辛勤地探寻着语言规律。这不仅体现了他作为著名语言学家的崇高境界,也让人们真切地感受到这位南开老人身上所凝聚着的南开精神。

(曾晓渝)

萧采瑜

一、由贫苦农民的儿子到美国生物学博士

萧采瑜,字美西,别号美洗。1903 年 7 月 25 日出生于山东省胶南县的农民家庭。幼年家境贫寒,但其聪颖过人。6 岁时就读于村中小学校。10 岁时参加全县初级小学生会考,以优异的成绩名列全县榜首,成为全县闻名的少年才子。随后因山东军阀韩复榘参加内战,加紧盘剥乡里,鱼肉百姓,男耕女织的父母虽有望子成龙的强烈愿望,但无力承担儿子上学的费用,决定让采瑜停学参加劳动,维持全家生计。后因得到一位仗义疏财的教师帮助,为其支付学费,使之完成高小学业。少年时期的萧采瑜以穷人家孩子早熟的灵性、悟性和顽强意志,心怀强烈的求知欲望和学习热情,既务农又读书,积极谋求升学的机会。小学毕业后,家庭无力供给他继读升学的费用,但数年后,他以初中同等学历的优异成绩,得到公费生待遇,进入山东济南第一师范学校。1925 年师范毕业时他已年满 22 岁,比常规的毕业生年长 3 至 4 岁。由于他的学业优异,而又勤奋好学,学校特准他报考师范大学。同年萧采瑜考入北京师范大学预科,两年后转入该校英语系。1931 年读完师大课程,获学士学位,而后在北京的中学任英语教员。1933 年他重新回到自己的母校——北京师范大学,在生物学系用一年半的时间修完生物科学方面的基础和专业课程,为他以后成为著名的昆虫分类学家和生物科学教育家奠定了基础。

1935 年因受当时著名教育家陶行知教育思想的影响,萧采瑜应邀回到故乡山东,就任新成立的济南乡村师范学校校长之职。为该校初期的创办做出了重要的贡献。

　　1936年他以纯熟的英语和雄厚的生物学专业基础考取山东省设立的公费资助赴美留学资格,并于同年赴美,入俄勒冈州立大学农学院,主攻昆虫学。在他入学不久,日本侵略者的铁蹄踏入了他的家乡,山东军阀韩复榘的不抵抗主义,使齐鲁大片的国土失陷,他赖以学习生活的公费资助立即中断。于是他又一次采用在北京求学时的半工半读方式完成学业,1938年以优秀的成绩获该校农学硕士学位。

　　意志坚强的萧采瑜并不因此而满足对知识的追求和停止对攀登科学高峰的渴望,他立即转入美国艾奥瓦州立大学动物与昆虫学系攻读博士学位,在著名的盲蝽科昆虫分类学家 H·H·耐特(Knight)教授的指导下从事半翅目昆虫(盲蝽科)的分类研究,并于1941年获理学博士学位。

　　正当他学有所成,积极进行回国准备报效桑梓之时,珍珠港事件发生,美日正式宣战,太平洋海路交通断绝,报国无门。

二、在美国十年的辛苦与成就

　　二十世纪三十年代中国的生物科学和农业科学研究几乎是一片空白,根本谈不上创造性的研究,因此萧采瑜踏上世界最发达的科学殿堂——美国高等学府,感到耳目一新。他自幼酷爱自然,到美国后,更感到自然界丰富多采,尤其是生物种类繁多,各具特色,对人类的发展有重要的利用价值。在他读农学硕士的过程中,从美国的许多大博物馆见到他们收集了中国相当可观的昆虫标本供研究和观赏,而在自己的祖国则是空白。从消灭蝗虫保护农作物这种朴素的感情出发,他决心填补这一空白,把昆虫分类学的研究和应用作为终生奋斗的目标。他在美国看到中国的昆虫分类学由外国人研究、著述,感到不平,于是他选择了《中国盲蝽科昆虫分类》作为博士论文课题进行研究。因为盲蝽科是半翅目昆虫中种类最多、经济价值最高、分类最难的种群。如果攻克这一难关,将对全面研究中国的昆虫分类学奠定重要的理论基础。这一选择表明了他报效祖国的决心和科学家敏锐的洞察能力。尽管当时他只能利用美国各大博物馆中收藏的中国昆虫标本进行研究,使这项研究工作结果带有一定的局限性和片面性;但是他的这篇博士论文依然是中国人自己第一次对中国盲蝽科昆虫分类的全面分析研究报告。他博士论文的主要内容于 1942 年在美国《艾奥瓦大学学报》上发表。从此结束了没有中国人研究中国盲蝽科昆虫的历史。在 1939—1946 年间,他结合自己科学研究的主攻方向,还对东南亚和美洲地区的若干盲蝽科昆虫分类问题作了比较研究,此后发表了 10 余篇论文,引起学术界的重视,在美国昆虫分类学界崭露头角。萧采瑜这时又应聘回到他读硕士时的母校——俄勒冈州立大学任研究助理,跟他的导师继续作昆虫分类学研究,其工作性质与现在的"博士后"相同。结束了两年的"博士后"生涯,他以卓越的研究能力受聘于美国国家自然博物馆任研究员。1943 年正值二次世界大战在欧洲和太平洋进入决战的前夕,美国社会经济完全进入全民动员的临战状态,萧采瑜也不得不暂时结束他所热爱的昆虫分类学研究,去做对轴心国作战的后援工作,应召到美国海军部医务局作研究员,从事太平洋地区传病昆虫区系和流行病的调查研究工作,直至 1946 年回国前夕离职。这也是他在异国他乡为国际反法西斯战争胜利而做的一份贡献。

萧采瑜在美国的 10 年,由一个靠打工谋生计和求学问的青年而成为头顶博士桂冠,身为研究教授的学者,其艰难与喜悦,只有他自己感受最深。战争即将胜利时,他就加紧收集资料,整理行装,婉言辞谢美国两个母校出任教授的聘请,决心偕夫人、植物学家綦秀蕙女士和子女返回百孔千疮、多灾多难的祖国。赤子之心,毋庸言表。1946 年,这位远方游子,终于回到祖国的怀抱。

萧采瑜在美学有所专,成就卓著,但他决不为美国的科学成就、民主自由和物质利益所动容,表现出矢志不移的爱国和报国精神。这正是中华民族、炎黄子孙的精神脊梁和人格价值。

三、对中国生物科学发展的深谋远虑

萧采瑜的生活经历和求学过程非同寻常,极其艰难,这养成了他坚韧不拔的性格和执着追求理想的精神。在美国攻读学位时,他敏锐地意识到西方科学文献对中国科学体系的建立和发展具有特别重要的意义。科学本身的发展就是科学历史的延续,不了解前人创造性的科学

研究成就,就不可能有今人对科学发展的贡献。萧采瑜在自己的研究
实践中深深地明白这个道理。他的《中国盲蝽科昆虫分类》博士论文,
就是在外国人研究中国昆虫学文献和采集中国昆虫标本的基础上完成
的,而又超过了外国人的成就。由于萧采瑜的学习过程始终是一个艰
苦的自主、自强、自谋生计的过程,他更珍惜一点一滴来之不易的成就,
从而培养出自己良好的科学素质和求实精神。他知道中国科学落后的
根本原因是经济落后,西方国家众多的高等学府、图书馆、博物馆收藏
着世界各国的科学图书和文献资料以及各种标本、实物,而中国却少得
可怜。于是他十分重视收集和整理生物学领域的专著和文献资料,为
回国后发展祖国的生物科学和培养人才做准备。

　　萧采瑜从事的昆虫分类学涉及的种类极多,历史的文献资料异常
丰富,其中包括若干早期的和某些绝版的经典著作。要把这些浩如烟
海的资料收集起来,带回祖国,谈何容易。他发现当时尚未广泛使用的
缩微胶片摄影文献储存法,既可大量节省费用,又便于携带。他们节衣
缩食,把省下的钱用来购买照相器材和设备,开始了广泛收集资料的工
作。萧采瑜还专门撰文总结自己收藏文献资料的经验。他指出用缩微
胶片拍摄文献资料的办法是解决科学文化不发达国家图书资料短缺的
可行途径,建议落后国家的学者广泛采用这种省钱而又利于携带、储存
的有效方法。这在当时信息储存技术尚不发达时,的确不失为一项具
有远见的意见。经过长时间艰苦的收集资料和顽强拼搏的工作,共带
回缩微胶片文献近 3000 篇,累计达 50000 页,还有 2000 余篇论文抽印
本和一大批昆虫分类学的专著书籍。这批资料文献是萧采瑜和夫人留
学十年的全部心血、物质与精神财富,为南开大学生物学系的恢复重建
工作起了极重要的作用,为他和他的学生们在中国昆虫分类学的学科
建设和发展以及在南开大学建立昆虫分类学博士点中发挥了奠基
作用。

四、为南开生物学系建设做出重要贡献

　　萧采瑜夫妇在众多的回国工作选择中,接受了南开大学的聘请,并
出任生物学系主任之职。当时的南开大学刚刚由昆明迁回天津,原校

舍经日本侵略者狂轰滥炸已成一片废墟。而且当时内战不休、时局动乱、物价飞涨。在极其艰苦的条件下,他临难受命,以他长期工读结合、不怕艰辛困苦的精神,不辱使命,热情洋溢地进行生物系的重建工作。在经费和人员不足的情况下,与顾昌栋、刘毅然、綦秀惠等教授一道,自己动手制作动植物标本、建立实验室,进行教学和研究工作,亲自担任多种课程的讲授和实验教学。由于他的身体力行、带头苦干,加之团结师生、毫不利己的学者和导师风范,使生物学系在短短的几年中初具规模,并成为重建最有成绩的系之一。

解放后,党和政府非常重视教育和科学事业,萧采瑜真正感到实现科学理想、大展宏图抱负的机会到了,更加勤奋地学习和工作,全身心地为生物学系的建设和发展呕心沥血,制定发展规划,积极筹建教学与科研相结合的动物生理和植物生理专门化,组织师生员工自制实验设备和外出采集动植物标本,并自行制作,积极扩建实验室和标本陈列室。在学校为生物学系新建的近 4000 平方米的大楼于 1953 年竣工迁入时,该系的实验室、标本室和教学科研条件令人瞩目。在全国的重点大学中名列前茅,引来了相当多的访问和参观者,不少学校派专业人员来学习和取经。当年生物学系已有萧采瑜夫妇、顾昌栋夫妇、刘毅然、戴立生、周与良等七位具有美、英等西方国家博士学位的教授执教,这在南开大学理科各系中教授数量是最多的,并初步建立起教学、科研和三级学科门类较齐全的教师梯队。

二十世纪五十年代初的萧采瑜意气风发,正值有为的壮年时期,除搞好本职工作外,积极参加利国、利民、上下沟通、中外交流的社会工作,先后兼任中苏友好协会秘书长、天津市世界和平大会分会理事兼宣传部长、天津市生物学会理事长、中国昆虫学会理事、河北省人民代表、河北省政协委员、天津市自然博物馆长等职。他对这些兼职工作依然是尽职尽责、尽心尽力,从不敷衍塞责,因此他不仅是学者而且是一位广泛受到尊敬的社会活动家。

二十世纪五十年代中期,在建系的各项工作初具规模后,他积极响应周恩来总理 1956 年初发出向科学进军的伟大号召,认真组织全系教师和高年级学生参与各自专长且感兴趣的研究工作,他自己则从繁忙的教学、系务和社会工作中挤出时间逐渐恢复已中断 10 年之久的专业研究——昆虫分类学。他常常是利用午休、深夜和节假日的时间进行毕生追求的科学研究探索。

这一时期，由于萧采瑜把高度的爱国热情、报国诚心与本职工作紧密切结合起来，表现出极大的无私奉献精神，从一个爱国者成长为具有共产主义者的理想、觉悟和道德情操的学者。1958 年中共河北省委特批他成为中国共产党党员，实现了萧采瑜多年的愿望。

"文革"期间，吃了 10 年洋面包，又在美国海军部工作 3 年多，又是党内的当权派的萧采瑜，自然难逃浩劫，被扣上美国"特务""反动学术权威""走资本主义道路的当权派"种种罪名，家被抄，住房被占。当此之时，萧采瑜不争不辩、默默承受，无怨无艾，只要能争取到一点人身自由和工作时间，他就不顾一切地从事昆虫分类研究，利用各派"内战"，顾不上"死老虎"的机会，他每天溜进工作室，埋头研究工作（因为他带回国的资料都在他的办公室，幸免于被抄被毁）。他将"文革"前从全国各地采集来的数万个半翅目类昆虫标本，一个一个地在双目镜下分析研究，分出数百种盲蝽，成为我国盲蝽科昆虫分类体系的先导，奠定了后继者进行盲蝽科分类研究的基础。

1973 年在他刚恢复工作不久，鉴于自己的标本室已经拥有全国范围内的大量标本收藏，认为组织编写全面性的中国半翅目昆虫分类学专业书的条件已经成熟。于是在出席当年在广州召开的"全国动物志会议"上，他提议编写一套具有我国特色的昆虫分类工具书。他认为这部书要便于昆虫分类检索，以"表"区分类别，每种昆虫要有形态描述和整体照相图。由于萧采瑜是我国昆虫分类学的先驱和开拓者之一，他的提议又具有重要的社会经济价值，自然具有科学性和权威性，受到与会者的赞同和支持并决定由他主编《中国蝽类昆虫鉴定手册》。其后几年，他不顾年老力衰，身体多病，更加努力地抓紧时间，广征各地昆虫资料，在助手们的配合下，于 1977 年完成了该书的第一分册《半翅目异翅亚目》。本册包括分属于龟蝽科、土蝽科、蝽科、同蝽科、异蝽科、缘蝽科、狭蝽科、跷蝽科、束蝽科等 9 科，742 个种类。其中有 93 个新种，72 个种类为我国的首次记录，附特征插图 1300 余幅，其中整体照相图

680 幅，计 50 余万字。萧采瑜在病重期间看到他毕生辛勤劳动的第一部专著出版，心情非常激动，特邀请参加编写工作的青年教师到他的病床前商量"手册"后几册如何编写的计划。他主编的第二册于 1981 年出版。本册包括分属于长蝽科、皮蝽科、红蝽科、扁蝽科、网蝽科、奇蝽科、瘤蝽科、猎蝽科、姬蝽科等 9 科，其中有 60 个新种，161 个种为我国的首次记录，附特征插图 1700 余幅，整体照相图 840 多幅，计 90 余万字。集萧采瑜毕生研究成就的这两本力作，均由我国权威的学术出版社——中国科学出版社出版。

自 1941 至 1989 年，萧采瑜先后在美国和中国的生物学杂志上发表了有关中国半翅目昆虫分类研究的论文 70 余篇，发现了 400 余个种上的昆虫新物种，填补了大量的学界空白，成为中国半翅目昆虫研究领域的重要开拓者和奠基人之一，其成果为世界同行学者所瞩目，并与 30 多个国家的 50 多位同行进行过资料和标本交换，还为外国鉴定了大量的蝽类昆虫标本。

萧采瑜教授用自己的毕生精力和工作实践，为人民的科学和教育事业，吐完了丝，流尽了汗，留给后人的，是他的崇高精神、为人师表的学者和教育家的风范。

（曾　涤）

高振衡

  高振衡,浙江绍兴人,中共党员,曾任天津市政协委员、南开大学化学系主任,是我国著名的有机化学家,教育家,一级教授,中国科学院院士。他学识渊博,治学严谨,是我国物理有机化学学科的开拓者,卓有建树。他在教育战线上辛勤耕耘五十余载,为国家培养了很多优秀人才。

一

  1911 年 6 月 11 日,高振衡出生于北京市的一个资产阶级家庭,祖父靠修建颐和园等工程发家,父亲依赖祖父遗留的房产生活,他从小生活在优裕的环境中。小时候,父亲对他要求十分严格,约束严谨,培养了他勤奋努力、刻苦学习的良好习惯。他自幼在家中读私塾。1923年,他考入了北京崇德中学,开始接受现代教育。"五卅"惨案发生后,具有爱国主义思想的高振衡,参加了反对帝国主义的罢课运动,出于对帝国主义的憎恨,他离开了崇德中学这所外国人办的教会学校,转入北京志成中学,就读初中二、三年级。1927 年,他考取了北京师范大学附属中学读高中。1930 年,以优异的成绩考取了清华大学化学系。在大学期间,他刻苦学习,汲取大量的知识,不断地丰富自己、增长学识,在毕业前夕参加了中国化学会,成为一名学生会员。毕业后,留校任助教,开始了他的教学生涯。"七·七"事变爆发后,日本帝国主义入侵华北,清华大学南迁。他积极参与南迁工作,经过艰难险阻,到达昆明,在清华大学、北京大学、南开大学三校合办的西南联大执教。抗日战争时期,高振衡亲眼目睹了国民党反动派的腐朽统治,亲身经历了物价飞涨、民不聊生的悲惨状况,看到我们贫弱的祖国惨遭日本侵略者的蹂躏,心中十分愤慨,对祖国的前途更是忧心忡忡,他决心寻求一条"教育救国""科学救国"的道路。1942年,他远渡重洋,前往异国他乡——美国哈佛大学研究院留学深造。

在美国留学的日子里,优越的学习环境,使高振衡如鱼得水,他一头扎进了知识的海洋。他勤奋好学、刻苦钻研,他要充分利用这宝贵的时间,学习更多的西方先进文化知识和先进的科学技术,以报效祖国,为祖国的复兴做出自己的贡献。在强烈的爱国思想的驱动下,高振衡努力学习英文、德文、俄文和法文;英文娴熟;俄文和法文能译;德文能看专业书籍。深厚的外文功力,帮助他掌握了大量的国外先进科学技术,由于孜孜不倦地刻苦学习,1946年他以优异成绩获得了哈佛大学的博士学位。当时正在美国考察教育的著名化学家杨石先教授热情地邀请他到南开大学任教。于是他放弃了美国的优厚生活待遇和良好工作环境,毅然决然地离开了诺贝尔奖获得者伍德沃特(R. B. Woodward)教授的研究室,回到了灾难深重的祖国,应邀来到了南开大学。高振衡的到来使刚从昆明回津复校不久的南开大学化学系增添了新鲜血液,壮大了师资力量。

当时,全国人民刚刚摆脱战争的阴云,都殷切地渴望国家得到治理,祖国能强盛,人民生活安居乐业。高振衡怀着报效祖国的满腔热忱,全身心地投入到教学和科研中去,但是,事与愿违,国民党的政治腐败和经济危机,严重地影响了教育事业的发展。当时国民党拨给南开大学的经费,远远不能保障日常教学的需要,物价的飞涨严重地影响了教职员工的生活。高振衡"科学救国"的理想无法实现。他看清了国民党反动派的真面目,积极站在人民一边,以联名上书的形式,反抗国民党的反动统治。1946年12月11日,南开大学的吴大任、邱宗岳和高振衡等,与北大、清华的部分教授联名上书蒋介石。书中力陈:"……现在政府所给予同仁等之薪津,实远不足以维持一家数口之最低生活,因之昼夜焦虑,时刻为生活问题所苦脑,其影响教育与学术者,实在深远"。这些教授的联名上书,给当时的社会,造成了很大的影响。

高振衡深切同情和积极支持进步青年学生的爱国革命运动,支持学生罢课。在天津解放前夕,他参加了反饥饿、反迫害的斗争和罢教运动,积极热情地迎接天津的解放。

二

新中国成立之后,高振衡焕发了青春。他深深感受到党对知识分子的关心和高度重视以及人民的爱戴,满怀激情地投入到教学科研中去,为新中国的教育事业和科学技术的发展努力地工作,并担任了南开大学化学系教学、科研的组织领导工作。

在教学中,他讲授过有机化学、分析化学、有机化学结构理论、物理有机化学等课程,并编写出相应的教材。他素以严谨的教风著称,讲课条理清晰、循循善诱,深受学生的尊重和爱戴。他积极贯彻党的教育方针,组织和领导了多次教学改革实践,用自己的全部心血,努力为祖国培养人才。

高振衡是我国早期在物理有机化学研究方面卓有成就的学者之一。早在二十世纪六十年代初期,他就把量子化学应用到研究有机化合物分子结构和性能的关系上,先后进行过有机汞化合物、锑化合物结构与性能关系的研究,在分子中化学键的性质和电子结构方面提出了新观点,即汞原子可与相邻的共轭体系形成包括汞的空 p 轨道参与形成的大 π 键、利用量子化学处理,从分子微观结构上揭示了涅斯米扬诺夫(原苏联科学院院长)等人提出的“双重反应性能和“$\delta_1\delta$ 共轭”概念的实质,并提出了顺式氯乙烯基氯化汞的结构中存在一个新类型的化学键——四电子三中心键,阐明了烷基氯化汞与炔烃的加成反应的规律。他与合作者共同用量子化学方法处理了联多苯、共轭多烯及芳香稠环和杂环体系,并阐明了结构与性能之间的线性规律,提出了取代基效应规律,对芳香烃硝化反应中间体或过渡液态及卡宾活性中间体用分子轨道法进行了计算,在有机硼、有机镓化合物的结构与性能之间关系和反应机理方面都取得了可喜的成果。

二十世纪七十年代中期,高振衡注意到有机闪烁剂和激光染料等新的荧光物质,已被广泛应用于原子能工业、军事工业、考古、地质勘探、民用工业、医药卫生等方面,而这些闪烁剂和激光染料都是一些大共轭体系有机发光体,他们性能的优劣与其分子结构有关。于是,他带领研究小组,积极地开展了哑唑、哑二唑类、苯并哑唑类五、六元氮氧杂环化合物的有机荧光分子结构与光性能关系的研究。经过辛勤地工作,他们系统合成了几百种氮氧杂环化合物,运用电子光谱、量子化学处理等方法,系统地研究了化合物的结构与光性能之间的关系,初步找到了某些规律性,并筛选出一批性能优良的液体闪烁剂和 20 多种紫外波段区新型激光染料,其激光性能达到或超过了国际上通用的同波段激光染料,填补了国内空白,出色地完成了他和课题组承担的"六五""七五"国家攻关项目,为此他获得了国家 1978 年全国科学大会奖。

1980 年 8 月,高振衡参加了国际纯粹与应用化学联合会在美国举办的第 8 届物理有机化学讨论会,并在会上宣读了"苯并哑唑衍生物的研究"的报告,受到与会者的重视。此后在德国科学家的邀请下,与之合作共同研究多年,建立了国际间的学术交流与合作。他还领导课题组,开展了物理有机化学前沿研究课题——仿生有机化学反应、有机光化学、卡宾化学等方面的研究,在国内外的重要刊物上发表了 110 余篇具有重大学术价值的论文,引起相当大的影响,为我国的化学界赢得了荣誉。

高振衡对我国物理有机化学事业的发展,做出了卓越的贡献,为此他获得了殊荣。他所研究的成果,曾获得 1978 年全国科学大会奖;从 1980 年至 1988 年,他连续获得国家自然科学三等奖、国家科委发明三等奖和国家教委科技进步二等奖及天津市科技成果二等奖等奖励;并于 1980 年 8 月,当选为中国科学院院士。

高振衡在教学、科研之余,为促进我国教育事业的发展和推动我国的光化学研究,作了大量的工作。早在二十世纪六十年代,他就编写了《有机化学结构理论》一书,是我国第一部物理有机化学教科书,长期作为高校教材。他还根据教学的需要,编写了《有机化学》《有机分析》等教材。1974 年,他编译的《有机光化学》一书是我国的第一本光化学教材,至今仍被作为教学参考书。二十世纪八十年代初,他已年届七旬,但仍进行《物理有机化学》(上、下册)的著述工作,他以顽强拼搏的精神,用近 4 年的时间,完成了这部近百万字的巨著,荣获了国家教委优秀教材一等奖。此外,他还参加了中国大百科全书化学卷的编写和组织工作。

高振衡一生对党的教育事业忠心耿耿,他既是循循善诱、诲人不倦的良师,又是与学生亲密无间、肝胆相照的益友。五十余年来,沐其教泽者数以千计。他不但为本校也为兄弟院校培养了大批骨干教师。他从 1956 年就开始招收研究生,先后培养了 39 名硕士生。1981 年,国务院批准在南开大学设立有机化学博士生点,他成为该学科全国最早的博士研究生指导教师之一。几年来,他共培养了 10 名博士研究生,为国家造就了一大批中、高级化学专门人才,其中许多人已成为知名教授、研究员或教育科研单位的领导人或学术带头人。高振衡以他渊博的学识、严谨的治学、一丝不苟的工作深深地感染和教育了他的学生。他认为化学是一门实验科学,来不得一丝一毫的疏忽;搞化学的人,除了要熟练掌握基础理论知识外,还应具备娴熟的实验技术和科学的求实精神。他对学生和研究室的工作人员,要求严格,决不允许有违反实验操作规程的事情发生;有不当之处,他都立即纠正。他提倡搞科学的人,必须具备勇于开拓进取的创新意识和脚踏实地认真做好基础研究工作的科学作风。他教导学生说:"有机合成是物理有机化学的基础,如果没有合成工作,得不到一定数量的化合物,就没有研究的对象,研究工作将成为空中楼阁,这样就会一事无成。"他身体力行,在培养硕士、博士研究生的过程中,除了教学工作以外,经常到实验室进行指导,培养学生的实验技术和科学素养。对每位研究生的学位论文,他都亲自把关,并逐字逐句地修改几遍后才通过。他的这种严谨治学的态度,已成为南开大学的典范。学生们感慨地说:"高先生不仅给我们传授了知识,更培养了我们严谨的科学素养和刻苦求实的科研作风,使我们终身受益。"在他的潜移默化的感染下,他的学生已把这种精神和作风带到各个岗位,指导自己的工作,并做出了重要的贡献。

三

高振衡一生追求光明,追求进步,具有强烈的爱国心。1952 年,他参加了中国民主同盟。他热爱党,热爱社会主义祖国,并坚持努力学习马列主义、毛泽东思想,坚持思想改造,执着追求进步。1956 年,他终于如愿以偿,光荣地加入了中国共产党,成为一名无产阶级先锋战士。基于高振衡对我国教育和科研事业做出的重大贡献,党和人民给予他很高的荣誉,1982年,他被评为天津市劳动模范。

高振衡所取得的事业上的成就,溶入了他夫人向景秀女士的全部心血。向景秀早年毕业于北京师范大学外文系,她除了在生活上无微不至地关心照顾他,还是他最得力的秘书。这对伴侣,互相支持,互相尊重,相濡以沫,伴随一生。

1989年8月14日,高振衡院士因病逝世,终年78岁。他的一生,是奋斗的一生。他为祖国科研、教育事业的发展,为中华民族腾飞,贡献出了自己的毕生精力。他的精神,将永远鼓舞南开人奋进;他的名字,将载入南开园的史册。

(程津培　何家骐)

张清常

　　张清常(1915年7月13日—1998年1月11日),中共党员,当代著名的音韵学和语言学家,杰出的教育工作者。汉族,贵州安顺人。自幼生长在北京。1930年秋至1934年夏,在北平师范大学国文系学习,师从钱玄同、沈兼士、商承祚、唐兰,成绩优异。1934年秋至1938年夏,在清华大学研究院中文系作研究生,得到过杨树达、罗常培、王力等文字音韵学家的指导。1938年秋至1940年夏,任浙江大学中文系讲师,担任"语言学概论"及大一"国文"等课。1940年秋至1946年夏,任西南联合大学文学院中文系讲师(1940—1942)、副教授(1942—1945)、教授(1945—1946),担任"历代文选""《广韵》""古音研究""国语运动史""国语与国音""音乐歌词"等课;1941年联大创办《国文月刊》,为编委之一;其间(1944—1946)兼任师范学院专修科文史地组主任,担任"历代文选""国文教材及教法"等课。1946年秋至1957年夏,任南开大学中文系教授、系主任(1950—1952)、语言学教研室主任,担任"音韵学""《说文》""古音研究"、大一"国文""中国语文概要(语音)""人民口头创作""汉语史""《广韵》""现代汉语(语音)""语言学引论"等课;其间,在清华大学兼课三年,担任"音韵学""古音研究""训诂学"等课;在北京师范大学兼课一年,担任"音韵学""古音研究"等课。1957年秋至1975年夏,借调支援内蒙古大学,任中文系教授、系主任,担任"汉语史""语言学引论""现代汉语"等课。1973年秋,始返南开大学任教,为中文系教授,兼任天津语言文学学会副理事长。1981年底,调往北京语言学院(现北京语言大学),为南开大学、北京语言学院两校兼职教授,并任北京语言学院来华留学生二系系主任、校学位评定委员会副主席、校学术委员会副主任、校教师职务聘任委员会副主任,兼任中国语言学会理事、中国音韵学研究会顾问等。

作为著名的语言学家,他一生的治学历程,给我们留下了深刻的启示。他自幼刻苦好学,15 岁成为大学里的高才生。19 岁大学毕业,进入清华大学研究院深造,师从王国维、赵元任、朱自清等一代宗师,打下了深厚的的学术根基,30 岁就成为西南联大最年轻的教授和语言学家。

他在科研上的成就主要表现在以下几方面。

一、汉语音韵学

主要是四方面的探索。

1. 上古及中古音系问题

1948 年他发表了《中国上古 * -b 声尾的遗迹》(《清华学报》第 15 卷第 1 期)。这篇文章要解决的是汉语语音史上两个奇特的问题:一是《切韵》去声祭泰夬废四韵为什么没有与之相配的平上入各韵,二是上古音里有没有 * -b 声尾。在二十世纪三四十年代,国内外学者都注意上古音的韵尾问题,从音理、韵部系统推论者多,缺乏足够的文献资料的论据。该文通过 * -b 韵尾遗迹的探索,搜集甲骨文、金文、先秦文献材料,下及中古音系等详加论证。结论是,远古曾有 * -b 尾,周秦音尚有其遗迹。这种 * -b 尾还是 * -p、* -d、* -o、* -t 各韵部相通的一种桥梁。异化作用或其他原因 * -b 使尾在周秦以前就开始消失。这些 * -b 尾在远古可能构成一个或几个韵部,* -b 尾消失后,这些字散入上古音其他一些有关韵部。《切韵》祭泰夬废四韵既保留了远古 * -b 尾较多的残余痕迹,又加进了若干新的非 * -b 尾成分的字,这可能是四韵比较特殊的重要原因之一。本文使那些即使不同意构拟 * -b 尾的人,也将认为这些论据所反映的上古韵尾问题是确实的。本文刊出后,即见于国外学者称引。

钱大昕提出"古无轻唇"和"古无舌上",人们便认为已成定论。而符定一则论证"古有轻唇音""古有舌上音"。对此,张清常于 1980 年发表《古音无轻唇舌上八纽再证》(《语言研究论丛》第 1 辑,天津人民出版社),从语音发生和演变的一般规律,朝鲜语、日本语、越南语保留的汉字古音,汉语方言中的古音遗迹,守温三十字母北宋初年增为三十六字母以及印欧语历史演变等五个方面重新论证这个问题。

在《〈释名〉所反映的古声母现象》(载《训诂研究》第 1 集,1981 年)一文中,张清常论证了上古声母的五个特点:轻重唇不分,明晓两母有互为声训的,舌头舌上不分,泥娘日母不分,照二、照三与端组、精组都有关系。

这方面的论文还有多篇,如《唐五代西北方言一项参考材料——天城梵书金刚经对音残卷》(《内蒙古大学学报》1963 年第 2 期)、《-m 韵古今变迁一瞥》(《语言研究论丛》第 2 辑,天津人民出版社,1982 年)、《从〈元史〉译名看"儿"[ə]音问题》(《王力先生纪念论文集》,商务印书馆,1990 年)等。

2.古代音韵学兴起的问题

他从学生时代即攻音韵学,由于多年业余从事音乐方面的活动,并喜爱中西文学,所以他特别重视语音、音乐、文学三者之间的关系。1944 年出版的《中国上古音乐史论丛》(重庆独立出版社)就是这方面的探索。这部专著考证了中国上古音乐史的若干问题,并阐明中国音韵学的兴起以及所用术语与音乐的关系,创见颇多。该书曾获得当时教育部学术三等奖。在此之后,他又发表了《中国声韵学所借用的音乐术语》(《人文科学学报》第 1 卷第 3 期,1944 年)、《中国声韵学里面的宫商角徵羽》(载《吴稚晖先生八十诞辰纪念论文集》,1946 年)、《李登〈声类〉和"五方之家"的关系》(《南开大学学报》1956 年第 1 期)等一系列论文,深入讨论汉语音韵与音乐的关系。这些文章从音乐的角度看中国音韵学,得出如下结论:周秦之际语音和音乐的关系密不可分;西汉末年,"五音之家"以宫商角徵羽五音"引字调音",始创中国声韵之学;魏晋南北朝时,文学家注重诗文的音乐性质,讨论音韵格律乃至审音辩字都使用音乐术语。

他不仅注重语音、音乐、文学三者关系的研究,而且从事音乐活动。由他谱曲、罗庸作词的《国立西南联合大学校歌》(1938 年 12 月),曾广泛流传;其后又有由他作曲并指挥的《国立西南联合大学进行曲》(罗庸作校歌词、冯友兰作引、勉词,凯歌词)。他还为《联大师范学院附中校歌》《联大师范学院附小校歌》(张清徽词)、《云南省远美留美公费学生预备班班歌》(朱自清词)、《航空发动机制造厂厂歌》《龙渊中学校歌》(罗庸词)、《北京语言学院校歌》(张寄谦词)等谱曲。

3.诗歌韵律问题

他在《关于汉语诗歌押韵问题》(《语言研究论丛》第1辑,天津人民出版社,1980年)中认为,各民族都有自己的语言形式,也因而有自己的诗歌格律。汉语诗歌的格律主要有四个方面:押韵、平仄、节奏、歌唱或吟诵上的某些安排。《中国古典诗歌平仄格律的历史经验》(《内蒙古大学学报》1960年第2期)把语言、文化、音乐三者结合起来解释平仄格律,提出平仄格律是作者和演唱者之间的桥梁,它使作者和演唱者便于分工,各精一面,又能互相合作;词曲本来的曲牌唱腔是活的,字句平仄也是活的,容易掌握,后来唱法失传,剩下字句,这样死抠字句编制的"词谱""曲谱"就使人莫测高深,迷恋形骸了。此外还有《有关京剧十三辙实际运用的几个问题》等论文。

4.异读问题

异读问题关系到现代汉语普通话的语音规范。他从汉语史的角度观察,有自己较完整的看法。他在《北京音里面的一字异读问题》(《南开大学学报》1956年第1期)中较早而系统地提出:普通话开尾字的异读往往与古入声消失有关。在《〈中原音韵〉新著录的一些异读》(《中国语文》1983年第1期)中提出:古音东锺与耕青合并为现代"十三辙"的中东这一变化,在元代已经从异读中反映出来。

二、汉语词汇学

他在音韵研究的基础上,进一步从汉语史的角度探究汉语的音义关系。在《音义关系在汉语汉字中的特殊组合》一文中指出,必须根据汉语特点和远古音韵系统,运用词汇学理论进行分析,才能拨开迷雾,使词源问题得到科学的解决。按照这个原则,他从《尔雅》入手落实音义关系。1983年完成《尔雅一得》(未刊),《〈尔雅〉研究的回顾与展望——纪念罗常培老师》(载《语言研究》1984年第1期)是这部专著的序。这篇文章总结了前人研究《尔雅》的经验,又提出了《尔雅》研究的新课题。他指出,对《尔雅》的进一步研究可以从三个方面展开:1. 对《尔雅》词义词汇进行新的探索;2. 对《尔雅》自《释亲》到《释畜》各篇做出科学的诠释;3. 探索华夏族与其他民族语言词语关系的遗迹。《〈尔雅·释亲〉札记——论"姐""哥"词义的演变》(《中国语文》1998 年第 2 期)是他正式发表的最后一项成果,该文论述了"姐"与汉藏语、"哥"与鲜卑语的关系。关于词汇问题的论文还有很多,如《汉语的颜色词(大纲)》(《语言教学与研究》1991 年第 3 期)、《关于汉语双音节同形异义词的问题》(《语言教学与研究》1987 年第 4 期)等。

三、汉语方言调查

他在内蒙古大学工作期间,主持了内蒙古自治区的方言普查和推广普通话工作,除由集体分头编写专册报告之外,他还在《内蒙古大学学报》发表了《内蒙古自治区方言与普通话语音对应规律(一)》(1959 年第 1 期)、《内蒙古西部汉语方言构词法中一些特殊现象》(1962 年第 2 期)、《内蒙古萨拉齐汉语方言词汇一瞥》(1963 年第 2 期)、《内蒙古自治区汉语方言概况》(1963 年第 2 期)等一系列论文,对内蒙古自治区的方言普查和推广普通话工作起了很大推动作用。

四、社会语言学的探索

晚年他的兴趣又转向社会语言学的探索,把北京街巷胡同作为研究对象,先后发表多篇论文,并结集成《胡同及其它——社会语言学的探索》(北京语言学院出版社,1993 年),引起社会各界的反响。首先,他论证"胡同"是蒙语借词,原义为"水井",否定了"胡同"是汉语固有词的说法。这一观点已为语言学界接受。此书荣获中国图书奖二等奖。1997 年北京语言文化大学出版社又出版他的专著《北京街巷名称史话——社会语言学的再探索》,该书特别注意以北京街巷名称为资料,探索汉语本身的问题,研究语言与历史、地理、民族、文化等方面的关系,以推动社会语言学的深入研究。

五、古籍整理工作

他对古籍整理工作也十分倾心。1974 年秋,他参加了重刊宋本
《战国策》的句读工作,并执笔写了《就重刊宋本〈战国策〉原书进行标点
工作的一些说明》(《语言研究论丛》第 2 辑,天津人民出版社)。1993
年,与王延栋合作完成《战国策笺注》一书,获国家教委第二届全国高等
学校出版社优秀学术著作优秀奖。他还着手给明朝张爵《京师五城坊
巷胡同》作今注,完成《尔雅集注》,终因时不"他"待而心愿未遂。

他早年还翻译过法国马伯乐(H. Maspero)的《唐代长安方言》,并
拟撰文评论,可惜也未能如愿。

张清常一生著述颇丰,在音韵学、汉语史、词汇学、社会语言学等方
面都有独到的贡献。1993 年商务印书馆出版了他的《语言学论文集》,
收录了代表作 40 篇。目前正在编辑他的《语言学论文续集》,将由语文
出版社出版;北京语言大学也正在积极筹备出版《张清常文集》,预计近
300 万字。

作为杰出的教育工作者,他毕生矢志杏坛,道德文章堪称楷模。他
在高校执教 60 年,辗转 4 个学校,参与了浙江大学中文系(1938 年)、
西南联大师范学院专修科(1944 年)、南开大学中文系(1945 年)、内蒙
古大学中文系(1957 年)的开创工作。在抗日战争时期以及新中国建
立初期,为南开大学中文学科的课程建设做出很大贡献。他于 1956 年
10 月 23 日在《光明日报》发表了《对于综合大学"汉语言文学专业"教
学计划的意见》。在内蒙古大学工作的 18 年中,他为边疆少数民族地
区高等教育事业呕心沥血,功绩卓著,发表了《语言学整改笔谈》(《中国
语文》1958 年 8 月号)、《为自治区培养新型的科学研究人才》等论文。
二十世纪八十年代以来,他致力于北京语言学院的工作,长期关注对外
汉语教学事业的发展,为课程建设、人才培养都倾注了大量心血。

他在学科建设上高屋建瓴、远见卓识,在人才培养上胸襟豁达、扶
掖青年、提携后学、善为人师,深得师生的尊敬和爱戴。具不完全统计,
他为后学各类著述所作序言就有 36 篇之多。

张清常教授一生对党、对祖国、对人民无限忠诚,无私奉献。直至

古稀之年仍坚定地把加入中国共产党、献身共产主义事业作为自己最后的归宿,1985年12月,终于实现了梦寐以求的政治理想。他为1982年高考作文的命题是"先天下之忧而忧,后天下之乐而乐",他说:"我出的题目,我不能不照着做。"他用自己的生命实践了诺言。同时也得到很多荣誉,曾获内蒙古自治区先进工作者、南开大学教师先进工作者、天津市优秀教师、北京语言学院先进工作者、北京市劳动模范、北京市高教系统教书育人先进工作者等称号。

他一直对自己的身体比较自信,仅认为肺炎是对他的最大威胁,希望能享"上上寿",科研计划订到了九十岁。他在《八十述怀》中说:"时不我待,即以十六字自勉:'穷当益坚,老当益壮',戒骄戒躁,勿怠勿荒。"正因如此,他不顾自己年迈体衰,夙兴夜寐,辛勤耕耘,以至使他溘然而去。若再假他十岁,乃或五年,定会有更多的科研成果留给我们。

"笔耕不辍著作等身堪称海内耆宿,教诲有方桃李盈门培育邦国良才。"这是南开弟子们对他的赞誉,也是他一生的写照。

(王延栋)

申泮文

申泮文，我国著名化学家，中国科学院院士。1916 年，申泮文出生在广东省从化县古楼潭村一个贫苦的工人家庭。因为生计所迫，父亲携家北上，漂泊于东北、天津、烟台等地打工。旧时称学校为"泮宫"，父亲期望他学有所成，为其取名泮文，勉力供他上学。1935 年申泮文毕业于天津南开中学，此时，家庭已无力供他升学，但他立志要接受高等教育，终以免收学宿费的优异成绩考入了南开大学化工系，生活费靠帮南开中学老师批改作业获得。第一学期结束后，获每年 300 银圆的奖学金，暂时解决了求学的经济困难。1937 年日本帝国主义的侵华铁蹄踏进了天津，几天后南开大学校园毁于日军的野蛮轰炸，学校奉命内迁，奖学金宣告终止，申泮文的大学生涯暂告中断。他毅然投笔从戎，于 8 月底到南京，进入军官学校教导总队作一名少尉军官。经短期军训，于 10 月开赴上海，在淞江一线参加抗日作战。不久日军在杭州湾登陆，申泮文奉命率领部分伤病兵员突围，历尽艰辛于 11 月底退至南京。在败退途中，他目睹国民党政府腐败导致生灵涂炭、国土沦丧的种种惨象，于是退出了国民党军队，绕道去长沙找当时任临时大学化学系主任的杨石先老师。因南开大学化工系已西迁重庆，他转入化学系继续大学学业。但由于中途插班和心身交瘁，没有参加学期考试，终于被学校除名，再次成为一名流亡学生。1938 年春夏之交，申泮文在黄钰生教授的资助下跟随长沙临时大学"旅行团"翻山越岭，历时 63 天到达昆明。到昆明后，西南联合大学化学系主任杨石先特许申泮文恢复学籍。他用两年时间完成三年学业。1940 年夏毕业，后到航空委员会油料研究室任助理员。这是一个新建的军事部门，要求工作人员全部集体参加国民党。他对这个指令断然拒绝，后弃职在川、甘、滇等地飘泊。

抗日战争胜利后,经黄钰生和邱宗岳介绍,进入南开大学化学系,参加了从昆明至天津的复校工作,并于1947年回到天津,开始了在南开大学的教学生涯。

解放后,申泮文筹建了无机化学教研室并任主任;组建了科研专门组,开始了无机合成科研工作,奠定了学业和事业的基础。1959年,他自告奋勇参加援建山西大学。后在极"左"路线的干扰下他被拉下讲台,学术和社会活动受到限制,但并未因此放弃对事业的追求,他关起门来搞译著,并在"开门办学"中走遍山西大地,对风化煤腐植酸资源进行了普查并绘制了一张分布图。1978年底经杨石先提议申泮文二度被调回南开大学。申泮文曾提出过一个公式:"事业成就=教育+勤奋+机遇+奉献"。就机遇而言,在申泮文一生中起转折作用的诸如长沙转化学系,昆明恢复学籍,两进南开大学工作等都是。

申泮文充分利用来之不易的条件和机会,日以继夜地努力工作。他以一名全国政协委员的身份,以极大的热情投入到"拨乱反正",平反冤、假、错案等社会活动中去,做了大量有益的工作。1982年加入中国共产党以后,又在改革高等教育、建设师资队伍、教育青年学生、发展成人教育等方面倾注了大量精力。

申泮文的最大贡献是在无机化学教学方面。他是我国执教无机化学基础课时间最长的化学家之一,至今仍活跃在教学第一线。他善于总结教学经验,吸收无机化学发展的新成果,不断更新和充实教学内容,撰写和翻译出版了大量无机化学教科书,在教材建设上做出了杰出贡献。"文化大革命"后,他深知要缩短我国与世界科学技术的差距,首先要做的事是出版一批适用的教科书。他是《无机化学》统编教材的定稿人之一。后来又与尹敬执合编了程度稍高些的《基础无机化学》。这两部教材至今仍被广泛采用,或被指定为主要参考书。《基础无机化学》还出版了维吾尔语版,并于1988年被国家教委授予高等学校优秀教材一等奖。他还在全国范围内组织翻译班子,翻译出版了三部有代表性的英、美优秀教材。其中柏塞尔(Purcell)的《无机化学》是当前公认的无机化学经典著作之一,以理论层次高而著称。这批内容较新,各有特色的教材,满足了不同教学工作的需要。由他主持和组织撰写或翻译的无机化学教科书和专著,计60余卷册,2500余万字。

有了教材,关键在教师。申泮文深知,经过六七十年代的发展,无机化学已经改变了面貌。最大的变化是过渡元素的化学已经成为无机化学发展的主流,同时,主族元素的化学亦已面貌一新。无机化学再不能从道尔顿的原子论讲起,门捷列夫的周期律虽然并未过时,但已再不能用作无机化学的纲目。原子的电子层结构、价态变化和成键方式的复杂性和多样性,在掌握无机化学规律性方面已越来越成为应予首先注意的问题。他努力更新自己的知识,同时又致力于建设教师梯队。1980年他主持举办了全国无机化学主讲教师讲习班,为期一年,配套开设现代无机化学的关键课程,120名学员中多数人成为教学骨干,至今仍活跃在各高等学校的讲台上。他还在太原、哈尔滨、兰州、昆明、青岛等地主持或参加层次不同的中期或短期讲习班,学员少则几十人,多则达二百人。在南开大学化学系,他以建设无机化学重点学科为目标,有计划地培养学科带头人,开展了无机合成和材料化学、配位化学、生物无机化学三个方面的科研工作;开设了一整套质量较高的研究生学位课程;建立了一种建设教师队伍的有效模式,即强调教师应主要通过自身的努力,在工作中出成果、做贡献,始能脱颖而出。

他还十分关注固体化学的发展。他推动了中国化学会无机合成和固体化学学科组的建立,主持翻译出版了一本有代表性的固体化学专著——韦斯特(A. R. West)著的《固体化学及其应用》,还倡议举办一次全国性的固体化学研修班,培养一批可胜任固体化学教学的师资。

二十世纪九十年代中期以后,他年届耄耋,老而弥健,创导把多媒体技术应用于化学教学。1996年他开始学习计算机技术,钻研多媒体编程,计划编制一部多媒体电子教材,使他的八十华诞成为他跨进新世纪的起点。他在师生中组织了一个课余社团“南开化软学会”(NAN-KAI CHEMISOFT SOCIETY),既编制教材,又汇聚和培养人才。很快一部包括139个专题,4000余幅静态图片,1000余幅二维和三维动画,附有60余万字自学材料的多媒体教科书《化学元素周期系》由高等教育出版社以两张光盘的形式出版。这部电子教科书获得教育部优秀教学软件一等奖,在1998年联合国教科文组织在巴黎召开的一次教育研讨会上获得与会者的好评。1999年5月初,教育部在南开大学举办了教学方法改革研讨班和《化学元素周期系》软件应用培训班。《化学元素周期系》是中国的第一部多媒体教科书,在国际上也是一部创新之作。申泮文做了把多媒体技术引进化学教学的开创性工作和奠基性工作。

申泮文在国内率先开展金属氢化物的科学研究,成果深受国内外同行的注意和好评。从1957年打下初步基础的此项研究,在二十世纪八十至九十年代取得了丰硕的成果。他合成了一系列离子型金属氢化物,包括硼和铝的复合氢化物;合成并研究了三类主要的储氢合金。在离子型金属氢化物合成中,他创造性地利用廉价的金属钠作为还原剂,先合成惰性盐分散的氢化钠,再通过负氢离子交换得到新的氢化物。这条合成路线,避免了采用昂贵的金属锂,而且氢化温度较低。这类离子型氢化物,许多是重要的合成试剂和高能燃料添加剂,是一项有广阔应用前景的基础研究。

他认为,氢能在未来能源构成中必将占有重要的地位。他用共沉淀还原法合成了镍基和铁基储氢合金,使储氢合金的化学合成方法得以系统化。1985年在加拿大多伦多召开的第五届世界氢能会议上,他的《储氢合金的化学合成与性能研究》一文被评为优秀论文。近年来,这项研究的部分开发应用工作已被列为国家"863"高技术计划项目,研制成功的镍氢电池成为该计划中第一个通过鉴定并投入批量生产的高技术产品。在此基础上,建立了南开大学新能源材料化学研究所,一个产、学、研相结合的高技术开发应用集团已经初具规模。

早在二十世纪八十年代中期,他就提议用共沉淀还原扩散法研究制造钕铁硼永磁合金的新方法。经过10多年的努力,一项崭新的、制造钕铁硼的专利技术已经中试成功,产业化工作正在顺利进行。这项技术已经列入国家计委和科技部的有关计划。在世界高科技竞争的一个重要领域取得了新突破,为中国发展稀土永磁打开了新途径。申泮文的科研工作具有抓重大课题,在科技开发上一杆子插到底的鲜明特色。

申泮文一直认为张伯苓培育南开精神的教育思想是一笔宝贵的财

富。他以政协提案和发言,接受采访,写建议和发表文章等形式论述自己的教育主张。他认为南开校训"日新月异,允公允能",提倡学生应有"爱国爱群之公德,与夫服务社会之能力",与我们今天的教育方针并无不一致之处。旧南开学校开设修身课作为公共必修课,校规十分严格,不许蓬头垢面,不许体态放荡,不许言语粗野,不许奇装异服,不许随地吐痰。对饮酒、吸烟、赌博、早婚、考试作弊均严加禁止。他认为只有这样的教育环境才能荡涤娇、骄、嬉、颓之风,培养出真正的优秀人才。

申泮文院士在一篇写给青年人的文章中说:"在科学家和教育家两种称号之间,如果只允许我选择一种的话,那我宁愿选择做教育家。"他本人身体力行南开精神和张伯苓的教育思想,又有在大学执教近60年的实践经验,他认为,作为一名教育家,必须有自己的教育思想。他的教育思想归结为一句话,就是"爱国主义教育环境出人才"。他主张应该"以爱国主义教育为核心,对学生进行全方位的公民素质教育,使学生在德、智、体、群、美、劳、创业和服务能力等诸方面得到全面均衡发展,把他们培养成为爱国、救国、建国人才。"修德养志、术业精进,无不应以报效国家为第一宗旨。年年"七·七"事变纪念日前后,他都把自己保存的南开大学被日军炸毁现场的多幅照片,以板报形式公诸于众。每年新生入学,学校都请他给新生讲校史和南开爱校、爱国传统。抗日战争胜利50周年时,他在学校组织的"铸我南开魂爱国主义讲座"作的第一讲取得了轰动效果。他编写出版了《天津旧南开学校毁没记——侵华日军暴行录》一书。他还多次荣获校、市两级优秀思想政治工作干部称号和奖励。他的教育思想和教育实践,谱写了我国化学教育史的光辉一页。

(周永洽)

龙 吟

　　龙吟,南开大学经济研究所教授,一位具有高度爱国热忱,对党无限忠诚,热爱教育和科研事业,热衷社会公益事业的经济学家。

　　1911年8月23日,龙吟出生于海南省文昌县的一个爱国华侨家庭,从小受到爱国教育和熏陶,立下了报效祖国的志向。早在1927年中学学习阶段,他就接受马克思主义的启蒙教育,参加了党所领导的共产主义青年团。"四·一二政变"后,因参加学生运动而被捕入狱,并遭校方开除。从此他在连年战争、动乱的旧中国辗转流离,不断寻求真理。广州起义后,他为实现自己心中"用科学知识拯救祖国,以一技之长服务人民"的理想,从新加坡转道上海到北京中法大学学习。龙吟于1937年从中法大学经济系毕业,因学习成绩优异,被学校保送到法国里昂大学法学院学习财经,获得博士学位。他的博士论文《中英法预算监督制度的比较》获得法国里昂大学博士论文的最高评语。后在法国里昂大学、巴黎大学和美国哥伦比亚大学从事研究工作。抗战胜利后,龙吟满怀抱国之志辗转回到祖国。先在天津工商学院任教,两个月后应聘于南开大学经济系。他屡屡为当时设在天津的《大公报》的"经济周刊"撰稿。在这一时期,他接触并阅读了大量的马列和毛泽东的著作,从中受益匪浅。仅《实践论》和《矛盾论》就反复阅读了几十遍,从而完成了他思想上的一次质变,从朴素的爱国爱民的思想转变为对共产主义的执着信念,且这一信念贯穿于他以后生活的始终。即使是在"文革"期间受到冲击,也丝毫没有动摇过。

　　数十年来,龙吟从事经济学的教学和科研工作。先后讲授过财政学、货币银行学、政治经济学和社会主义政治经济学专题等课程。龙吟一贯坚持严谨治学,一丝不苟,他不仅严格要求学生还更严于律己,经常利用业余时间深入学生之中亲自进行答疑指导。为了丰富教学内容和使经济理论为社会主义建设服务。他除了运用娴熟的法语和英语的功底查阅与马克思主义有关的原文著作外,尤其注重社会实践,深入基层,参加农村土改,进行社区调查,积累了大量的考察资料和统计数字。他先后发表了《毛泽东同志论土地制度的改革》《工农关系是社会主义政治经济学的主要组成部分》《半封建半殖民地的中国经济》《帝国主义时代公债的特点及其在保证最大限度利润中的作用》《从改造进步中求生存》《关于中国现代化的几个问题》等多篇论文。

改革开放以来,龙吟重新焕发了青春。以古稀之年活跃于教学、科研岗位,发表了大量的经济研究论文。主要有《社会主义国家所有制是否成为发展生产力的障碍了?》《试论所有制,所有制形式,所有和占有》《关于经济效益的两个理论问题》《宏观调控与提高社会经济效益》《运用社会发展规律,建设有中国特色的社会主义》《怎样理解有中国特色的社会主义》《关于坚持四项基本原则与坚持改革开放结合的问题》等。在退休之后,他仍笔耕不已,致力于邓小平建设有中国特色社会主义理论的研究,并有着自己独到的体会和认识。在他八十四岁高龄时还孜孜不倦地撰写了近四十万字的专著《社会主义经济效益论》出版(南开大学出版社)。

在积极从事教学和科研工作的同时,龙吟还积极参加政务和社会活动。他曾任南开大学校务委员会委员、经济系主任;天津市政协副秘书长、委员、常委;天津市财政学会顾问;天津市经济学会顾问;民主建国会天津分会常委、顾问;中华慈善总会创始会员;中国马恩列斯著作研究会会员等。

龙吟精通法语和英语,语法娴熟、功底深厚。为此中国共产党第八届全国代表大会期间曾参加大会翻译处有关文件资料的翻译工作。

改革开放以后,经济发展速度加快,但一些深层次的问题也逐渐暴露出来,如通货膨胀、企业的经济效益滑坡等问题,亟待解决。龙吟积极参加人大代表和政协委员的考察团,到天津市的国有大中型企业考察,以经济学家的敏锐目光发现问题,想对策,就如何制止通货膨胀,提高企业经济效益等问题,向政协提案,或向天津市有关负责人汇报,为经济发展献计献策。他在 1991 年天津市政协八届三次会议上提交了《按照经济效益高低的原则分配启动资金,推动工业适度增长和经济效益的提高》的提案;在 1993 年天津市政协八届五次会议上做了《依靠科技进步,提高经济效益》的大会发言,提出关键在于把经济建设转移到依靠科技进步和提高劳动者素质的轨道上来。1993 年以后他身体不适,为参政议政,仍坚持出席政协的有关会议。

　　龙吟终生从事教育工作,为教育事业倾注了毕生的精力和心血。他作为老一辈从海外留学归国的经济学家,经历了新旧社会的对比、文革的磨难,目睹了改革开放以来社会主义建设的巨大成就,也敏锐地意识到世界各国综合实力的竞争说到底是教育的竞争,人才的竞争。为了鼓励青年学子早日成材挑大梁,提出尖端科研项目,龙吟经过长期考虑,决定把父辈留给他的遗产十万元人民币捐赠给南开大学,设立永久性的奖学基金"龙吟奖学金",以每年的利息奖励南开大学经济学院和生命科学院的品学兼优的研究生,以此鼓励、支持青年学生努力学习,积极进取,早日成为国家的栋梁之材。1997 年有 16 名博士、硕士研究生获得为数 11000 多元的首届"龙吟奖学金"。他为了表达对周总理的无限热爱和尊敬之情,向周邓纪念馆捐赠六千元。此外他还曾分别向平律战役纪念馆、中华慈善总会、整修长城工程、中国扶贫基金、中国残疾人福利基金捐款、并多次向希望工程和贫困灾区捐款。他无私奉献的美德在师生中广为流传。

　　龙吟教授从事教学和科研工作 52 个春秋,为高等教育事业作出了突出的贡献。龙吟教授于 1998 年 6 月逝世。他的一生是勤奋朴实的一生,无私奉献的一生,他的崇高品质和治学精神,将永远铭记在人们的心中。

(王　霞　龙云生)

傅筑夫

傅筑夫(1902-1985),是我国著名的经济学家、经济史家和教育家。据粗略的统计,傅筑夫一生发表论文 30 多篇,约 55 万字,出版论著 14 部,近 380 万字(含与别人合写两部,13.3 万字),出版史料 89.4 万字(含与别人合编的 44.8 万字),译著 34 万字,已整理待出的史料约 40 万字,积累的资料尚未整理的约 90 万字。1985 年他逝世时,北京大学的陈振汉教授在送他的挽联中写道:

"博通古今,学贯中西,经济史界推前辈

门墙桃李,等身著作,举国学子悼大师。"

傅筑夫,一生执教 55 年,从 1947 年 8 月至 1978 年 6 月在南开大学度过了 31 个春秋。晚年以 76 岁高龄调往北京经济学院,即现在的首都经贸大学。在他逝世前的 6 年多时间里,完成了从周朝至两宋的《中国封建社会经济史》五卷本著作。过去,有关中国封建社会的经济史,虽有些断代性研究成果,却没有一个人作贯通性地研究。傅筑夫写出的是通史性成果,并在充分占有材料和深入研究的基础上,提出了一些独到的见解。可谓自成体系,独树一帜,填补了我国经济史领域的一项空白,也实现了他自己"通古今之变,成一家之言"的夙愿。最近获悉,《中国封建社会经济史》第 5 卷已在香港出版,前四卷将陆续在港出完。

学术界对傅筑夫的学术体系深表敬佩。人们知道他有几个硬功底:

他有很好的古文修养。这使他能从浩瀚的古籍中搜集资料。

他有很好的经济理论修养。他在英国攻读欧洲经济史,这为他经常在著作中对中、欧经济史进行比较提供了方便。

他在上大学时就博览多领域的书籍,并在名师鲁迅指导下训练了科学研究的能力。

他有很好的外文修养。对英、日、德文的熟悉,是他及时汲取国外最新成果的得力手段。

他有惊人的记忆力,直到80岁高龄时还能随口背诵大段的古文。他脑中储存了大量的知识和信息,可以从不同知识、信息的结合中得出新成果;可以从不同知识、信息的联系中受到新的启发;可以从不同知识、信息的比较中有新的发现。他有广阔的思路和视野。

他积累了大约220万字的资料,能使他的著作材料翔实,立论有据。

就是以上原因,使得同行中没有人能从根本体系上对他提出批评。也是以上原因,他在80岁高龄时,写起著作来,下笔如有神,效率异常高。

凡在学校工作的学者,其科研与教学大多是相互结合在一起的。傅筑夫强调教学要与科研结合,科研要为教学服务。"据外国先进经验,高校中的教学人员同时也是科研人员,教一年后带着问题到研究所解决,再回到教学中去,并将本学科的最新成就体现到教学中去。学校中的研究所如不为教学服务,就会牵制教学力量。科研就会无意义。这与社会上的专职研究机构不同。"他强调全面地培养学生,主张"德才兼育"。他认为学生既要有"起码的科技道德,又要有正确的治学态度和方法,防止当前的不正之风——为名利不择手段。要制定法规,以防毒害青年和污染学术空气。"

他讲课,有事实,有材料,有分析,也运用一些花絮性内容,活跃气氛,给学生以深刻印象。他主张讲课要"慢为快",不必紧张地、过多地重复书本内容,而是在内容之外的背景上,在内容之中的难点上下功夫,讲透彻。这在局部上好像很慢,但讲透一点,带动全面,在全局上是快的。他不搞填鸭式,着眼于培养学生的能力。他对学生的品德教育溶在教学中。他从教半个多世纪,在众多的弟子中有20多人成了国内经济学界的著名学者、学术带头人、博士生导师。

1902年9月27日傅筑夫生于直隶省(今河北省)永年县城关。祖籍是浙江省绍兴府诸暨县。他在自传里曾这样写道:"永年县是原广平府府治所在,在直隶省'南三府'中是一个'文风'很盛的地方,仅明清以来,就有不少著名的学者,而科甲之盛犹为附近州县冠。"历代永年县的读书做官人之多,的确为"附近州县冠"。明朝嘉靖年间(1522－1566)在朝内为官者之多尤甚,有"永半朝"之称。据当地长者介绍,永年城从事农、工、商者不多,读书者多,功名者多。那里有一个传统风气就是生活再困难,只要有口饭吃,就要让男女孩子上学。在人们心目中,永年城内清朝时有四大家族。民国初年,又有八家后起之秀,其中傅氏家族秀才、举人相当多。

傅筑夫的学前教育得益于他的祖母赵美英。她受过私塾教育,能诗文写字。傅筑夫说:"在我还没有认识文字以前的幼儿时代,就由祖母口授背诵了《唐诗三百首》。"

傅筑夫出自一个文风很盛的家乡,出自一个有文化教养的家族和家庭。这对他后来的成长和发展,无疑会有重要的影响。

傅筑夫名作楫,筑夫是他的字。傅作楫于1911至1915年,也就是9至13岁,在家乡念私塾。他在自传中说:是"在一位桐城派古文名家的指导下,先读完了《四书》《诗经》,之后开始读唐宋八大家古文。所以我在童年就受了古典文学的训练,并初步养成了喜读古书的习惯,这对我后来研究中国经济史、并能从浩若烟海的古籍中搜集经济史料,实起着一定的作用。"

1918年8月至1922年7月,傅作楫在直隶省十三中学校度过了他的中学阶段。该校四年制,不分初、高中,学的课程有国语、英语、几何、代数、物理、化学、动物、植物、历史、地理、矿物等。这也给年轻的傅作楫奠定了比较广的知识基础,而且他学得很好,已有"才子"之称。他对理科,尤其对化学,有了浓厚的兴趣。

1922年,傅作楫考入了北京高等师范学校的理化预科。1923年7月1日,该校改为北京师范大学。1924年,傅作楫入了北师大的理化系。二十世纪二十年代初的北京,学术空气浓厚,思想活跃,学派林立,许多著名的国学大师都在这里讲学,有的就在北师大国文系兼课,如梁启超、鲁迅等。当时的北师大允许跨系听课,允许转学,尊重学生的兴趣,教师讲课和学生听课,都有比较大的自由度。傅作楫作为一个有才华的青年,入学不到半年,就转移了兴趣,不仅听了很多名家的讲授,而且作为理化系的学生却读了许多国学著作,第二学期就转入了国文系。名师的讲授,尤其鲁迅的课,纵横中外,趣味横生,常能因小见大,古为今用,洋为中用,吸引、启迪了傅作楫,重新唤起了他童年时代对中国古典文学和古汉语的兴趣。他在几位名家指导下学习了文字学、音韵学、训诂学,并选读了古典文学、文艺理论和外国文学名著。由于知识面的开阔,兴趣也在不断变化和扩大。他的兴趣由对先秦诸子学说的研究和对文艺理论的钻研,转向了哲学,选修了当时由著名哲学家陈大齐、傅铜等开的课程,并受他们的影响,读了法国柏格森和德国叔本华的一些著作,这曾激励他研究艺术和宗教的问题,要写一本兼论艺术和宗教的书。这在当时说来,从知识结构、知识积累和个人阅历看,固然是不切实际的幻想,但对于一个年轻的大学生来说,却鼓舞、推动着他夜以继日地读了哲学、艺术、宗教三方面的书,使他受到了很好的哲学熏陶,培养了综合观察问题的习惯,为后来从事经济史的研究准备了重要的思想方法。

傅作楫放弃研究艺术与宗教的问题,不仅出于当时的条件不充分,还由于在广泛博览中又发生了兴趣的转移,在他攻读哲学与宗教典籍时,已在鲁迅的建议和指导下开始了关于中国古代神话的研究和资料的搜集工作。当时鲁迅正写《中国小说史略》。傅作楫知道古籍中神话内容很多,对研究小说史和民俗学有重要价值,而且搜集这项资料的人很少,这个领域还是一块无人开垦的荒地。傅作楫为此读了希腊神话的专著和大量古书。这项工作同样没有完成,但是却锻炼了他从古籍中搜集、整理和鉴别资料的能力,为后来从事经济史的研究,尤其从事中国经济史的研究,做了重要的准备。

二十世纪二十年代的初期,马克思主义传入中国。傅作楫走出了象牙之塔,正视了当时的社会现实,投身到了经济学领域。

大概就在大学阶段启用了他的字筑夫。1927年8月至1928年5月,傅筑夫开始用马克思的经济理论分析中国的社会经济问题,在精读《资本论》时学习了黑格尔的辩证法,开始接受了马克思的唯物辩证法,并写过《易经中的朴素辩证法》一文,未发表。这两年,傅筑夫的一项重要成果是写成了《中国社会问题之理论与实际》，1931年4月由天津百城书局出版，23.7万字。这本书大段大段地引用了马克思的许多论述。在当时被列为禁书，只能在租界内销售。当时的中国，不允许传播马克思主义，不允许谈论中国的社会主义前途问题，而傅筑夫却运用马克思主义研究和论述了中国的社会主义前途问题。作为一个学者，这一举动体现了他十分可贵的独立思考精神。

傅筑夫在大学阶段后期，因参加政治活动未能正式毕业。

1930年，他到河北大学任教授，开始了大学的教书生涯，讲授过《经济学概论》《农业经济学》等。1930年至1932年任安徽大学教授。1932年7月至1936年10月，受教育部长兼中央大学（南京大学的前身）校长的委任，担任中央大学校长室秘书，并任教授，主讲《中国经济史》，开始了对中国经济史的研究工作。

1937年1月至1939年5月，傅筑夫自费留学英国，学习了经济理论和欧洲经济史，为他后来的研究工作提供了语言和中、欧对比的优势。

1939年7月至1945年7月，傅筑夫在重庆国立编译馆任编纂。在他的建议和主持下，1940年开始，编译馆开展了大规模的中国古代经济史料的搜集和整理工作。傅筑夫建议搞这项工作，是基于如下两点考虑：

第一，中国经济史是重要的基础学科，长期以来，研究的人少，资料也稀缺。古代文献浩如烟海，却很少有专门论述经济制度或经济问题的书，经济资料散见在几乎所有的古籍中，隐约在字里行间，要做许多剥离辨析工作。

第二，搞这项资料工作，也适合国立编译馆的性质。编译馆是学术机构，又不同于研究机构，它是为科学研究提供基础条件的。

傅筑夫的提议不仅为自己以后的研究工作奠定了基础，也为全国学术界提供了方便。他的提议得到了馆方的同意和大力支持，给他选派了4名辅助人员和十几名抄写员，他又约请了农学史专家、经济史教授王毓瑚参加了这一工作。他们利用抗日后方几大图书馆，仔细鉴别、筛选资料。资料的积累过程，实际已构成了中国经济史的雏形，加上他那惊人的记忆力,所以晚年集中精力著书立说,不列提纲,不打草稿,一次写出来就是成稿。

1945年8月至1946年底,傅筑夫在重庆先后任过中央大学教授、重庆大学教授兼经济系主任。1947年1至7月,他应聘去沈阳任东北大学法商学院院长兼教务长。

1947年8月至1978年6月,傅筑夫在南开大学渡过了31个年头。这期间,他又进行了第二轮的资料搜集工作。从二十世纪五十年代初开始,思想改造、肃反、反右、"文革",他一直是个"运动员",报国无门,有才难施,这是他最大的精神痛苦。

1977年,国家制定科学发展八年规划,中国经济通史被列为重点项目。傅筑夫的学生吴天颖向主持制定这项规划的经济学家许涤新推荐傅筑夫承担这项任务。经过一番运作,中国社会科学院向南开大学借调傅筑夫承担八年规划的重点任务。承担这一任务的具体单位是北京经济学院。

1978年6月,傅筑夫被借调到北京经济学院。他心情舒畅,如鱼得水,开始实现他几十年的夙愿。

为了公正地评价傅筑夫的工作,1979年3月,南开大学给他纠正了错划"右派"问题,并推荐傅筑夫为1979年度天津市劳动模范。1980年11月,九三学社天津分社表彰了傅筑夫的工作。1980年、1983年,傅筑夫被分别选为中国人民政治协商会议天津市第六、第七届委员会委员。

1979年9月,中国社会科学院聘傅筑夫为经济研究所学术委员会委员。

1982年5月,教育部高教一司明确傅筑夫编的《中国古代经济史概论》为高校文科教材。

傅筑夫夫妇的户口和工作关系转往北京以后,1983年,傅筑夫被评为北京市教育系统先进工作者,他是其中最高龄者。

1983年12月,傅筑夫被聘为九三学社中央顾问。

1984年6月,北京经济学院隆重庆贺了傅筑夫执教55周年。教育部顾问、中共北京市教育工作部的部长及一些著名学者出席了大会。

1985年1月11日晨5时10分,傅筑夫在北京逝世,享年83岁。《经济日报》、新华社、《人民日报》《光明日报》都发布了他逝世的消息。北京市副市长白介夫主持了追悼会,教育部、中国社科院一些著名学者都送了花圈。

《中国封建社会经济史》原本计划写七卷本。傅筑夫只写到第五卷最后一章的第二节。最后一节即第三节是他去世后由别人补写的。傅筑夫终未完成自己的体系。

傅筑夫在南开31年,主要有两大成就:一是为国家培养了一批人才。现在分布在全国的20多位学术带头人、博士生导师,主要是在二十世纪四十年代末至五十年代初大约10年左右的时间内培养的。二是用了大约15年时间进行了第二轮的资料搜集工作,为后来到北京以后的研究工作做了准备。

傅筑夫有鲜明的是非感,强烈的爱国心。大学期间的一位同学,曾与日本侵略者有过不正常关系,傅筑夫对他十分厌恶。二十世纪八十年代初,该人从国外回来,特来拜访老同学,并约他出去参观。傅筑夫冷落了他,也不答应外出参观,令那位老同学败兴而去。

傅筑夫的一些老友们反映:傅先生"胆大,有正义感,嫉恶如仇";"他很正直,爱护朋友,讲信用,言行一致"。他答应了的事情,都是千方百计履行诺言的。1983年初,他的学生毛挥代一家杂志向他约了一篇稿。不久,傅筑夫住院了。待病情略有好转,毛挥再去看他时,他交稿了,足有上万字。

傅筑夫善于独处,有惊人的抗干扰能力。每天总是在那同一位子上,几乎是一个姿态地看书、写作。来客人一般是夫人接待,只要不是来访他的,他照旧工作。在那不大的住房空间里,客人们聚在他身后打桥牌,又吵又闹,对他毫无影响。

在晚年迎来了好的治学环境,他惜时如金。他常说:"对青年是来日方长,对我则是来日苦短。"他在最后的6年多时间里,培养了两名研究生;在滇、桂、京、津、陕作过多次学术报告。每次住院,只要从危重病房转入正常病房,就在床上半躺着,垫上硬纸板写作。有一次住院三个月,完成了26万字;最后一次住院40多天,还以顽强的毅力完成了6

万字,字迹虽已不工整,但它却是闪烁着生命之光的 6 万字啊!去世的
前一天他还在写。他常说:"艰苦了一生,为什么不叫子孙站在新的起
点上,向前走得更远、更快些呢?"

　　傅筑夫平易近人,诲人不倦,不仅认真培养自己的学生,对不认识
的青年也热心指教。

　　扬州港务系统的蒋登源未曾见过傅筑夫。他于 1983 年扬州师院
中文系毕业,考研究生落第,给傅筑夫来信,立即得到答复,傅筑夫鼓励
他克服困难,走自学成才之路,并将自己的许多著作寄给他。他们信件
来往频繁,直到傅筑夫去世。傅筑夫对他的学习亲笔指导,有成绩就肯
定、鼓励;有偏差即帮助纠正。

　　傅筑夫晚年生活消遣不多,不是他兴趣单调,而是为了抢时间,一
些工作之余的情趣很少顾得上。他喜好古玩、字画、养花、看京剧。年
轻时喜欢画早春的红梅;练过四年书法;喜欢听古典音乐中那些轻快
的、优美的乐曲。

　　傅筑夫教授虽然故去了,但他的学问与精神将永远镌留于史册。

(张汉如)

杨生茂

　　国内学习、研究世界史和美国史的人,不知道杨生茂教授的名字或者没有读过他的论著的,大约仅是例外;而了解他的学识和成就的人,在见到他本人时若毫无惊异之感的,可能也是少数。有位研究美国外交史的知名学者写道:"初见杨先生的人不少都对他的'土'味感到惊奇。……他衣着朴素、作风平易、勤于思考、拙于言谈,说起话来不带外国字;活脱给人一位乡下老农的印象。"的确,杨先生的外表和为人,与一般人对大学者的印象很有出入:他在学术上知识渊博、见地卓异,为人处事则诚朴宽厚、谦和平易;他早年长期接受很"洋"的教育,毕生做着很"洋"的学问,但始终保持着普通中国人的本色。

　　杨生茂,字畅如,1917 年 9 月 26 日出生于河北涿鹿一个亦农亦商的殷富之家。6 岁入私塾,熟读《幼学琼林》《古文观止》《论语》《孟子》《左传》《诗经》等启蒙典籍。在他的记忆中,这段学习生活并不愉快,因为私塾先生从不讲解课文,一味让学生死记硬背,他感到不少课文味同嚼蜡。不过,这种旧式教育使他打下了扎实的旧学基础,熟悉了基本的为文之法;他后来的文章文辞优美、气势不凡,与幼年的这种"背书训练"颇有关系。

　　11 岁时杨生茂入县立高级小学,所学多为新式课程,如语文、数学、音乐、地理、自然,不啻在他面前展开了一个知识的"新大陆",激起了他极大的好奇心和强烈的求知欲。他至今还清晰地记得当时观察小昆虫和听老师叽哩哇啦念英文的情景。1931 年,他进入宣化第二中学,开始接触"五四"新文学作品,并广泛阅读当时各种有影响的报刊。17 岁来到当时的北平,就读于河北省立北平高级中学。在这里,他得以聆听许多学识渊博、教学有方的教师的讲授,除了对文史学科有着强烈兴趣外，还十分喜爱生物、化学等科学课程，曾一度萌生学医的念头。

杨生茂1938年考入燕京大学之后，学习兴趣仍旧十分广泛，不仅选修了历史、文学方面的课程，还出入于物理、化学的课堂。直到1941年负笈涉洋，进入美国加利福尼亚大学（伯克利校区）之后，他才选定史学为主攻方向。在伯克利获得学士学位以后，他转入斯坦福大学研究院深造，师从美国著名史学家托马斯·贝利研究美国外交史，开始涉足他此后长期探索的一个史学领域。当时美国外交史学界的正统观点是推崇美国政府的外交政策，附和美国社会流行的使命观念；杨生茂虽然尊师重道，但不完全赞同老师贝利的看法，特别是对他支持美国政府的援蒋政策十分反感，曾给他写信，表达了自己的不同意见。

杨生茂接受教育的岁月，正值国家内忧外患深重、社会急剧变动的时期。作为学生，他很少能安安静静坐在教室和图书馆读书：旧式大家庭内部的纷争，军阀混战带来的灾难，外寇入侵的危机，海外颠沛的辛酸，给他留下了苦涩的记忆；同时，"打倒列强除军阀"的"擎灯游行"，爱国救亡的抗议示威，接触美国社会的深切感受，1945年采访董必武的经历，也曾激发他的少年豪情和报国壮怀。他在阅读有字的书和社会"这本无字的大书"的过程中，经过精神的磨砺和思想的探索，民族忧患意识在他内心深深扎根，成为他一生治学和处世的坚实依托。

从斯坦福大学获得硕士学位以后，杨生茂于1947年初返回北平。他曾为《北平日报》《益世报》《大公报》《知识》等报刊撰写国际时事评论，前后计40篇。但他本人对这些文章大多不甚满意，后来将它们付之一炬。同年9月，他受南开大学文学院之聘，成为该院从昆明迁回天津后到校的第一位归国青年教师。当时，文学院院长冯文潜先生亲自将聘书送到他手中，这令他至今感念不已。

杨生茂在南开大学一直工作到1995年退休，历时近半个世纪。他于1956年被评为副教授，1961年晋升为教授。他曾担任多种行政职务，如历史系代主任（1949－1950）、世界史教研室主任（1957－1964）、历史系副主任（1962－1964）、美国史研究室主任（1964－1984）等。此外，他还曾拥有许多学术性的头衔，如历史系学位委员会主任（1985－1988）、南开大学学位委员会委员（1985－1988）、国务院学位委员会学科评议组成员(1985-1991)、全国哲学社会科学"七五"规划会世界史组成员(1986-1990)等。这些工作占去他不少时间,耗费许多精力。他退休后曾谈到,自己多年来收集了大量资料,积累了一大摞读书笔记,可是,由于事务缠身,未能整理成文。但他那种一丝不苟、事事关心的工作作风,至今口碑尚在。

在高校世界史课程的建设方面,杨生茂做过很多有益的工作。他先后开设过西洋史、苏联史、世界近代史、世界现代史、美国史等课程,新中国成立初期还曾在天津电台开办讲座,讲授世界近代史,在当时颇有反响。他于1951年参与创办了国内较早的专门性历史教学刊物《历史教学》,并一直担任编委至今。二十世纪五十年代中期,他和另外几位史学家一起合编供高中使用的世界近现代史教材以及配套的教学参考书。二十世纪六十年代初,商务印书馆为了普及世界历史知识,组织编写"外国历史小丛书",他又和许多著名学者一起出任编委。此外,他和张芝联、程秋原等学者一起主持了大学教材《世界通史·近代部分》(上、下)的编写。该书自1961年出版以后,在近30年的时间里一直是大学历史专业的基本教科书,一再重印,并于1987年获得国家教委优秀教材一等奖。杨先生也是较早着手培养世界史学科高级人才的学者之一,于1959年开始招收世界近代史研究生,1978年开始招收美国史硕士研究生,1984年被认定为博士生指导教师。他所培养的硕士、博士前后有数十名;目前活跃在美国史研究和教学前沿的学者中,不少是出自杨生茂门下。

在斯坦福大学求学时,杨生茂专攻美国史;回国执教后,虽然为各种工作牵扯了精力,但他始终把美国史作为主要的学术领域。他晚年回顾自己的学术道路,觉得"多年来在美国史方面多花了一些精力",做了一些"铺路架桥"的工作。这种谦逊的说法反映了他那种惯有的淡泊心境,而学术界对他在国内美国史学科中的地位与影响则另有评价:他"当之无愧地成为我国公认的美国史学家和中国美国史研究的奠基人之一","正是因为有杨生茂这样的老一代学者所铺就的道路和所架好的桥梁,中国的美国史研究才有今天的成绩,年轻一代的研究者才能迅速成长"。

　　杨生茂是南开大学美国史研究室的建立者,也是中国美国史研究会的主要创始人,仅这两点,对中国美国史学科的建设就是很大的贡献。1964年,国务院出于加强外国问题研究的考虑,决定在有关高校成立一批专门的研究机构,杨生茂承担了在南开大学组建美国史研究室的任务。在人员和资料都很缺乏的情况下,他终于建起了国内高校中第一家专门的美国史研究机构。但事业刚刚起步,就遇到"文化大革命"的冲击,研究室名存实亡,所有工作都告停顿。1972年,研究室开始重建。名为重建,实为从头开始,杨生茂再度带领研究室的成员艰辛创业,组织研究队伍,添置图书资料,与国外学术机构与学者建立联系和开展交流,推出具有特色的研究成果。经过几年的艰辛努力,研究室逐渐具备规模,在最盛时人员达到9名,出版了许多有影响的论著和译作,硕士生、博士生的培养也走上正轨。可以说,南开大学的美国史研究能够在国内始终处于领先地位,乃是杨生茂的精心经营的结果。

　　杨生茂在致力于建设南开大学美国史学科的同时,还希望将全国的美国史研究和教学人员组织起来,协调研究,交流信息,讨论问题,开发合作项目。1979年,他和国内其他美国史专家一道,发起成立了中国美国史研究会,并出任副理事长。随后,他和武汉大学的刘绪贻教授一起,承担了国家"六五"哲学社会科学重点项目"美国通史丛书",组织国内主要的研究单位和有关人员,开展研究和写作。这套丛书现已有4卷问世,其余各卷即将完稿。这是我国目前内容最为丰富、篇幅最大的美国通史著作,对国内美国史研究和教学有十分重要的意义。

　　有位学者在谈到杨生茂治学的特点时写道:"他做美国史学问,管见以为主要有两点需要我们后辈好好学习:一是牢固地扎根中国,二是深刻地了解美国。"这两句话的确十分准确地概括了杨生茂的学术风格。他研究美国外交史、美国史学史,编纂美国通史,无一不是力求通过对美国的深入了解,以对中国社会有所裨益。

　　他对美国外交史有多年的研究,做了大量的基础性工作。二十世纪八十年代中期,他提出要撰写一部中国人自己的美国外交史,其目的是填补国内"尚无一本较系统、较完整的有关美国外交政策史的专著"的空白,对美国外交史提出中国学者自己的解释,并且"应答时势的需要"，为中国对外开放、了解世界提供有益的读物。积数年之功而成的、长达 50 余万言的《美国外交政策史（1775－1989）》，于 1991 年由人民出版社出版。这部著作体现了杨生茂对美国外交史的独到认识。他认为，"扩张是贯穿整个美国外交史的主线，也是理解美国外交政策发展的关键"；美国外交政策无论以何种形式出现，无论提出什么样的口号，其目的都是服务于美国的国家利益的。杨先生组织撰写这部美国外交政策史的意图，就是要"了解美国在对外政策中是如何实现其国家利益的"。自问世以来，这部著作一直是国内美国外交史研究和教学的主要参考书之一。

据一位国内同行学者分析，杨生茂之所以研究美国史学史，乃是要"寻找中美史学发展的契合点"。他对美国十九世纪最重要的史学家乔治·班克罗夫特、边疆学派的创立者弗雷德里克·杰克逊·特纳、新左派史学的代表人物威廉·阿普曼·威廉斯等美国史学大家进行过深入研究。他并不局限于评述他们的史学成就，而是从传统、社会和时代的广阔视野来探讨史学的发展，从而寻找学术与现实生活的关系。他特别注重美国史学家如何"鉴别吸收"欧洲和本国的文化遗产，如何自觉运用史学为时代和社会服务，以及如何在时代精神和社会思潮的影响下解释美国历史。通过对美国史学的研究，结合对中国史学发展历程的思考，杨生茂提出：一个伟大的历史学家应当能在自己的研究领域中鉴别吸收前人优秀的文化遗产，在学术上有所创新，能有益于社会发展潮流，或能积极应答社会发展中提出的问题，并且能对社会未来的发展起到有益的启迪作用。

1990 年出版的《美国史新编》，是杨生茂和他的合作者多年研究美国史的一个小结，也是他的史学理想的体现。这部著作的最大的学术贡献，在于建构了一种新的美国史体系：政治史不再是美国史的核心的、唯一的内容，经济发展、文化演进、社会变迁被纳入史学的框架，从而展现了一幅更为丰富多彩、更为完整全面的美国历史图景。这部著作还体现了杨生茂力图客观、全面地理解和解释美国历史的努力，书中评说事件和裁量人物的尺度完全是学术性的。这和以往通史著作中普遍存在的那种泛政治化倾向和以意识形态代替历史评价的作法判然有别。这种学风的转变,可以说是中国美国史研究走向成熟的表现。

杨生茂是一个兼备学识与个性的学者。他不仅研究具体的历史问题,而且对史学中的一般性问题也有独到的见解。他虽然相信历史研究的对象具有不可移易的客观性,但决不认为治史者可以一蹴而就地揭示历史的真相和本质。他强调,人对历史的认识有一个不断发展、不断接近真实的过程。他同时也反对研究者见风转舵和曲意编织。杨生茂根据国内外国史研究的特点提出,一方面要占有丰富的史料,另一方面又要认识到,"目前我们在材料上尚不足与外国学者相比量",所以要"加倍审慎精思,尽力在准确上下功夫"。杨生茂始终践履自己的这种学术信条,形成了一种严谨朴实的学风。他从不轻易下笔,写成的文章也不肯马上发表;对于已发表的文字,总是反复斟酌修订,每页都有密密麻麻的修改痕迹。杨生茂十分反感那种干巴巴的、面目可憎的史书,主张把历史写得生动可读。他在写作上对于遣词造句极为用心,他的文章行文典雅庄重,文气通畅奔放,既富于激情和文采,又不逾学术的矩度。

杨生茂十分重视学风问题。他在治学中一向坚持自己的信念和准则,但并不固步自封,而是与时俱进,不断反思自己的研究工作。他从不以权威和前辈自命,任何人和他谈论学术问题,他都平等相待,以诚相见。1990年他主持编写的《美国史新编》第一版问世后,曾有一位中学教师给他写信,对书中的某些译名和细节提出商榷。杨生茂对来信十分重视,和这位中学教师多次书信往返,商讨问题,并将对方的意见推荐到一家刊物上发表出来。他这种虚怀若谷的气度,在国内美国史学界赢得广泛赞誉。

杨生茂教授在教学和研究方面所取得的成就,得到社会的高度评价。他曾获得多种奖励和荣誉,其中包括"中国图书奖""国家教委优秀教材奖""天津市哲学社会科学优秀成果奖""天津市劳动模范"等等。1996年,中国社会科学出版社出版了《美国历史问题新探》一书,作为祝贺他八旬华诞的礼物。这也是对他半个世纪以来在美国史、世界史领域的教学和研究工作的最好肯定和赞扬。

1995年退休以后,杨生茂教授更是进入了一种"万物静观皆自得,四时佳兴与人同"的境界。他年逾八旬,时常为疾病困扰,但心境坦然,从不放弃思考和写作,坚持做费孝通先生所说的那种"脑力保健操"。除了学术论文外,他写得更多的是随笔和杂谈,或回忆昔年往事和旧日交游,或褒扬海外华裔学者的爱国善举,或引申历史典故的深层含义,或抒发对时令变换的感慨,文章不论长短都文采焕然,韵味绵长。一次,他的外孙女用粉笔在窗户玻璃上仿刘禹锡戏作"新陋室铭",他饶有兴致地抄录整理,叙其原委,交给报刊发表。从这类小事,可以看出他的生活情趣和晚岁意境。

（李剑鸣）

顾昌栋

一

顾昌栋,曾用名顾祥森。1909 年 7 月 2 日出生在江苏省吴江县同里镇一个世代书香门第家庭。父亲顾永淦是中医外科大夫,行医乡里深受乡人的尊敬。1917 年,顾昌栋入同里区立同川小学上学,学校的校长、教员有三位是他家的叔伯,受到叔伯们的直接教育和严格要求,他幼小的心灵中暗暗种下了要努力奋斗、作出一番事业的种子,所以学习期间他一直是发奋读书,立志将来报效国家。

1924 年,顾昌栋顺利地考入苏州工业专门学校附中。在校学习期间,他爱国热情高涨,曾参加过抗议帝国主义枪杀顾正红的宣传和游行活动。北伐胜利后,他投考了省立苏州中学,毕业后又考入浙江大学生物系,当时因该系没有教授,又仅有顾昌栋一名学生,因此一年后生物系停办,他于 1930 年考入清华大学生物系。

1931 年"九一八"事变后,全国人民奋起反对日本帝国主义对我国的侵略,顾昌栋出于对日本侵略军的愤恨,积极参加了学生的示威游行,并踊跃报名参加了清华大学学生会组织的南下请愿队,去南京要求政府对日宣战。

1933 年,顾昌栋于清华大学生物系毕业后,在苏州私立东吴大学研究院从事研究工作,同期在苏州中学高中部兼任生物学教员,这期间由于他酷爱寄生虫学,开始了对家禽吸虫分类的研究。

1935 年 8 月,顾昌栋到了北京,在清华大学生物系任助教。此期间他努力开展吸虫学的研究,并同时为教学编写了《新学制生物学实验教程》《普通生物学指导》《教学参考用普通生物学实验准备书》等教学用书。

1937年"七七事变"，日本发动侵华战争，北京沦陷，清华大学遂与北京大学、南开大学联合组成西南联合大学。

1938年秋，经西南联合大学介绍，顾昌栋去江西中正医学院任讲师及生物科主任，后来该校也内迁至昆明，建校址于白龙潭。

1942年8月，顾昌栋离开中正医学院与爱人潘次依一同在赣州中正大学任教。当时赣州常有日本的敌机轰炸，于是他转到蓝田国立师范学院任副教授后又辗转迁至溆浦。

抗战胜利后，顾昌栋迁至湖南南岳任国立师范学院教授兼博物系代理主任。后经人介绍于1947年到南开大学生物系，当时的南开大学刚刚从昆明迁回天津，生物系急需重建，顾昌栋积极协助系主任萧采瑜教授投入重建工作，并不辞劳苦地担任多门课程的讲授与实验，使生物系很快恢复原有的规模。

<h2 style="text-align:center">二</h2>

顾昌栋来到南开大学生物系后，担任动物教研室主任职务。他坚持教学和科研为经济建设服务，认为天津市位于渤海之滨九河下梢，这样天然的咸水、淡水以及咸淡水的环境，为发展水生生物和渔业水产提供了得天独厚的优越条件，他充分利用这一条件多次带领师生积极开展教学实习和生产实习。二十世纪五十年代曾赴河北省金钟河下游的金溪河；二十世纪六十年代曾先后带领师生赴张北县坝上安古里淖、黄盖淖、黄骅县的南大港（张巨河）以及白洋淀等，在咸淡水鱼虾养殖方面提出了许多有益的主张。又是他最先率领师生开展了对虾人工孵化、梭鱼养殖以及长途运输鱼苗等水产方面的研究工作，为我国水产科学事业的发展做出了不懈的努力，同时培养了大量的人才。鉴于此国家水产总局于1977年委托南开大学生物系承办"梭鱼、对虾、饵料训练班"，年近七旬的顾昌栋以满腔热忱积极投入教学，给学员讲"港养"部分，他的论文《河北省的咸淡水养殖业——港养事业》曾在四国渔业会议上的发表，在国内外颇有影响。为更好地发展我国水产事业，他曾于1956年创办了《咸淡水生物学丛刊》，收集了师生多年来与生产实践相

结合、具有天津市地区特色的有关论文,为进一步开展咸淡水养殖事业研究做出了贡献。

三

顾昌栋学识渊博,生物学知识面很宽,尤其是对动物学的教学经验丰富,曾教过动物学、脊椎动物分类学、脊椎动物比较解剖学等数门课程。他刻苦钻研教学内容,亲自动手一丝不苟地编写教学讲义,教学态度十分严谨。他对本科生、研究生要求严格,考察方式既幽默又严肃,经常在讲课当中出其不意用小测验的方式来检查,督促学生勤奋学习。他对科学的态度严肃认真、刻苦钻研学问的精神为周围师生们树立了学习的榜样。

他对青年教师关怀备至,帮助他们业务上不断提高。对青年教师在学术上提出的问题,他总是耐心地解答;对实验技术人员,他也非常爱护,帮助他们提高业务水平,给他们制定培养计划;对学生的提问,他更是有问必答。为了扩大学生的知识面,他从六种期刊里选出二十篇论文作为动物学补充教材,取名《课外阅读论文选集》发给学生,此举受到广大师生的好评。这既增加了学生的课外知识,培养了其阅读期刊的浓厚兴趣,也在一定程度上帮助学校弥补了学生课外参考书的不足。

顾昌栋多年来在教学第一线辛勤耕耘,获得了累累硕果,他为国家培养了一批动物学方面教学、科研的栋梁之才,中国科学院动物研究所所长王祖望、中国科学院海洋研究所所长相建海及中国科学院昆明动物研究所前副所长熊江、中国科学院黄海研究所前副所长杨崇海、中国医学科学院实验动物研究所前副所长景绍亮等一批科研单位的中坚骨干以及一些高等院校的院系领导均系顾昌栋的学生,真可谓桃李满天下。

四

顾昌栋是我国最早开展家禽体内吸虫研究工作的学者。在清华大学任助教期间,他边教学、边写书,还兼做吸虫学的研究工作。抗日战争期间,学校迁到内地,他只要一有条件便恢复吸虫学的研究。来到南开大学生物系后，虽然身体不好，还经常受到政治运动的冲击，但他始终以顽强的毅力，坚持不懈地努力从事着他所热爱的事业——吸虫分类学的研究工作。

经过"文革"十年浩劫以后，已经六十多岁的顾昌栋身患严重的脉管炎，腿痛得已不能从家走到生物系去上班，但他想到的是"文化大革命"耽误了那么多宝贵时间，要把耽误的工作尽快补上去，由于走路不方便，他便自带小板凳，在去系里的中途稍休息一下，再顽强地走到系里，以饱满的情绪从事着鸟类吸虫学的研究。顾昌栋曾被历次运动冲击，"文革"中又无辜被揪斗、被批判、被关进牛棚饱受摧残，但他始终没有放弃对科学事业的追求，他之所以有这股劲头，正是因为他对祖国的教育事业有着一片赤诚之心，对科学研究有着执著地追求，尤其是对吸虫分类学又十分的酷爱。经过了"文化大革命"的风风雨雨，他更加珍惜时间，更加忘我地工作着，不仅从事鸟类吸虫的研究；而且扩展到其他领域，特别是扩大到海产鱼吸虫分类的研究。

在全国科学大会、全国自然科学规划会、全国教育工作会议精神的鼓舞与激励下，顾昌栋更加满怀热情地努力工作，为了发展天津市的科学研究事业，不顾自己年长体弱，不辞劳苦地到处奔走，就在他逝世前不久，他还热情洋溢地接待了他的老同学美籍华人牛满江教授，他企盼着能在天津建立生物科学研究中心，以带动我校生物学科的教学、科研工作的发展与提高。

顾昌栋教授的一生是孜孜以求勤奋工作的一生，他严谨治学的态度，诲人不倦的精神，热爱祖国、报效祖国的热枕以及其丰硕的科研成果和高尚的品德是值得我们后人永远怀念的。

（杨竹舫　冯小品）

华粹深

华粹深教授离开我们已经十八个年头了,然而他那和善、慈祥的音容笑貌,宛然在前;他那吐哺握发的精神,诲人不倦的品质,总是萦绕心际,而随着时日的推移,翻滚起的却又是一幕一幕的绵长回忆。

一

华粹深,满族人,姓爱新觉罗,1909 年出生在贵族家庭。他排行第九,可八个哥哥均自小离开人间,故被王府视为嫡长孙。辛亥革命后,家庭没落。但他丝毫不存在"遗少"的思想,而是凭着个人的兴趣爱好,走上一条治学治戏的发奋之路。

华粹深从小酷爱京剧、昆曲、梆子等剧种,民族戏曲的艺术美在他幼小的心田中播下了种子。1931 年,华粹深入清华大学中文系读书,成为朱自清、俞平伯二位先生的得意弟子,在名师的教诲和指点下,他有了坚实渊博的文史知识和深厚的艺术修养。在学期间,他即参加了溥侗(红豆馆主)等组织的昆曲社,研习昆曲,对于昆曲的文学曲词、舞台演出及度曲演唱有较深的造诣。京剧剧本《哀江南》是他的处女作,即编写于大学读书时,曾得到朱自清先生的指点。这是京剧史上第一部正面描写南唐后主李煜的宫廷生活和国破身亡的悲惨下场的京剧剧本,展现了他在编剧方面的才华。该剧本后来发表于北京《新民报》,连载一个月。1935 年大学毕业后,华粹深应聘到程砚秋、焦菊隐等主办的中华戏曲专科学校,教授文史课程,该校的"德、和、金、玉"诸班学员(如宋德珠、傅德威、李和曾、王金璐、李玉茹等)均曾从其受业。戏曲学校的环境对他来说,无疑是如鱼得水。教学之余,除了看孩子们的练功和排戏以外,就是带着小学员去观摩当时名角的演出。听千曲而晓声,观万剑而识器。嗣后在中国大学、北京大学文学院、北洋大学北平部等处任教。二十世纪四十年代起,华粹深在北京《新民报》、天津《益世报》《天津日报》《新晚报》等报刊上不断发表戏曲评论和有关京剧史的研究文章。二十世纪六十年代初率领一些研究人员调查河北梆子历史,搜集了大量史料,其中许多是第一手材料,为后来编写河北梆子的历史奠定了丰厚的基础。

华粹深从1947年起在南开大学中文系任教。他是一位重视理论与实验紧密结合的戏曲活动家。在南开大学执教期间,华粹深除担任明清文学史和民间文学的繁重教学工作以外,还满腔热情地参加了天津市的戏曲改革工作,先后任天津剧艺协会副主席、戏曲编委会副主席、天津市戏曲改革委员会主任委员、天津戏剧编导委员会委员、天津文化局创作室副主任等,并在1952年作为天津戏曲代表团团长率队参加了全国第一届戏曲观摩演出大会。戏曲理论家郭汉城先生回忆说:"一位大学教授,不但从事戏曲创作实践还亲身参加实际戏曲活动,在我还是第一次遇到,所以给了我深刻的印象。"1956年,他曾兼任天津戏曲学校副校长,为该校的教学建设做出了贡献。南开大学中文系古典戏曲小说研究室成立后,他任研究室主任。在培养人才以及帮助青年教师和学生成长方面,他付出毕生心血,直至患病卧床,仍坚持指导研究生,把学识传授给下一代。

华粹深很早就感到戏曲教育工作的落后、戏曲理论批评队伍的薄弱,而演员队伍也有后继乏人的征兆。为此,他在天津狠抓了戏曲教育工作。他在担任天津戏校副校长期间,四处奔波,为戏校访求名师,他自己也不惮辛劳地忠实于"传道"职责,坚守在戏曲教育的岗位上。他在南开大学中文系有意识地培养学生对民族戏曲艺术的兴趣。他在课堂上,多次介绍我国丰富的戏曲遗产,阐发他的戏剧艺术观。他认为:戏曲是一门高度综合的艺术,它把中国传统艺术中的文学、音乐、绘画、雕塑、杂技、说唱艺术等熔于一炉,并在此基础上创造了卓越的表演艺术。因此,在所有的艺术形式中,戏曲艺术是最充分、最集中地体现中国传统美学观念的。华粹深的一些学生们,就是在这样的谆谆教诲、引导下,逐渐地步入了戏曲艺术的殿堂。

二

华粹深对于戏曲艺术事业的坚贞不渝,不仅表现在他在戏曲教育岗位上不惮辛劳地忠实于"传道"的职责,也表现在他继承了前人的艺术精萃,勇于革新创造,为民族戏曲艺术的宝库增添异彩。华粹深一生共创作、改编、整理戏曲剧本近30种。如1951年编写京剧《窃符救赵》,该剧表现了赵、魏两国唇齿相依,联弱抗强的主题,周信芳曾改名《信陵公子》演出;1954年与许政扬先生共同创作京剧《虎皮井》,同年编有京剧《智赚解差》,又与吴同宾先生合编京剧《大泽乡》;1954年所编河北梆子《秦香连》,获中央文化部一等剧本奖;1953年整理的河北梆子《窦娥冤》被搬上舞台,影响很大;1954年所编河北梆子《打金枝》,获天津市第一届戏曲会演剧本一等奖;1959年由华粹深改编、俞平伯校订的昆曲《牡丹亭》,同年10月,由北京昆曲研习社作为国庆十周年献礼节目,演出于北京长安戏院。以上这些剧本已辑成《华粹深剧作选》,1984年由中国戏剧出版社出版。

呈现在读者面前的剧本,取材广泛,样式多彩,有改编、整理的作品,还有个人的创作,而涉及的剧种既有京剧又有昆曲和河北梆子。在几个大剧种上,他似乎都是行家里手。他所塑造的人物既有帝王将相、才子佳人,又有起义英雄和市井细民,展现出的是一幅幅五光十色的社会生活风俗画。

作为一个戏曲编剧,既要有创作人员的基本素养,具有丰富的历史知识和生活经验,又要熟悉戏曲艺术的规律和剧种的特点,更要热爱自己所从事的那个剧种。所以,历来戏曲编剧人才,最为难得。然而华粹深先生既长于治曲,又精于度曲,而且对于几大剧种的形式、规律了若指掌,运用自如,这是非常难能可贵的。

写戏需要作者有情。面对着生活,戏剧家若如太上之忘情,则戏可以不做。其实,戏曲和其他文艺形式不同的,只是表达感情的方式。华粹深写戏,贵在有情。这和他的戏剧观有密切的关系。一次华粹深谈到古典戏曲美学特点时,顺手从书架上抽出一本汤显祖评点的《董西厢》,朗诵了汤氏的题辞:"嗟乎! 万物之情,各有其至,董以董之情而索崔张之情于花月徘徊之间,余亦以余之情而索董之情于笔墨烟波之际……"紧跟着又引用了李渔在《香草亭传奇·序》中的一句话,他说:李渔主张一部传奇是否能流传有三个条件:"曰情,曰文,曰有裨风教。"华粹深认为我国古代戏曲家已经发现和总结了写戏的"秘诀",很值得重视。

事实上华粹深正是实践了这些艺术理论和经验。综观华粹深先生的剧本,不论何种题材,不论写何色人等,在其整体形象世界背后,都蕴藏着他作为一位艺术家的激情和鲜明的审美倾向。他的代表作河北梆子《秦香莲》(整理本)之所以成功,就在于他在传本的基础上升华了人民的爱憎感情和是非观念。

情,各个人自然是不同的,情也不可能凭空产生。因此,只要稍一浏览华粹深的剧作,就不能不被他那爱国主义激情所牵引。但是华粹深绝非凭一时的政治热情,率尔操觚。华粹深对祖国深挚的爱和那跳荡的政治热情,对于一个从旧社会过来的老知识分子来说,是极可宝贵的。更何况华粹深的爱国主义精神亦非无源之水。还是在抗日战争时期,他的祖父在伪"满洲国"任要职,曾来信召他去东北,即被他以严辞拒绝。他以国家、民族大义为重,宁肯过极为清贫的教书生活,也决不肯为享受而背弃祖国。他的这种民族气节,对祖国的这颗赤子之心,是他在教育和戏剧园地辛勤耕耘的精神源泉。

三

说到赤子之心,我们不能不提到华粹深的很多挚友对他的称誉——他有一颗"童心"。是的,这是一把开启心灵和作品的钥匙。他性格特点单纯,胸无城府,为人温和慈祥,但又不时流露出那么一点点孩子式的执著和认真。在复杂的现实世界里,这是作为一位艺术家的宝贵品质,自然也是会关系到艺术作品的生命问题。因为只有这样一颗心,才会对真善美、假丑恶有一个公正的判断。在 1981 年第 11 期《人民戏剧》上,陈朗先生写了一篇有关北方昆曲剧院新排《牡丹亭》的文章,其中就公正地提到了这样的事实:"把《牡丹亭》压缩成为一个晚会演出,解放以后并不始于今天的北昆剧院。1957 年北京昆曲研习社就曾排演过，本子是经华粹深整理和该社社长俞平伯先生校订的。当时还特地从上海请来了朱传茗、张传芳、沈传芷、华传浩四位老师，来为社友们排戏。参加演出的有袁敏宣、周铨厂（庵）、张允和、范崇实等。那次是为了纪念汤显祖逝世三百四十周年而演出，也可以说是一次盛举。当时只作为内部观摩，曾在文联礼堂等处所先后演出过好几场。1959年为新中国成立十周年献礼时，又在长安戏院公演过两场。接着，上海戏校由俞振飞、言慧珠两位校长率领师生们到北京也演出过，所演的即是部分参考了华、俞整订本。"同《牡丹亭》改编本一样，现在舞台上仍然搬演着华粹深先生整理、改编过的《秦香莲》《打金枝》《窦娥冤》等。倘华粹深先生地下有知，当亦欣然瞑目矣。

是的，在华粹深的生命之舟驶向彼岸之前，他几乎从来没有离开过戏曲艺术。戏曲已经成了他血肉之躯的一部分，这可以看成是他的"戏魂"。

"文革"中，华粹深遭到了肉体上的摧残和精神上的折磨。就是在这个"扫荡"一切的日子里，他的手稿，他珍藏的图书资料，荡然无存。特别是他用几十年心血搜集、保存的几百张极其珍贵的戏曲唱片，竟然当着他的面被付之一炬！事后华粹深惨然地说："我这一生，可能这是最动我心的事了。"

1976年10月以后，华粹深虽然感受到春风的暖慰，但十年的腥风血雨，他已明显地衰老了，而且重病缠身。在一次大手术后，华粹深竟从此卧床不起。手术后到华粹深先生辞世，这是痛苦的三年。在医院他曾悄声地念叨着："如果天假我以时日，我还要改编和创作一批剧本。"当听到戏剧界正在讨论戏曲的所谓"危机"时，他又深沉地说："我真希望再到剧场坐一坐，看看现在京剧发展得怎么样了。京剧就是缺好本子啊！"这些感人肺腑的话，使人们理解到，即使病魔缠身，他仍遨游于创作的境界中。

1979年，作为南开大学中文系古典戏曲小说研究室主任的华粹深，在病床上仍然十分惦念研究室工作。每当同事们到医院看望他时，他总叮嘱说：研究室初建，要有个计划，有个方向，注意后备力量的培养。他甚至想着研究室珍藏的那一批戏曲唱片，让大家注意，别使它们受潮,该转录到录音带上的要立即着手做。就是在这个时候,他显得烦躁不安,痛楚地说:"我这个研究室主任完全是挂个名,做不得实际工作,我心里总是不安。"

先生在病情稍许好一些时,总是催促他的几位研究生到医院去上课。那期间他吃力地坐在轮椅上为研究生开设了"元杂剧研究""京剧史"课程,为学子们讲授戏曲掌故、京剧源流和风格流派。这位杰出的戏曲教育家、剧作家,在随时可能告别人间时,并不吝惜自己最后仅有的这点生命之火。

在华粹深教授的生活日历上,尽管也有伤心的日子,也有苦闷的春秋,可是他艺术的心是年轻的,是经霜不凋的。我们祖国悠久的光辉的民族戏曲艺术,已经变成了他的生活中的不可分割的部分了。他对戏曲艺术的一腔共患难、同生死的感情,是永远值得人们学习的。

（注:本文根据宁宗一《〈华粹深剧作选〉编后赘语——一生和戏曲艺术结下不解之缘的华粹深老师》一文整理改写。）

（宁宗一　许祥麟）

朱剑寒

朱剑寒，又名朱萃英，女，教授，物理化学家。1906年9月生于江苏江阴一个乡村书香门弟家庭，祖父、父亲、叔父都以教读为业。家庭的影响与当时社会上高涨的男女平等呼声，使年幼的朱剑寒立志成为一位"女学者"，致身于救国、强国的教育事业。江阴是一个抗拒清兵誓死不屈的"忠义之邦"，她上初小的学校地址就设在纪念民族英雄的祠堂内，高小就读的县立女校则设在戚公祠内，在民族英雄业绩的感召下，童年时代的朱剑寒就有很强的民族自尊心，对国际列强对我国的宰割侵凌感到痛心疾首。在她踏进中学的校门时，适值"五四"运动爆发，她积极参加罢课、示威游行等一系列活动；经过"五四"运动的熏陶，在思想上深深地埋下仇恨帝国主义的种子。朱剑寒在中小学时代喜欢阅读豪侠小说，进而爱读古典文学作品及国外小说译作，尤其是历史题材的作品，培养了她对文学和历史的兴趣，也养成了她慷慨激昂不屑琐屑的个性。每每以中西名人格言作为座右铭，一心想成为一个于国家民族有用的人才。

青年时代的朱剑寒原来爱好文学，报考的是北京女高师大学文预科。由于她天资聪明，数理化的学习成绩十分优秀，终被该校录取为理预科学生，但课余仍然阅读文学作品，并开始研读词曲，因而对文学艺术有很高的修养。后北京女高师大学因闹风潮解散，转学上海大同大学理预科肄业。

1932年，朱剑寒毕业于上海大同大学本科，留校任助教。由于她学习成绩优秀，理论基础扎实，教学工作出色，1937年春，得到学校资助赴美留学。一年以后她取得美国密歇根大学研究院的巴柏奖学金，在著名物理化学家法杨斯（Fajans）指导下研读物理化学，1939年春，获硕士学位,1943年冬,获化学博士学位,并留密歇根大学化学系任副研究员。但朱剑寒是抱着科学救国的愿望去美国深造的,她痛恨美国的种族歧视政策,鄙视美国的道德标准与生活方式。在抗战胜利交通恢复之后,她毅然回到了祖国的怀抱。

朱剑寒于1946年底回国,1947年秋经姜立夫先生的力荐,来南开大学任化学系教授。当时正值南开大学从昆明西南联大迁回天津不久,朱剑寒全身心地投入到教育事业中,成为复校后第一个承担物理化学课程任务的教师。当时的教学设备简陋,实验室只能利用从昆明带回的零碎仪器,师资力量也非常紧张。朱剑寒除主讲化学、化工两个系(共一个大班)和外系的普通化学课外,还要亲自检查辅导课,负责学生习题的批改,亲临实验室指导实验,并承担了物理化学全部课程。1947年到1951年是她进南开后最艰难的岁月。工作繁忙,条件简陋,她不辞辛苦地默默工作。她开始有意识地培养教学新生力量,给日后物理化学教研室的建立打下基础。

1949年,朱剑寒与全国人民一样,以无比喜悦的心情迎来了全国的解放。她衷心拥护中国共产党,拥护人民政府。抗美援朝时期,她把多年积攒的存款大部分都捐献出来;在政治学习会上讨论美帝国主义的罪行时,她的发言时间最长、最踊跃。民族自尊信念与爱国热忱贯穿了她整个一生。

朱剑寒的爱国热情更主要表现在她刻苦认真地对待工作上。新中国成立初期国家百废待兴,教学条件仍然极度困难,朱剑寒尽管体质很弱,仍常年坚持超负荷工作,克服了重重的困难,于1953年筹建物理化学教研组,朱剑寒任主任。她带领青年教师先后开出物理化学、结晶化学、胶体化学与物质结构等课程。实验室晶体模型国内开始买不到,她就带领青年教师自己动手制作。随着我国教育事业蓬勃的发展,朱剑寒与同事们共同努力,相继又开办了化学热力学、催化动力学、统计力学、电化学等课程与相应的实验室;建设了物理化学下各分支的科研实验室,其中包括朱剑寒在国外从事过的磁化学实验室,配备了科研助手,初步适应了教学科研发展的需要。1956年,朱剑寒开始招收研究生,组织翻译磁化学书,开展培养单晶与磁化学科研工作,但这些工作都因"文革"而终止。

院系调整前,朱剑寒给机械系、电机系等外系开设普通化学课程,她把物理化学的一些内容加到普通化学中,要给外系学生讲明白这些内容是很难的,因而那些年代几乎所有的节假日她都在看书备课。凡有外系学生前来请教问题,朱剑寒先生总是耐心地根据不同系的特点,从不同角度给他们辅导,一直到他们明白为止。朱剑寒对待青年教师的培养更是呕心沥血。对每一位青年教师编写的课程讲稿,她都非常认真地修改,批示出重点、难点,当面帮助讲释分析,还要听他们试讲,然后提出改进建议。青年教师的外文书译稿,文献资料译稿,她都亲自修改,指出不妥之处,并说明修改的原因。在她手下工作过的,受过她教育的人无一例外地称赞她是自己的恩师与严师,有的说"受过剑寒先生的教育改变了自己的人生道路"。

朱剑寒教授一直担任南开大学物理化学教研室主任,是第三届全国人民代表大会代表,天津市第四届政协委员,中国化学学会天津分会理事。她于1978年6月10日去世,享年72岁。在由天津市长胡昭衡同志主祭的追悼会上,党和人民对朱剑寒一生的业绩与人品给予了高度的评价。

朱剑寒教授的人格和精神,值得后人永远地怀念和学习。

（王敬中）

王玉哲

    每天清晨,人们总能在南开大学的马蹄湖畔看到一位身材清瘦、精神矍铄的老人,不杖不藜,健步疾行。这位年届86岁高龄的老人,就是南开大学历史系的王玉哲教授。

    在南开,在先秦历史学界,王玉哲口碑甚佳。他与世无争,与人为善,淡漠名利,乐于助人,律己甚严,操守固持,起居以时,衣食俭朴,不抽烟、不喝酒,无任何不良的生活习惯,坚持锻炼,几十年如一日。

    与其做人处事风格截然相反的是,学术上的王玉哲却是一个治学严谨、独立思考、不惧权威、棱角分明的学者。如果不了解甲骨文、金文等古文字,不了解先秦历史,不了解历史学研究上几次意义重大的学术争论,人们很难真正认识学术上的王玉哲。

    从王玉哲对待学生论文和自己的学术成果的态度上,就可以了解老先生治学之认真与不苟。作为国务院学位委员会批准的第二批博士生导师,王玉哲从1984年就开始招收博士研究生,如今已经为国家培养了十名优秀的历史学博士。他的学生如今有不少已经成为博士生导师,有的成为国家级博物馆的馆长,有的成为大学历史系的主任,大都做出了骄人的成绩。但是只有了解内情的人才知道,王玉哲指导的博士很少是三年顺利毕业的,甚至连他最为得意的几个弟子,也都是三年半或四年才通过博士学位论文答辩。不是这些弟子的智力水平比别人差,而是王玉哲对出手的博士学位论文要求异常严格。学生写出博士学位论文后,他认真审阅,详加批改,从遣词造句到逻辑结构,从材料的甄别到观点的考证论述,文稿的空白之处批阅得密密麻麻,让学生反复修正和补充。直到他认为达到了较高的学术水准,才准予参加答辩。对待自己的科研成果,王玉哲更是慎之又慎,严上加严。十多年前,上海人民出版社即约请他写作一部先秦历史的著作,稿子写成之后,由于先秦历史尤其是史前史和夏商周历史的构建与复原,除引征必要的古文献记载的材料之外,主要还依靠古文材料和考古资料。而在写作中间考古材料、古文字资料陆续增加,层出不穷,他就不断地补充和更新,力求以更丰富、更新颖的材料解决先秦历史中的诸多疑难课题。故而书稿一改再改,在出版社一年几次的催促之下,直到最近才交由出版社发排印刷。他常说,学术成果宁可晚些面世,也要确保表述的准确无误和内容的绝对可靠。他发表的论文,也多是在书箱底积压了多少年又反复修改了多少遍的稿子。这与眼下学界一些人一年出几本书、以字数论成绩的做法格格不入。

王玉哲治学的大胆创新和不惧权威,是其一生史学研究的又一大特点。有几个与此有关的故事很能说明这一点。

早在1934年,正在北京第四中学念高中的他即对当时已经很流行的关于司马迁写作《史记》时间的说法提出了大胆的质疑。

高中时代的王玉哲极其喜爱阅读梁启超的著作。有一次,在他阅读梁氏的《历史要籍及其读法》一书时,发现了梁氏对于司马迁开始做《史记》年代的观点,完全采用了王国维《太史公行年考》的说法,定在汉武帝太初元年。他觉得有疑问,因为他正在通读《史记》,明明记得《太史公自序》里说:“(其父)卒三岁而迁为太史令,绌史记石室金匮之书”,意思是说,司马迁之父司马谈于元封元年去世,三年之后即元封三年,司马迁继其父之后做了太史令,当即就在“石室金匮”这个国家藏书之处编辑史书。这就是说,司马迁开始写作《史记》是在元封三年,而不是在五年之后的太初元年。这令王玉哲好生纳闷,王国维、梁启超都是当时最负盛名的大学者,又都是功底深湛的国学大师,怎么会有如此的失误呢? 但他又觉得自己的判断是正确的。为了弄个究竟,王玉哲拿出了《史记》,又一次地翻检起来。细读过《太史公自序》之后才发现,王国维、梁启超是误解了《自序》中的一段话才出现了上面的疏误。为此王玉哲草成了《司马迁做史记的年代考》一文,与王国维、梁启超商榷。

这是王玉哲从事学术活动的第一篇论文。他在治学上大胆质疑的精神由此可见端倪。一个普通的中学生,在学术问题上敢于向学术界赫赫有名的权威、大师质疑、问难,其胆识、气魄不能不令人称赞。但他的大胆不是妄为,而是在事实根据面前以一个平等的学术身份对学术问题有理有节的争论。

第二件事发生在他上大学期间。1936 年,王玉哲以优异的成绩考入了北京大学历史系。顾颉刚、钱穆、冯友兰、刘文典、闻一多、罗常培等众多名师执教,加上自己用功刻苦,王玉哲很快脱颖而出。半年之中,他就写出了好几篇学术论文,其中主要的有《评孙海波国语真伪续考》和《晋文公重耳考》等,在师生中颇有些名气。最有意思的是他对《国语》《左传》两书关系的研究。最初之时,王玉哲因受梁启超今文学派的思想影响,服膺刘逢禄、康有为等人的观点,认为《左传》《国语》原为一书,《左传》的解经之文乃是刘歆所伪窜的。在课外阅读《左传》之时,王玉哲总想从中找到一些具体的材料,用来证明这种说法的正确性。可是读来读去,在《左传》中竟找不出一点这样的线索。渐渐地,他对康有为、梁启超等著名的今文学家的观点产生了怀疑,也形成了自己的观点。他认为《左传》中的解经之语不是刘歆等汉代学者所能伪造的,《左传》《国语》两书体裁不同,行文各异,决不会是同一本书。在他确信这一观点后却无意之中发现著名学者杨向奎发表了《左传之性质及与国语之关系》一文。杨文与他的想法不谋而合,选题相同,观点相同,于是也就作罢。虽然他并没有写出这篇论文,但这件实事使他相信了学术权威不可盲从。北大自由的学术空气在一定程度上也鼓励和支持了他的这种做法。

话虽是这么说,可真要这么做下去,就可能会给自己招惹麻烦。第三件事就是因为王玉哲向学术权威挑战而引起的一场风波。

1938 年 2 月,由于日寇侵华,北京大学南迁,与南开大学、清华大学合并为西南联大。王玉哲作为大二的学生加入了"湘、黔、滇步行团",在经历了三千六百里的大西南徒步长征之后,随联大文法学院来到了云南蒙自。在这里,王玉哲选听了刘文典教授的《庄子》一课之后,写成了一篇读书报告,题为《评傅斯年先生"谁是齐物论之作者"》。傅斯年先生是学贯中西的学问大家,对中国现代的学术文化事业有诸多的贡献,时任中央研究院历史语言研究所所长。傅先生认为,《庄子》中的《齐物论》作者是慎到,《齐物论》不是庄周的著作。王玉哲对这一观点持相反的态度。该文写成之后,得到了庄学大家刘文典教授的大力赞赏。随后,这篇论文在联大师生中间传阅开来,并且随着校址的搬迁也由蒙自传到了昆明。由于王玉哲出手不凡,在报刊上发表了几篇学术论文,一些老师也常在课堂上提到王玉哲的大名。如中文系罗常培先生、朱自清先生,联大闻一多、冯友兰先生。顾颉刚先生在《齐物论》作者的问题上,以前是同意傅先生的观点的,但当他读了王玉哲的文章之后,立即改变了观点,放弃傅说而同意王说,并主动将该文推荐给重庆《经世》半月刊发表。但傅斯年是王玉哲所尊敬的老师,不经过傅先生同意,他不愿发表,于是就又请顾颉刚先生把稿子索要回来。当时,罗常培先生正在主编《读书周刊》,需要稿件,与王玉哲商量想把这篇文章拿去请傅先生作个答辩,再一同刊出。可是傅斯年看到文章以后,不但不予答辩,而且对王玉哲的意见很大。有鉴于此,王玉哲决定一直把稿子压在箱底,至少在傅先生在世时不打算发表。

不过这个事情早已张扬出去了,影响已收不回来了。

1940年暑假前,王玉哲大学毕业时报考了北大文科研究所的研究生。同学们都说,王玉哲的成绩好,考取是没有问题的。一个教外语的教师也对他说,只要不是傅斯年看试卷,就一定会考上。可是偏偏就是傅斯年主持考试。当时北大的研究生考试,应试者必须先交一篇论文,论文通过审查合格,才有资格考试。在审查论文时,傅斯年就把王玉哲的论文提出来,对别的老师说,这类学生不能录取,专写批驳别人的文章,城市气味太浓。可是其他老师知道王玉哲的功底不错,都给他说好话,大力推荐。傅斯年不好再坚持,论文审查勉强通过,让王玉哲参加了笔试。可是到了口试一关,面试老师,正是他怕见的傅所长本人。所问的问题尽是一些蹊跷古怪的难答之题。王玉哲自我感觉考取无望了。果然,在录取会议上,傅斯年主张不录取王玉哲,但为了照顾其他老师的意见,答应把他作为"备取生"。在经历了漫长而焦急的暑假等待之后,王玉哲终于接到录取通知书。一场虚惊。

傅先生不愧是有气量的大学者,不以私怨论人。他最后不仅录取了王玉哲,而且还招他做自己的研究生。王玉哲去傅斯年家拜见导师时,傅斯年非常热情,问长问短,只是对论文旧事一字未提。师生并系很是融洽。不过后来由于傅斯年负责的中央研究院历史语言研究所要从昆明迁往四川李庄,导师就改由唐兰先生担任。唐先生第一次同王玉哲谈话,就善意地告诫他:"可研究的题目很多,今后还是以少写批评别人文章为好。"

这件事对王玉哲的影响很大,同时也给了他一个深刻的教训:批评的文章不直接对人,尤其不对健在的当今学人。但是坚持真理、求真求实的治学精神,他却是执著地坚持了下来,比如他于1942年完成的参考文献130余种、洋洋十余万言的研究生学位论文《猃狁考》,就又是一个不惧权威、打破传统成见的史学力作。

如果说,年轻的王玉哲在知识的探索上不畏艰险、不惧权威,多少有些少年学人的书生意气,那么成年之后的王玉哲先生在学问的钻研上孜孜以求、勇猛精进,则表明了他治学风格的渐趋成熟,即良史尚直,唯实唯真。

1948年,王玉哲来到了南开大学任教,从此开始了他在史学园地里的辛勤耕耘历程。在此之前,他在辗转流徙、艰难困苦的条件下,坚持史学研究,完成了著名的《鬼方考》等论著。《鬼方考》是其研究生论文《猃狁考》的姊妹篇,对鬼方的地望和族属作了深入的剖析。由于该文在古代民族研究上的突出贡献,获得当时教育部1945年度的学术发明奖金。来南开后,他先后开设十余种课程,主要有:先秦史、殷周史专题、春秋战国史、秦汉史、中国地理沿革史、中国古代民族史、中国通史、史学方法、甲骨文史料选读、历史文选、史学名著选读等,培养了一届又一届的史学人才。早在"文革"前的二十世纪六十年代,他就开始培养研究生。并从1984年开始指导博士学位研究生。尽管繁重的教学任务占据了王玉哲的大量时间和精力,但他对科研却从不放松,利用一切可以利用的时间,先后写出了《从种族与地理环境之关系论到我国夷狄观念》《论中国先史文化及其来源》《中国民族史导论》《楚族故地及其迁徙路线》《两周社会形态的检讨》《关于范著"中国通史简编"修订本第一册的几点意见》《论先秦的戎狄及其与华夏的关系》《试论商代兄终弟及的继统法与殷商前期的社会性质》《有关西周社会性质的几个问题》《从两周、秦汉的战争目的之演变上看两汉的社会性质》《试述殷代的奴隶制和国家的形成》《试论刘知几是有神论者——兼与侯外庐、白寿彝两先生商榷》《跋杨向奎〈中国古代社会与古代思想研究〉兼论西周不是土地国有制》等一系列的重要论文，内容涉及古代民族历史、商代的王位继统法与古代社会性质的争论等一系列史学研究的重要问题，以其观点鲜明的一家之言，奠定了他在先秦史学界的学术地位。尤其是他于1959年出版的《中国上古史纲》一书，是当时史学界推出的重要著作。该书阐述了自"中国猿人"至秦统一中国这一漫长的中国上古历史发展的基本过程，包括原始公社制度、奴隶制度、初期封建制度的发生、发展和转变过程。这一历史时期的历史事件频繁，内容复杂多变，争论的问题也较多，比如关于商周时代的社会性质问题就是一个当时学术界激烈争论的热点问题。在这部著作里，王玉哲构建了自己的理论框架，主张西周是初期封建社会。正因为如此，该书成为学术界社会性质和古史分期大讨论中西周封建说的代表著作。

"文风不惯随波转，学海滔滔一钓垂。"这是王玉哲先生在八十华诞时总结自己一生史学研究的诗句。当神州大地都在高喊"劳动一个月，胜读十年书"，他却在艰苦的劳动之余坚持学术研究。在史无前例的一切为政治服务的"文化大革命"运动中，不阿世好、客观论史的王玉哲是不可能逸世独立的，他为他的强项——耿直吃尽了苦头。

"文革"之前，有些史学家提出了历史上的"让步政策"问题，遭到了政治上受"左倾"影响的一些世人的批判。所谓"让步政策"，是指历史上一些较为贤明、颇有作为的君主采用减少赋税徭役、与民休养生息的仁政。批判者认为，统治者采用"让步政策"是一种更阴险、更恶毒的统治策略，不值得肯定，应当大加批判。面对这种不顾历史客观实际情况的胡说八道，具有不屈学术品格的王玉哲不愿再作沉默，他与年轻的同事陈振江合作写下争辩文章《如何正确理解"让步政策"》，发表在《光明日报》上。文章认为，不管统治者实行仁政的动机如何，其"让步政策"总比统治者的横征暴敛、残酷镇压要好些，它减轻了劳动人民的负担，发展了社会生产力，对社会稳定和繁荣、对历史的进步与发展都有其积极的历史作用，应当在历史研究中予以肯定。

可是到了"文化大革命"中，对"让步政策"的辩解成了王玉哲的一大罪状，受到了严厉的批判，并被打成了"牛鬼蛇神"，成为无产阶级专政的对象，每天被逼着写交待"罪行"的材料。王玉哲不甘心，他从当时只让读的马列著作中找到了反驳的证据，马克思、恩格斯明明也说过"统治阶级被迫让步"的话，而且不止一次。但一个朋友告诉他，你再有充足的理由也不能辩，一辩就会把你打成顽固不化的反动分子。就这样，王玉哲不能申辩，也无处申辩。整个"文革"的十年宝贵时间，被白白地浪费在无休无止的批斗和劳改之中。

再有一件事是对孔子的评价问题。自"五四运动"以来，随着封建礼教在一片"打倒孔家店"的吼声中被荡涤净尽，历史学界对历史人物孔子的评价一直极端偏颇。解放以后，尤其是在后来的"批林批孔"运动中，人们把孔子与"孔教"混为一谈，全面否定，把孔子的历史功绩以及孔子思想在历史上的作用批得一无是处。这本来是一个极不正常的现象，可是在二十世纪五十至七十年代的中国，整个学术界受政治的影响或者说是迫于政治的压力，千篇一律地口诛笔伐，直欲把"历史罪人"孔老二从千年古冢里拖出来鞭尸解恨。然而，在这样一个强大的洪流之中，还是有一个微弱的声音唱出了极不和谐的反调。这个顶风逆流的人就是王玉哲。他出于一个历史学家应有的理性与良知，竭力呼吁不该这样对待在中国历史文化上产生积极影响、做出诸多贡献的历史伟人孔子。二十世纪六十年代他发表了《从客观影响上看孔子的历史作用》及《略谈文化遗产的继承和历史人物的评价》，二十世纪七十年代又发表了《历史研究应当实事求是——驳孔子主张人殉说》等论文，以历史的观点、翔实的资料考证孔子所处的时代背景，正确评述孔子一生的政治与学术活动，并力图廓清那些有意无意地加在孔子身上的莫须有罪证，还孔子以本来面目，并对孔子的历史作用给以合理公正的评价。在那样一个万马齐喑、不要真正的学术研究的年代，王玉哲的这些举动，在明哲保身的人们看来，无疑是唐吉诃德式的以卵击石，极不明智。要做到这一点，是需要有一定的胆量和气魄的。能做到这一点的，正是一个真正的历史学家求真求实良知的驱使的结果。唐代史学理论家刘知几提出过史家三长：史学、史识、史才。但这还不够，清代学者章学诚在此基础上又提出了"史德"说。梁启超称之为"史家四长"。历朝历代，具备史学、史识和史才者，大有人在。可是只有在恶劣的政治条件或高压政策环境下，表现出坚持真理、不阿当权的具有崇高史德的史家，才是令人尊敬的良史。王玉哲在孔子评价问题的研究上，堪称"良史"。正因为如此，后来成立的"中国孔子基金会"和"中华孔子研究所"都诚聘王玉哲为副会长和学术委员会顾问。

　　还有一事，就是王玉哲坚持自己的对于古史分期和古代社会性质的独立研究。早在二十世纪五十年代，在其许多论著中都探讨或涉及到了这方面的研究，并形成了自己的观点，即西周封建说。这是王玉哲对于历史研究的一大贡献。但是到了二十世纪五十年代末六十年代初编写全国统一历史教材时，由于郭沫若先生的政治地位和学术影响以及高级领导人的旨意，采用了以郭沫若为首的一派的观点，即战国以前为奴隶社会，其后为封建社会。在那个时代里，这又是一个以行政命令替代学术争论的典型例子。在最初的课堂教学时，老师还可以申述一下自己的观点，介绍一些争论的情况。到后来随着政治运动的升级和政治气候的恶劣，只准老师照本宣科，不能渗透自己的主张，不能发表不同的意见。但王玉哲仍然坚持自己的观点，私下里不断搜集材料，寻找证据，不断丰富自己的观点，完善自己的论证。这时他在上古史讲义的基础上写成了《中国上古史纲》一书，全面论述了他的古史分期和社会性质研究的观点。此时，"反右"斗争刚刚过去，上海人民出版社将予出版。一些好心的学生劝阻他先不要出版，说不定过一两年对这一观点还会批判的。他冒着挨批的风险还是坚持出版了。他坚信对这一问题的研究，将来还会有解冻的时候。果然在粉碎"四人帮"之后，人们在学术问题上又可以自由研究、畅所欲言了。1978 年，《历史研究》和《社会科学战线》编辑部联合在长春召开了中国古史分期问题学术讨论会。长期研究此问题且有独到见解的王玉哲受到了大会的热情邀请，并被选为大会主席团成员。在大会发言中，王先生宣读了他的论文《西周春秋时的"民"的身份问题》，对多年来社会上流行的西周奴隶社会说提出了异议，再一次论证了他所坚持的西周为初期封建社会的说法。后来他又发表了《西周金文中的"贮"和土地关系》等论文，解决了西周初期封建之下土地制度史上的一些关键性的问题,进一步补充完善了自己的学说。

王玉哲为南开大学的人才培养、学科建设、科学研究做出了重大的贡献,他的学术盛名也为南开大学赢得不小的声誉。1983年,国家教育委员会在全国重点高等院校中选派教师组团出访高等教育比较先进的联邦德国,北京大学、南开大学、复旦大学、吉林大学等重点高校都派出了著名学者作为代表团的代表。王玉哲被委派作为代表团的团长,这也正反映了王先生在国内学术界的地位。王玉哲率团访问了联邦德国的12个城市的大学、博物馆和地方学术机构,不仅促进了中西文化交流,而且开阔了学术视野,从那里吸收了不少的高等教育与管理的先进经验。

如今,年届望九的王玉哲对自己的身体健康和学术研究同样充满了自信。"前程尚有奔驰日,不任余辉泛泛流。"这是王玉哲对自己的严格要求。每天除了必要的身体锻炼外,大部分时间都呆在他那因书架林立而显得狭小的"学不厌斋"书房中,或搬梯挪凳,上上下下查找和翻阅资料,或伏案疾书,写作文章。由于王玉哲的学术盛名,也由于他的乐于助人,找他写书序纪念文章,审阅学位论文的人很多很多,他几乎是有求必应。他不肯草草应付别人,每篇出手的文字总要再三斟酌、精心构拟,所以花费了他许多功夫和精力。为了完成自己早已规划好的读书与写作计划,完成国家社科科研课题,他只好加班加点,仍像他年轻时候那样珍惜光阴,见缝插针。他曾非常感慨地与身在港台或国外的那些著作等身、颇有成就的同学和朋友相比,认为国内的学者由于几十年政治运动的影响,做出的成绩少得可怜。为学无涯,韶光易逝。王玉哲立志要在科研学问的道路上,鼓其余勇,继续拼搏。

王玉哲现在正在埋头写作的是两部大书。一部是工程浩瀚约一百多万字的断代史《先秦史稿》,上册为西周以前部分,名为《中华远古史》,约六十万字。这是史学界期盼多年王玉哲先秦史研究的最终成果。另一部则是他坚持多年的另一个史学领域民族史研究的结集《中华民族的早期源流》,目前也已完稿。这两部著作的出版,定会在学术界引起反响。

　　人们恐怕还不知道,作为历史学家的王玉哲教授早年曾立志要做一个诗书画家。只是由于后来他选择了历史学,尤其是常人视为畏途的先秦历史和甲骨金文研究,这是非全力以赴不能入门的玄文绝学,不得已把研习多年的书画爱好忍痛割爱了。但课余赋诗的习惯,他还是保留了下来。他深通音韵,古体诗不仅合乎音律,而且写景、状物、抒情得心应手。如"山草才经新雨绿,夕阳红处绽桃花",状山水美景;如"疾时清寇虏,也欲请长缨",抒书生豪情,都是难得的佳句。王玉哲教授几次表示,他力争在九十岁以前,把规划中的几部大书写完,就算把前世欠历史学的账还清了。九十岁以后,他要重操旧课,纵情书画,安娱晚年了。

　　　　　　　　　　　　　　　　　　　　　　　　　　　(朱彦民)

杨敬年

杨敬年是著名的经济学家、政治学家,英国牛津大学哲学博士,南开大学国际经济贸易系教授。曾任南开大学学位委员会委员,南开大学经济系学位委员会主任,中国对外经济合作学会常务理事,天津市国际经济学会、财政学会、外国经济学学会、翻译工作者协会顾问,天津市政治学学会名誉理事长等,并被英国剑桥国际传记中心收入《大洋洲及远东地区名人录》。他为南开大学教育事业的建设与发展做出了突出的贡献,深受南开人的爱戴和敬重。

我们可以循着下面一条脉络,来看看杨敬年九十多年来的人生历程。

一、执着追求的 40 年(1908—1948)

杨敬年,1908 年出生于湖南汨罗,自幼失去双亲,由外祖父抚养到十三岁,并教他读了四书五经。十四岁时叔祖父送他去岳阳县城第一高等小学读书。1929 年,他考入湖南省立第一师范学校;1927 年考入中央军事政治学校第三分校步兵科,"马日事变"后愤而离校。随后在湘阴和岳阳教了两年高小;1929 年到南京,曾在两个短期学校学习测量和无线电。1932 年考入中央政治学校大学部行政系;1936 年毕业后考入南开大学经济研究所,为第二届研究生;肄业一年后,因"七七事变",学校被日军炸毁,中途缀学。抗日战争时期,杨敬年随南开大学经济研究所老师方显廷、张纯明、何廉、李锐先后在贵阳中国农村建设协进会、重庆国民政府行政院、经济部农本局、资源委员会、财政部等处工作七年(1938—1944);1945 年,他考取第八届庚款公费留英,在牛津大学"政治学哲学经济学"专业(PPE)研究三年,获得哲学博士学位;1948

年10月,杨敬年满怀激情和报国之志回到了祖国,在南开大学任教授至今。

　　在这40年中,杨敬年面临了几次重大的人生抉择。第一次是他从中央政治学校大学部行政系毕业后,放弃了去江苏省民政厅工作的机会,而考入了南开经研所。对这一选择,杨敬年如是说:"我不去做国民党的官,是有原因的。我出身于一个贫农家庭,很小就成了孤儿,靠邻里乡亲把我养大,送我上学。我不愿去做国民党的官,是因为不愿去欺压老百姓。因此我大学毕业选择了南开。"第二次是在重庆工作七年后,若为了追求个人名利,杨敬年原本可以沿着仕途走下去,高官厚禄,封妻荫子,然而他却选择了去牛津求学之路,当时支配他思想的,"是要充分发挥自己的天赋聪明才智"。第三次是1948年在牛津大学获得博士学位后,别人为他在美国找到了一份很好的工作,并从美国给他寄来了路费,但他放弃了,而是满怀对新中国的憧憬和希望之情回到了祖国,渴望用自己所学为新中国服务。以上选择颇令常人费解,然而在杨敬年看来,一切却都那么自然,可谓"脱俗在名,减欲入圣"了。

二、艰苦磨炼的30年(1948—1978)

　　从1948年10月到南开大学担任教授,到党的十一届三中全会(1978年12月),杨敬年在精神上和身体上经受了艰苦的磨炼。

　　解放前夕,曾任南开校长的何廉先生又回到美国,临行时给杨敬年留下一些金子,他当时护照也还在手,原本可以走的。但他留了下来,在天津迎接解放。他欣喜地以为为祖国服务的大好时机终于来到了。"只要是块砖,就可以盖房子",他准备用自己所学为祖国做点实在的事情。

　　天津解放后,杨敬年由天津军管会聘任为南开大学校务委员会委员,奉命创办财政系,兼任系主任;同时兼任天津市财经委员会委员。他在全国各大学人事冻结的困境之下,聘请当时一流的财政学专家如陶继侃、李建昌、陈舜礼为教授。他还与中央财政部订立合同,请财政部各司司长和苏联专家来系讲课,并带领学生去财政部实习。经过艰苦创业,财政系为新中国培养了一批财政专门人才。

在努力工作之余,杨敬年还积极要求进步,向党组织靠拢。为深化自己对党和社会主义的理解,他参加了马列主义夜大学,并以优异成绩毕业。他还认真学习俄语,并翻译出版了两本俄语专著:科伦诺德的《经济核算制原理》(北京十月出版社,1953 年),《苏联地方税捐》(财政部《财政》半月刊连载,1956 年)。

正当杨敬年以极大的热情投身于教学和科研时,由于党内极左路线的错误,致使一大批有名望、有学术造诣的知识分子被错划为右派,杨敬年亦不能幸免,于 1957 年 8 月 3 日被错划为"右派分子",并在1958 年被法院错判管制三年,剥夺政治权利三年,在经济系资料室改造。在巨大的经济、政治、社会压力下,杨敬年并未丧失对党的信念及对祖国、人民的热爱之情,他坚信,事实终究是事实,问题总有水落石出的一天。他觉得"自己是靠劳动人民血汗培养的知识分子,不论在什么情况下,必须努力工作,尽可能地做出一些贡献,来报答他们"。正如他在诗中所说:"十年如逝水,百半转磋跎。顽体欣犹健,雄心信未磨。丹诚贯日月,浩气凛山河。大地寒凝素,春花发更多。"凭着这样一种信念,在资料室改造期间,杨敬年以其熟练的英文、俄文基础,深厚的政治学、经济学理论功底,翻译出版了《英国议会》(商务印书馆,1958),《白劳德修正主义批判》(三联书店,1962),《1815-1914 年法国和德国的经济发展》(商务印书馆,1964)。

1962 年夏至 1964 年夏他重上讲台,讲授《资本主义国家经济基础知识》。"四清运动"开始后,停止讲课,又回到资料室上班,翻译熊彼特的《经济分析史》,到"文革"开始,已译成 50 余万字(此书在 1992 年由商务印书馆出版)。

在接踵而来的"文革"中,他被扣上"历史反革命"和"老右派"两顶帽子,遭受了批斗、游街、抄家、住牛棚等不公正的待遇。1974 年,曾伴随杨敬年历经风雨、相濡以沫的妻子因突发脑溢血而瘫痪在床。1976年他又失去了唯一的儿子。这种种屈辱和打击磨砺着他的意志,逐渐锻造出一个不屈的灵魂。"文革"后期,杨敬年翻译了以下四部书:《不稳定的经济》,1975 年;《美国第一花旗银行》,1976 年;《垄断资本》,1977 年;《银行家》,1981 年;均由商务印书馆出版。1974 年至 1979

年,他又承担了国务院组织的联合国文件中译工作,担任经济系和经济研究所承担的每年 30 万字任务的总审核。翻译质量受到了国务院的通告嘉奖。

1978 年初,七七级大学生入学,他开始为一部分学生讲授专业英语和专业俄语。

对在如此逆境下取得如此非凡的成果,杨敬年这样说:"只有抱定范仲淹所说的'不以物喜、不以己悲'的态度,应当做什么就做什么,能做什么就做点什么,不考虑环境的顺逆,不计较个人的荣辱,才能心安理得。""我一生靠投考公费读书,是劳动人民的血汗培养出来的。尽管身处逆境、身心交困,还是应当竭尽所能,做一些力所能及的事,来报答劳动人民的哺育之恩。"这种博大的胸襟和对祖国人民的一片赤诚令人叹服。

三、全心奉献的 20 年(1978—1998)

"终有云开雾散日,夕阳难遮霞满天"。中共十一届三中全会后,杨敬年的问题终于得以澄清。这时他已年逾古稀,应该可以含饴弄孙安享晚年了。但他怀着"欲为国家兴教育,肯将衰枒惜残年"的心情,以极大的热情投入到工作中。"盈巅白雪不知愁,一片丹心步陆游。蜡炬春蚕功不灭,迎来光热遍神州"。杨敬年这首小诗,充分反映了他当时的心迹。

在这二十年中,他满怀激情,拼命工作,力图把失去的宝贵时光补回来。"日既暮而犹烟霞绚烂,岁将晚而更橙桔芳馨",被著名经济学家谷书堂誉为"南开学坛的常青树"。

他给研究生和本科生讲授经济专业英语,并着手研究发展经济学。他是全国最早在大学里讲授和研究发展经济学的少数几个人之一。从 1981 年到 1994 年,共培养了 20 名发展经济学专业的硕士研究生。1981 年,他的第一本发展经济学专著《科学·技术·经济增长》由天津人民出版社出版,在这本书里,他探讨了科学技术与经济增长的关系,从理论上证明了"科学技术是生产力"的科学论断。1988 年,全面体现他发展经济学研究水平的著作《西方发展经济学概论》由天津人民出版社出版,并列为"国家教委高等学校文科教材'七五'编书计划"。这本书在当时起到了"建立了一门学科,填补了一项空白"的作用,成为当时中国学者研究发展经济学的最新总结。1992 年 11 月,该书获第二届普通高等学校优秀教材奖。接着,他接受了另一项编书计划和国家教委"七五"哲学社会科学重点科研项目"第三世界国家经济发展理论与实践综合分析",全部成果体现在他主编的《西方发展经济学文献选读》(南开大学出版社,1995 年)中。在《选读》的前言部分,他论述了经济发展的十大关系,成为发展经济学的扛鼎之作。另外,他还在各类刊物上发表论文多篇,如《论发展经济学的对象和方法》,载《南开经济研究》1988 年第 6 期和 1989 年第 1 期;《第三世界国家经济发展中的十大关系》,载《南开经济研究》1992 年第 5 期;《经济发展与国家财政(泛论发展中国家财政)》,载《财政理论探新》,吉林人民出版社 1985 年;《论教育对经济发展的贡献》,载《南开教育论丛》1987 年第 4 期。他还组织翻译出版了著名美国发展经济学家古斯塔夫・拉尼斯和费景汉合著的《劳动剩余经济的发展》(华夏出版社,1989 年)一书。拉尼斯后来致信杨先生,称这本书为"我们共同的书"。

杨敬年在废寝忘食钻研学术之余,也时刻不忘追求进步,向党组织靠拢。经过认真的思考,他向党组织郑重递交了入党申请书,并于 1987 年 6 月 79 岁高龄之时加入了中国共产党,一生夙愿得以实现。

杨敬年为了谦和,不尚浮华,甘为人梯,他从不把知识视为私有,而是恨不得把自己所掌握的知识、研究的最新成果全部交给学生。工作时,他把自己翻译的最新资料送给老师们参考;他的英语、俄语水平很高,别人求教于他,哪怕是一个发音口型,他都会认真地答复和纠正;老师、学生去他家请教问题,他都会给予耐心、圆满的答复,并且还指导学习方法和技巧。因此,无论是不是杨敬年的学生,都乐意去杨敬年那里请教,因为从他那儿不仅可以学到知识,更重要是学到了许多做人的道理。真可谓"春雨润物细无声"。

他不仅在学习上关心学生,同时他还密切关注着他们的思想发展。二十世纪八十年代末至九十年代初,受西方资产阶级自由化思想的影响,加之苏联东欧的解体,使一些人特别是青年学生对中国的社会主义还能维持多久产生了怀疑。杨敬年不顾年高体弱,利用讲座的形式用亲身经历对学生进行爱国主义教育,并在《南开周报》上撰文《我看社会主义》,结合自己新旧社会的亲身经历,用令人信服的论据客观评价了中国在人类发展中所处的地位和中国的实力,阐明了社会主义制度的优越性和只有社会主义才能救中国的道理,在校内产生了较强烈的反响,对稳定学生的思想、情绪起到了积极的作用。

离开了工作岗位的杨敬年,并没有一刻得闲。1995年至1996年,他撰写了20余万字的《人性谈》(南开大学出版社,1998年)一书,让人们再一次感受到他熠熠生辉的人性光茫和无限的人格魅力。1997年至1998年初,他重译了60多万字的"影响世界历史进程的十本书"中唯一一本经济学著作亚当·斯密的《国富论》(将由陕西人民出版社出版),在这本译作里,他创造了一种全新的翻译体例,在每一段落加上提要,并在每年前面加上导读,使读者更容易理解译文,力求"信达雅"的统一。

时至今日,这位九旬老人仍未停下追求知识的脚步。除了继续伏案读书、思考外,他又开始学习电脑,练习英文打字,收发 E-mail,上网检索资料⋯⋯这种读书不辍、学习不止的精神堪称后辈学者的楷模。他说:"俗话说'行百里者半九十',我想人生也是一样。如果一个人活一百岁,九十岁才走了一半,还有一半的路要走啊!"

杨敬年教授在总结自己的一生时这样说明:"我一生引以为幸的有几件事:大学毕业后没有跟国民党走,而是来到当时还是私立的南开大学读书,否则也会像我的许多大学同学一样,终老台湾;牛津毕业后,没有按照预定计划去美国,而是回到了祖国的怀抱;在长达20年的错案中,我没有丧失对中国共产党的信心,没有丧失对共产主义理想的信念,终于加入了党的组织。"对后辈学者而言,我们所幸之事却远非几句话所能概括,杨敬年留下的学术贡献和伟大的人格典范将永远激励着我们,在每个人的胸中点一盏不灭的心灯⋯⋯杨敬年一生所追求的,绝非一般意义上的价值实现,他所关怀的,不仅仅是自己的问题。他已将个人的命运同国家、民族的命运紧紧联系在了一起,以强烈的历史使命感和责任心竭尽所能为祖国和人民做出贡献,以求达到更高层次的自我实现。

　　"亦余心之所善兮，虽九死其犹未悔！"正是杨敬年教授一生的写照。

（殷　凤）

江安才

　　江安才,1909 年 12 月 1 日出生于广西省桂平。7 岁在原籍就读私塾和小学,12 岁时升入桂平中学。因家庭经济拮据,初中毕业后辍学在家。1925 年 2 月,经当时的桂平县教育局长、原桂平中学语文教师介绍,到桂平县教育局任事务员,从事会计和事务工作,为时大约一年。1926 年夏季,江安才只身来到上海,进入浦东中学高中部读书。在上海读书时的所有费用,主要靠他的母亲借高利贷来维持。

　　上海生活的两年,江安才不仅学到了自然科学知识,而且极大地开扩了眼界。他的求学动机从养家糊口,转而立志献身自然科学。于是在高中毕业后,他慕名考入北京大学预科,此后升入北京大学物理学系。

　　1933 年江安才于北京大学物理学系毕业,获得学士学位。经北京大学物理学系主任王守竞教授介绍,到当时的中央研究院地质研究所(所长是李四光教授)工作。由于李四光同时担任北京大学地质学系主任,江安才能够在北京大学地质学系进修有关地质学的课程。后来,李四光赴英国讲学,行前与北京大学物理学系主任饶毓泰教授商妥,江安才转到物理学系任助教。

　　当时,北京大学物理学系在饶毓泰主持下,形成了很好的学术环境。由美国学成归来的吴大猷教授也应邀在这里任教。他与饶毓泰教授、周同庆教授及当时的助教赵广增、沈寿春、江安才等共同从事原子光谱、分子光谱以及拉曼光谱的研究工作。在吴大猷的指导下,江安才在原子光谱和分子光谱的研究工作中开始取得成果,先后发表了《观察双重激发氦原子光谱的尝试》(江安才、马世骏、吴大猷:〈Physics Review〉Vol. 50. 673. 1936.)和《三价铈盐的吸收光谱》(吴大猷、江安才

〈Chinese Journal of Physics〉Vol. 2 No. 10. 1936.）两篇论文。

1937年7月7日,日本侵略军炮击卢沟桥,发动了野蛮的对华侵略战争,中国人民进入全面抗战时期。国立北京大学,清华大学及私立南开大学于1938年组成国立西南联合大学,校址在云南昆明。江安才随同吴大猷辗转抵达昆明,先后任北京大学研究助教,中华文化基金会（成都四川大学）研究员。在西南联合大学时期,江安才虽然名义上为北京大学物理学系助教,实际上在中英庚子赔款委员会任研究员,并领取该会研究补助经费。这时江安才继续在吴大猷指导下,进行分子光谱的理论研究和实验工作,先后发表的论文有:《乙炔分子的势函数 I》（吴大猷、江安才:〈Journal of Chemical Physics〉Vol. 7. 178. 1939,该文1938.12.7收到）,《从理论上计算 C_2H_2 多原子直线分子光谱与实验的证明》（吴大猷、江安才:〈American Physics〉1939）,《理论上计算 HCN 分子光谱与实验证明》（吴大猷、江安才:〈Chinese Journal of Physics〉1941）。

1941年江安才经饶毓泰推荐,得到中华文化基金会资助,赴美国密西根大学留学。1920至1930年间,原子及分子结构问题,可谓是物理学研究的主流。密西根大学在红外分子光谱研究方面,则是先行者,在这里著名教授云集。1943年初,江安才在此获得硕士学位。1944年初,任密西根大学物理学系副研究员,并在光谱分析室工作,后曾担任该室主任。在此期间,他先后在美国光谱分析杂志发表过关于镍铬合金光谱分析的论文（1944年）,关于光学玻璃原料成分分析及其选择的论文（1947年）。此外,还为美国一家钢铁厂进行了炉渣光谱分析;对印度一种野生豆科植物的毒性进行光谱分析等等。

江安才在美国工作期间,将其收入寄回国内,以维持家庭生活。但因国民党统治区物价暴涨,入不敷出。此外还由于美国对有色人种的排斥,所以江安才决意回国。他归国后,1947年受聘于北京大学,任物理学系副教授,除担任教学工作外,继续从事光谱方面的研究工作。1948年受南开大学数学系主任兼物理学系主任刘晋年教授邀请,到南开大学物理学系工作,任副教授。1953年晋升为教授,并任南开大学物理学系代理系主任,次年任系主任职务,一直到"文革"开始。

江安才曾讲授过普通物理学(1947-1954)、电磁学(1947-1948)、原子物理学(1950-1954)等课程,并先后培养两名研究生。

江安才担任系主任初期,物理学系近 4000 平方米的第三教学楼建成,他合理地分配教室、实验室、办公用房,事前作了统一的规划,并广泛征求意见,从而满足了教学和科学研究的需要。在江安才的主持和主管教学的副系主任及有关人员的参与下,南开大学物理系按照国家对高级建设人才的要求,编制了教学大纲,使教学有计划、按步骤地进行,稳定了教学秩序,提高了教学质量。与此同时,江安才还大力加强对青年教师队伍的建设,要求青年教师打好基础,练好教学、实验、科学研究的基本功。每人定出规划,各教研室每年检查。此外,还选派教师到兄弟院校或科学院培养进修。与此同时,在江安才任内,南开物理系还按计划接收进修教师,先后有内蒙古大学、东北工业大学、河北大学、江苏师范学院、哈尔滨工业大学、石油科学院等单位选派的人员,来到物理学系学习,为这些单位培养了一批从事教学和科学研究的骨干。1958 年,物理学系新建的 5000 平方米的第五教学楼完工,光学、半导体物理学、固体物理学、理论物理学、原子核物理学以及物理学系资料室,顺利地迁入第五教学楼开展工作。在全部过程中,江安才积极参与规划和组织工作。江安才作为物理学系主任,负责系里的全面工作,尤其对物理学系的发展和确立新的科学研究方向给予了极大的关注。当时的光学教研组无论在仪器设备、科学研究、教学和师资队伍等方面,都比较有基础,因此物理学系第一个推动了光学专门化。在二十世纪五十年代中期,鉴于当时世界上科学技术发展方向和本身的条件,南开物理系积极开展半导体科学研究工作,此后成立了半导体教研室;物理学系的其他教研组经过充实和扩大,全都升格为教研室。在这些工作中,江安才作为物理学系主任,都参与了规划、组织和领导工作。

为了成立天津市物理学会,江安才进行了大量的组织工作和宣传工作。天津市物理学会于 1951 年 6 月 17 日成立,江安才当选为干事(委员)、常务干事(常务委员)、副主任干事(副会长)。1951 年 8 月 17 日,在北京召开中国物理学会会员代表大会,江安才以天津市会员代表的资格出席大会,并当选为首届中国物理学会理事会理事和常务理事。

　　江安才教授 1952 年加入中国民主同盟,是民盟天津支部宣传部委员。民盟天津支部推选江安才为 1965 年天津市人民代表大会代表。

　　在 1966 年开始的"文化大革命"中,江安才遭受到大字报、批斗会、抄家等种种迫害,身心健康受到极大的摧残。

　　1981 年 1 月 21 日,江安才教授病逝,享年 72 岁。

（白金骡）

高殿森

高殿森是我国知名的翻译家、南开大学外文系教授。

1907年，高殿森出生于河北省枣强县。由于家境颇为富足，他有机会博览群书，《论语》《孟子》《诗经》《左传》《古文观止》等都与他结下了不解之缘。这些晦涩难懂的文字，对于高殿森来说却颇具吸引力，在上私塾之前，他已能熟练地背诵多篇古文。无疑，小时候的文学熏陶极大地影响了他日后的学习与工作，为他以后在翻译中取得卓越的成绩奠定了基础。

与其他孩子不同，高殿森是在10岁时才入学堂。那是一所半私塾、半洋学的混合体。在那里，他进一步学习了《诗经》之类的古文，成绩位于最前列。真正开始接触英文是在他上高小的时候，也许潜意识里已经认定自己一生都离不开英文，他开始时便非常注重英语的学习。同时，高殿森开始研读《小五义》《彭公案》《西游记》《三国演义》《聊斋》《水浒传》等文学名著，正是这些书籍深深引起了他的兴趣，同时引发了他对广义的文学的兴趣，坚定了他一生从文的志向。

高殿森是一个要求全面进步的人，他不仅在学习上名列前茅，思想上更是不甘落后。1924年，他考取了以进步性而著称的保定育德中学。教员中有提倡新文学的潘梓年，创作新诗的汪静之、谢博江，有思想进步的图书馆主任安志成、训导副主任王荫圃……不仅如此，学生中也有不少思想进步的人，他们有的已加入中国共产党，有的加入共青团。在这些人的影响下，高殿森也积极追求进步。他先后研读了郭沫若、鲁迅、陈独秀、李大钊、成仿吾、王独青、茅盾等人的著作，并且被其中那充沛的感情、民族的热情及不屈的精神深深感染。他本来有机会加入共青团，却因为阶级的限制而受阻（高殿森出生于一个小地主家庭,这是那个时代的限制条件)。在受了这个不小的打击之后,他把自己全部的精力转移到阅读英文名著上,在那个时候,能具有这样的学习热情,尤其是学英文,是难能可贵的。他除了认真苦读课堂讲授的课本之外,还涉猎了诸类小说,如:*The Lone Swan*,*Love & Duty*,*Abraham Lincoln*,*The Sorrows of Young Werther*…,以及中华书局(商务印书馆)出版的新闻周刊等。这样,在英文学习方面,他不仅在班级里独占鳌头,而且在全校的英语演讲比赛中技压群雄,一举夺冠。

1928 年,他以优异的成绩毕业于育德中学,随后考取了天津南开大学预科(二年制),从此,他与南开结下了不解之缘。由于他学习成绩非常优秀,轻易地跳了一级,于 1929 年秋考入本科英语系。当时外文系所规定的必修课,他都学习得惊人的好,诸如英国文学史、文学批评、英国短篇和长篇小说、英国诗、英国小品文、西洋戏剧等。此外,他还选修了其它课程,如日文、法文、西洋哲学史、审美学、英汉翻译、萧伯纳研究等课程,也加入了英语演讲会(Everlasting Club)。但也正是因为如此,他不得不经历"内忧外患"的考验。一方面,南开大学必修课考试的频率加大,如果想要成绩好,不充分投入精力是不可能的;另一方面,高殿森又不得不努力准备选修课的课程;更糟糕的是,他那时染上了肺结核,病魔肆虐,使得他整天精神萎顿,意志消沉。所幸的是他终于克服了这些困难,在最后的考试中仍然取得了第一名的好成绩。

1933 年,高殿森以文学院第一名的优异成绩毕业,从而取得了千千万万学子们梦寐以求的殊荣,被吸收进入了斐陶斐世界名誉学会(Phi Tau Phi Honorary Society)的中国分会,并得到了一枚象征开启知识宝库的金钥匙。

高殿森的译者生涯也是从二十世纪三十年代大学读书时代开始的。当时,他带着年轻人特有的自信与热情,完成了许多散文和小说的翻译。译作发表在《南开周刊》《大公报》文艺副刊、《国闻周报》《益世报》《人生与文学》《时事类编》等著名刊物上。这一时期的作品与后期相比虽不甚成熟,但从中不难发现译者在翻译方面的才能与潜力。这些翻译实践练习为后期的发展奠定了坚实的基础。

　　到了二十世纪四十年代,高殿森的翻译技巧开始逐步走向成熟,于是他开始着手翻译长篇作品。这个时期的作品主要有《泼姑娘》(1943年,晨光书局出版)、《托尔斯泰短篇小说选》(1944年,正风出版社出版)、《拜伦传》(1948年,独立出版社出版)。这些译作语言流畅优美,忠实于原作又灵活自如地再现了原作的风格,因而受到广大读者的赞誉。人们在这名年轻翻译工作者的身上发现了一名优秀译员必有的素质。

　　进入二十世纪五十年代,基于已有的经验,高殿森的作品表现出前所未有的水平。在保证作品质量的前提下,他以惊人的速度出色完成了三本著作的翻译:司各特的《皇家猎宫》(Scott:*woodstock*,1958年,上海文艺出版社出版)、狄更斯的《着魔的人》(Dickens:*The Haunted Man*,1959年,上海文艺出版社出版)与海姆的《高尔兹镇》(Stifan Heym:*Goldsborough*,1959年,人民文学出版社出版)。三本书共一百万字,而且原文难度很大,涉及到许多详细的背景知识需要查证,而高殿森以每日翻译两三千字的速度在一年半内完成了工作。高速度并未影响译作的质量,他的译文准确精炼,既“保持了原有的风味”又未因“语言习惯的差异而露出生硬牵强的痕迹”。尤其是《皇家猎宫》的译文为后人研究直译与意译两种方法的使用提供了优秀的范例。

　　二十世纪六十年代中,由于“文革”的干扰,高殿森只完成了一部译作:萨克雷的《势利小人》(Thackeray:*The Book of Snobs*,1964年,世界文学杂志);但与此同时,他潜心钻研翻译理论,总结三十年来的翻译经验,并将心得写成一篇论英汉翻译的文章。文中很多观点为后来的年轻翻译工作者指明了进一步发展的方向。

　　二十世纪七十年代标志着高殿森在翻译方面的最高成就。他与著名翻译家李霁野先生合译了赫胥黎的《伦理学与演化》(即严复的《天演论》),又校改了别人译的《戴高乐传》(部分校改,1978年,商务印书馆)、《罗伊回忆录》(部分校改,1978年,商务印书馆)、《多米尼加共和国史》(1971年,天津人民出版社出版)与大量的《联合国文件》(校改约一百万字,商务印书馆)等。在以往经验的基础上,这些作品在“译事三难:信、达、雅”方面又有了进一步的提高。此时,高殿森早已以其深厚的语言功底闻名于翻译界,他在英译汉方面的成就得到了学术界与广大读者的普遍称赞。

走入二十世纪八十年代,年近八旬的高殿森对翻译事业的热情却一如既往。他与别人合作翻译了狄更斯的《巴纳比·鲁吉》(Dickens: *Barnaby Rudge*)。这部五十万字的长篇小说对一位疾病缠身的老人来说实在是极其严峻的考验,但高老常用"老牛明知夕阳短,不用扬鞭自奋蹄"来鼓励自己,他曾写到:"只要一息尚存,我就要勤勉从事,为我国的翻译事业贡献一份力量。"这位老翻译家以自身的行动为后人树立了光辉的榜样。

以上介绍的都是高殿森的英译汉作品。其实在几十年的翻译生涯中,高教授还作了许多汉译英的工作。主要有:《天津工人运动史料》(合译,1950 年,天津总工会)、《中国民歌选译》(合译,1960 年,商务印书馆)、《沙石峪》(合译,1975 年,外文出版社)、《白求恩画报》(合译,1974 年,外文出版社)、《天津》(画刊,1952 年,天津出版)、《青春之歌》(合译,1959 年,外文出版社)。这些译作生动真实地反映了中国的情况,帮助世界了解了中国,为中外文化交流作出了突出贡献。

高殿森教授是一名优秀译员也是一名受人爱戴的好教师。他历任南开中学、重庆南开中学教员,浙江大学外文系讲师,中央大学外文系副教授,南开大学外文系教授。在繁忙的翻译工作之余,他常常与学生们促膝谈心,帮助年轻人解决工作上和学习上的困难。他鼓励年轻译员同时提高中文与外文两种语言的水平,而且要多多实践练习。他常说:"举凡从事翻译的人,都必须具备一个条件,那就是对英汉两种文字得有个较高的造诣,可是只具备了这个条件而没有大量的有意识的实践也产生不了好译品。"对于学生们的习作,他总会抽时间认真批改,提出建议并且指明进一步努力的方向。高殿森在翻译界的贡献有目共睹,但他依然保持着谦虚严谨的作风。他常用白居易的"草萤有耀终非火,荷露虽团岂是珠"来形容自己,也以此教育后人。他告诫年轻人切勿骄傲自大,只有艰苦不懈的努力,虚怀若谷的态度和勇于改正自己缺点、肯于学习他人长处的魄力,才是做好翻译的根本。

时值南开大学八十年校庆,我们不禁回忆起这位为南开大学、为中国翻译界贡献了一生的老译员。高殿森教授对翻译事业的热爱和严谨的治学态度必将激励年轻一代南开学子继续奋斗拼搏,为祖国的翻译事业贡献力量。

（南　英）

吴廷璆

　　吴廷璆教授是我国著名历史学家,新中国亚洲史及日本史研究的奠基者之一,南开大学历史研究所及日本史研究室创始人。吴廷璆青年时代便投身革命运动,后从事教学与研究工作数十年,并兼事各种社会活动,担任多种领导职务。他著述丰富,在我国的亚洲史研究、特别是日本史研究方面做出许多先驱性和开创性的工作;他桃李满园,亲手栽培的一批日本史研究方向的博士已成为我国日本研究领域的生力军。

一、著名学者和社会活动家

　　吴廷璆祖籍浙江绍兴,1910 年生于杭州。1929 年入北京大学史学系,兼修日本文学。学生时代的吴先生是一位爱国的热血青年,1931年加入北平反帝大同盟及抗日救国十人团。"九·一八事变"后,参加了党领导组织的北大学生南下示威团,在南京被捕入狱。出狱后经杨虎城推荐到陕西省立一中任教,继续从事抗日救亡运动。1932 年返回北平后又流亡日本,发奋考入京都帝国大学(现京都大学)史学科,专攻亚洲史和东西交通史。1936 年毕业归国,任青岛山东大学讲师。1937年抗战爆发后,弃笔从戎,满怀激情投身于中国人民的抗日解放事业,在南京经叶剑英介绍,赴山西参加八路军,任总政治部敌军工作部干事。1939 年末营救范文澜先生出狱后,在西北及西南从事中国民主政团同盟(1944 年改为民主同盟)地下工作。1942 年,任四川大学历史系教授,兼任燕京大学(内迁成都)历史系教授,与李相行、马哲民组织"唯民社"。1944 年与许德珩、刘及辰等组织"民主科学社"(1946 年改称九三学社),同年起担任武汉大学历史系教授,并任新民主主义教育协会支部委员。

　　1949 年,因范文澜先生力荐,吴廷璆调任南开大学历史系教授,后任学校总务长、历史系主任。同时与孟秋江、刘清扬等筹组民盟天津市委和民盟河北省委。1951 年当选为天津市历史学会理事长,历任天津市文教委员会委员,河北省人民委员会委员兼省历史研究所副所长,民盟天津市委副主委。"文革"中受冲击。

　　改革开放以后,吴廷璆不顾年迈体弱,以饱满的政治热情和严谨的治学态度,积极投入到科学研究、教书育人和社会活动中去。在南开大学,吴廷璆历任历史研究所所长、名誉所长,校务委员会委员及学术委员会委员。1977 年,吴廷璆当选为天津市政协委员、副主席。1979 年加入中国共产党。1980 年被聘为中国大百科全书外国史卷编委兼亚洲史组主任。1981 年被教育部推荐为第一届国务院学位委员会(历史组)委员。1979 年以来,历访朝鲜、日本、前苏联、波兰及前民主德国等国,三次应邀赴日出席学术会议并讲学。在此期间,吴廷璆先后担任中国亚非学会、中华日本学会和中国中外关系史学会顾问,中国史学会常务理事,中国日本史学会首任会长和名誉会长,第五、六、七届全国政协常委,民盟中央参议委员会常委等职。此外,新中国成立以后他一直担任核心学术期刊《历史教学》的主编,时间长达 40 年之久。

二、新史学与日本史研究的奠基者

　　吴廷璆从事历史研究和教育工作 60 余载,学兼中外,史论并重,擅长亚洲史和东西交通史,更是学术界公认的新中国日本史学科的开拓者之一。他主编的《中国大百科全书·外国史卷》亚洲史部分于 1990 年出版;《日本史》于 1994 年由南开大学出版社出版;《日本近代化研究》于 1997 年由商务印书馆出版。其中《日本史》洋洋百万字,是迄今为止我国规模最大、内容最丰富的日本通史专著。所发表的学术论文收入《吴廷璆史学论集》,于 1997 年由人民出版社出版。

　　新中国成立以后,亟待按照马克思主义的理论和方法,清除旧思想对学术研究的影响,构建新的世界史学科体系,吴廷璆为此作出了重要贡献。他主张必须按照历史唯物主义的观点去研究历史,进行历史时期的划分，站在世界史的高度从整体上把握亚洲史和日本史；主张"社会科学要为社会服务"；认为史学的价值不仅能"鉴古知今"，而且能使人们的精神世界保有源头活水，避免"人生或社会"的"枯燥和衰落"。1961 年 4 月 9 日和 10 日，吴廷璆在《光明日报》上连续发表《建立世界史的新体系》，尖锐批评西方史学家的"欧洲中心论"，指出"人类世界是个统一的整体，它的历史自然应该是全面的"，把东方排斥在"文明世界"圈外不仅反科学，也是反动的。他针锋相对地提出了一个关于建立世界史新体系的方案，即"将世界史按照马克思主义关于社会经济形态的学说分为五个时代，采用综合年代法叙述每个时代总的特征和各国人民的具体历史。分期的基本原则是将最先进的国家进入社会发展新阶段的时期作为这一时代的起点，同时照顾到各国历史发展的个别性"。"这样的体系，既阐明了世界历史的一致性和多样性，也指出了历史上新的、先进的东西和旧的、没落的东西，鲜明地揭露出人类社会发展的一般规律和各国人民历史发展的具体道路；从根本上打破了欧洲中心说的世界史体系，保证了世界史高度的科学性"。该文发表后，在中苏世界史学界产生了一定的影响。吴先生的这些学术思想，对建立我国的世界史学科新体系起了铺路奠基的作用，并已为国内史学界所公认。

　　早在新中国成立以前，吴廷璆就在国内高校中率先开辟了日本史、亚洲史课程，1956 年为教育部编订全国高校亚洲史教学大纲，1960 年参加《世界通史》的编撰，负责中古史中的印度、越南、柬埔寨、印尼、朝鲜和日本部分，由于这部通史首次将亚洲的内容纳入到世界史中，其开拓之功不可没。

　　吴廷璆对日本史学研究的贡献，集中反映在对日本大化改新和明治维新性质的评价上，这涉及到日本历史分期和对日本历史的整体理解与把握。1955 年，他在《南开大学学报》（人文科学版）创刊号上发表《大化改新前后日本的社会性质问题》一文，首次提出"大化改新封建说"。他认为，"大化改新的结果，日本古代社会的阶级关系发生了重大的变化，旧的奴隶主贵族的统治崩溃了，部曲民（奴隶）脱离了豪族的统治。从农村公社关系中游离出来的公民——氏人同部曲民一道变成了班田农民……另一方面,由于班田法的实施,天皇成为最高的封建主,官僚贵族们又用各种形式取得了自己的土地,法令把农民紧紧缚在土地上,使他们成为奴隶。这说明了日本古代社会已从父家长氏族制过渡到封建制了"。这些论断,史料翔实,见解独到,使大化改新和日本历史分期研究有了突破性进展,得到中日两国日本史学家的普遍认可。

1964年7月,吴廷璆在《南开大学学报》(哲学社会科学版)上发表《明治维新与维新政权》一文,运用马克思主义的国家学说,以革命与改革"两点论"澄清日本史学界长期存在的模糊认识,指出明治维新是没有完成的资产阶级革命。1982年又与武安隆教授合作发表《明治维新与资产阶级革命》(收入中国日本史研究会编:《日本史论文集》,三联书店1982年版),进一步论证了后进国家中"没有资产阶级的资产阶级革命"是成立的。这就是被中日史学界广泛重视、对我国日本史研究的发展具有重大影响的"明治维新资产阶级革命说"。吴廷璆认为,在封建危机和民族危机的双重压力下进行的明治维新运动,由于没有新兴资产阶级的领导,被分为两步。其第一阶段的革命以倒幕派领导农民和城市贫民起义推翻德川封建领主制、解放农奴、建立地主资产阶级政权而告结束;第二阶段因倒幕派的背弃革命而变成地主资产阶级的改革。明治维新通过以农民为主的革命推翻了幕府,废除了封建领主的农奴制,发展了资本主义,但半封建的地主阶级仍然是统治阶级的一部分,它和资本家一起推行对内剥削压迫、对外扩张侵略的政策。维新后的日本历史证明,明治政权是一个地主资产阶级政权,明治维新是一场不彻底的资产阶级革命,它所遗留下来的资产阶级民主主义革命任务,是在第二次世界大战后才得以完成的。

三、治学与育人

吴廷璆治史,自觉地运用马克思主义的观点来分析历史事实、历史过程和历史发展的规律,在生产力与生产关系、经济基础与上层建筑之间的关系上,十分重视生产关系的作用。他认为在日本早期国家邪马台国的形成及明治维新后迅速发展为帝国主义国家的过程中,生产关系起着直接的决定性的作用,单从生产力的水平上解释不了这些事实。

"我们肯定生产关系的重要性,并不否认社会变革中生产力是基础的看法,但生产力是受到生产关系、上层建筑的制约,它促进或阻碍着生产力的发展,对历史起着积极或消极作用"。他以明治维新为例,认为"单从生产力发展水平这一点不能说明明治维新以后日本资本主义迅速发展并很快成为帝国主义国家这一事实。十九世纪后半叶,东方封建国家日本在欧美资本主义列强侵略下,若不反帝、反封建,不采用资本主义的生产方式,就只有灭亡。因此,尽管当时日本生产力还较低,但在内忧外患的紧急关头,特别在开港后,阶级斗争空前高涨,民族危机深重之时,终于被迫实行了资产阶级革命。……在这里,生产关系和阶级斗争的发展直接决定日本国家民族的命运"。

实证研究是吴廷璆治学的又一特色,如对汉代商业的认识,就是以缜密的实证考察为基础进行的。"随着商路的开通,内地的商业也显著发达起来……汉朝终于放弃了过去狭隘的闭关政策。为此,武帝一边招徕外国客人,一边开始经略西域"。这一研究不仅对汉代商业进行了分析,而且能站在新的高度上,把汉代的商业发展与汉代丝绸之路上的国际经济贸易结合起来,进而阐明了二者之间的关系。

吴廷璆育人有两条特点,一为"授人以渔",二为教人做人。从1936年执掌教鞭起,吴廷璆在大学从教60余年,聆听他授课的学生难以数计,特别是进入二十世纪八十年代以后,一大批有志于日本史研究的青年投学于他的门下。他授业尽展大家风范,学习上从不对学生做硬性要求,而是强调治学的自主能动性,尽可能让学生自己找问题、想问题,在学生汇报学习心得时,哪怕其见识粗陋可笑,亦从不显见责之色,而总是循循善诱。对学生论文的指导则尤其看重其大局观和文字修养,审改论文时亦可谓字斟句酌。吴廷璆心胸豁达,待人宽厚,学者气质令人景仰而又无凌人盛气,这种为人师表的高贵品质深深地感染和教育着他的学生和后辈。如今,由他培养的数十名硕、博士也硕果累累,不少人已成为教授和博士生导师,在国内重点高校和科研单位中挑起大梁,毫不夸张地说,吴廷璆教授的弟子已成为我国日本史研究战线中的一支中坚力量。

(杨栋梁)

李霁野

　　李霁野(1904－1997)，是鲁迅先生的学生和战友，是我国现代著名的外国文学翻译家、鲁迅研究专家、教育家和诗人。解放后历任全国政协第二、三、四、五、六届委员，天津市政协一、二届副主席，天津市一至六届人大代表、天津市文化局局长、中国作家协会名誉副主席、中国鲁迅研究会顾问、中国民主促进会中央参议委员会常委、天津市文学艺术界联合会名誉主席、天津市图书馆名誉馆长、天津市翻译工作者协会名誉会长、南开大学教授并长期兼任南开大学外文系系主任。

　　李霁野于1904年4月6日出生在安徽省霍邱县的叶集镇。这个小镇南临大别山，西濒史河，位于一个土地肥沃的小平原上。李霁野八岁入私塾。私塾老师经常鼓励学生多读书，所以除了正课之外，李霁野读了不少如《三国演义》之类的中国古典小说，1914年入叶集明强小学。同班同学有韦素园、台静农、韦丛芜等人。

　　1919年，也即是著名的"五四"运动烈火燃起的那一年，李霁野以优异的成绩考入公费的阜阳第三师范。在那里，尽管地处偏远，他还是接触了如《共产党宣言》等一些马列主义的书籍。他和李何林、韦丛芜等几个志趣相投的同乡同学还订阅了《新青年》《少年中国》以及辟有副刊《学灯》的《时事新报》和附有《觉悟》副刊的《民国日报》。有时他们也把一些宣传共产主义的材料张贴出来，把一些进步书刊给要好的同学阅读。1921年，校内有人诬陷李霁野和韦丛芜要把当时被一些人称作"洪水猛兽"的共产主义思想引进阜阳第三师范，为了反抗这种诬谄，他俩便声明退学，愤愤然离开学校。回到家后，李霁野借助字典阅读三师高年级英文课本、《天方夜谭》、飞毡神灯的故事等，极有趣味的内容使他无限神往。于是便下定决心学习文学。李霁野后来回忆说，当时尽管是失了学,但由于进步书刊和马列主义宣传品的鼓舞,并没有使他们感到前途的渺茫。那一年春节之后,征得家长同意,他和韦丛芜到安庆打算转学,但因当时师范是公费,学生有地区的限制,转学的事成为泡影。他们只好到商务印书馆设在韦丛芜大哥办的商品陈列所的售书处义务站柜台,那儿可以整天看书。与此同时,他俩还办了《微光周刊》,在《评论报》附出,内容主要是攻击封建道德和封建婚姻制度。他们还发表了要求解除封建婚约的公开信。这信曾在故乡引起轰动,最终导致他们婚约的解除。

1923 年春,在同学韦素园的劝告下,李霁野到北京读书。先在北京自修英语半年,秋季转入崇实中学学习。为了解决学费和生活用费,他开始翻译外国文学作品。1924 年暑假,译完了俄国作家安德列夫的《往星中》,由他的小学同学张目寒送请鲁迅先生指教,从此便开始了与我国现代伟大作家鲁迅的交往。

鲁迅是我国"五四"新文化运动的伟大旗手。他大力提倡并亲自动手翻译外国进步文学作品。李霁野说,"鲁迅的伟大之处在于他甘心作泥土,热忱爱护、培养青年人"。1925 年夏天,在鲁迅提议下成立了"未名社"。这个文学社团的主要成员除鲁迅外还有:韦素园、李霁野、曹靖华、韦丛芜和台静农。这时,李霁野已考入燕京大学。

"未名社"成立后,在鲁迅的关怀下致力于俄罗斯和苏联文学作品的翻译和研究,出版《未名半月刊》,刊载鲁迅和其他成员的进步作品。李霁野翻译的第一部外国文学作品俄国安德列夫的《往星中》就是由未名社出版发行的。未名社在成立后的短短六七年间出版了二十多种文学作品和两种期刊(《莽原半月刊》和《未名半月刊》)。1928 年 4 月未名社被国民党当局查封,李霁野和他的另一位朋友因翻译《文学与革命》一书被捕坐牢。

1929 年秋,李霁野在北京的孔德学院任教,当时学校常常拖欠教师薪金,他的生活很困难,往往需要在教课之余译书写文章以补助生活。俄国著名作家陀思妥耶夫斯基的名著《被侮辱与损害的》就是在这种情况下译出来的。1930 年李霁野经友人介绍到天津河北女子师范任英语系教授,并兼任系主任,一般上午上课或备课,下午散步译作。

1934 年译完了英国作家夏洛特・勃朗蒂的小说《简・爱》。这是一部非常感人的英国优秀小说,它一出版就受到读者的欢迎。李霁野于1935 年秋去英国旅游,1936 年 4 月回国后到上海访鲁迅。1937 年离开天津女子师院,与刘文贞女士在北平结婚。1938 年在辅仁大学任教。

除了《简・爱》这部重要的优秀作品外,李霁野还译了不少外国著名小说和诗歌。如《虎皮武士》《战争与和平》《鲁拜集》(诗集)、《四季随笔》和《妙意曲》(诗集)等。

1943 年,李霁野因受日军迫害离开北方,辗转至重庆,经曹禺介绍,在北碚复旦大学教课,次年夏天到四川白沙女子师范学院从事教学、翻译和写作。他在四川白沙女子师范学院任教时,曾经为那里的学生作过几次十分有益又很有趣的演讲。在这些演讲里谈读书,谈人生,谈理想,旁征博引,内容非常丰富生动,引起年轻听众极大兴趣。当时,李霁野作演讲只备有提纲,而每篇讲稿的全文都是事后由白沙女师的同学整理并用蝇头小楷抄好的。后来由先生的老友、名作家章靳以先生把这六篇演讲集成一册,曾于解放前夕由上海文化生活出版社印出发行。这便是《给少男少女》。

《给少男少女》里的六篇演讲,篇篇充满深刻的哲理并贴近当时的现实生活,每一篇中都有很多见解精辟的段落和精彩的警句。直至今天它们还深深地吸引和教育着许多年轻读者。譬如谈到读书,李霁野说:"拿死的知识填塞了之后,再拿考试来测量结果,不要几年,学生就变为被动的了,读书的兴趣也被消灭。"他认为"读书不是为应付考试,不是要敷衍外来的要求,却是要满足内心的需要,充实自己的生活。""生活同读书是分不开来的。一方面不要作书呆子,将脑袋里装满死书;一方面也不要空着脑袋过生活。读书应当是生活的一种享乐,不是令人头疼的工作。生活应当用书籍来陶冶,使它美化并充实。"

1946 年 3 月,李霁野离开白沙女师院,回到故乡看望了 20 年未见的父亲,与离别三年半的妻稚欢聚。9 月应许寿裳约,启程赴台湾省编译馆任编纂。"二・二八"起义后,编译馆解散,转台湾大学外语系任教,直到 1949 年 4 月离开台北。

　　李霁野一生中大部分时间是在他的第二故乡天津度过的。1949年4月底,先生经历了十数年颠沛流离的生活之后从台湾返回天津,在北京参加全国第一次文代会。9月到南开大学外文系任教并于1951年担任系主任工作直至1982年,后改任名誉系主任。1995年退职休养。

　　几十年来,李霁野除系务工作外还兼有许多社会工作,十分繁忙。他一方面致力于青年教师的培养和提高工作,另一方面也非常重视外文系的外语基础课教学。为了培养青年教师,让他们尽可能走上讲台亲身实践,他安排有经验的老教师和他们一起讨论讲稿和教学方法,使他们尽快得到提高。他还根据当时的条件选派青年教师到条件较好的兄弟院校,如北京大学、北京外国语学院和黑龙江大学进修提高。"文革"后,特别是改革开放以来,条件更有所改善,他便采取聘请外国专家和选派教师出国进修等办法,使大部分中青年教师得到很大提高。还培养出了自己的美国文学博士。如今,他培养的一批中青年教师在教学工作中大都发挥了骨干作用。

　　南开大学外文系成立六十多年来,为祖国建设事业培养了大批栋梁之才。他们在校学习期间,都得到很好的外语基本功训练。特别是解放后四十多年来,成绩尤为突出。这与李霁野历来的主张不无关系。他认为,要使学生掌握好外语,应该加强听、说、写、读、译的全面训练。学外语的人听不懂、不会说外语是"哑叭外语";学外语不读原著,就不能很好了解该国的国情、民族的生活习惯,也不利于提高学生的文化修养。从1956年复系(以前外文系曾停办一个较短时期)后,有几位名教授如:司徒月兰、杨善荃、李宜燮、高殿森、金隄等先生担任文学课教学,由张秉礼、罗旭超等先生担任语言课教学,也有著名学者黄子坚先生任兼职教授,有美籍教师刘狄英女士长期任教。优秀的青年教师庞秉钧、曹其缜等脱颖而出成为教学骨干。英语专业的学生由原来每年招收三十多名增至每年一百余人。这是南开大学外文系历史上又一辉煌时期,也是李霁野主持外文系系务以来辛勤操劳的成果。

　　李霁野对外文系的另一贡献是从1960年设置了俄语专业教研室,并于当年开始招生。由于李霁野的奔走呼吁,教育部派来了曾在斯大林时代蒙受不白之冤、于二十世纪五十年代归国的老共产党员陈有信教授主持教研室工作兼任外文系副系主任。同时又从北京外国语学院调来几位有一定教学经验的教师任主讲教师。1961年外文系英语专业开始招收英国文学研究生,1972年建成日语专业教研室并开始招收培养日语本科生。改革开放以后,筹划培养硕士、博士研究生以及聘请外国专家等工作,无不倾注着李霁野先生的心血。

1993年4月6日是李霁野教授90华诞,天津市的领导同志和先生的学生、同事、朋友前往住所祝寿。在这个喜庆的日子里,市领导同志为他颁发了天津市最高文艺奖,"鲁迅文艺奖"大奖,表彰他七十多年来积极传播鲁迅伟大的革命文艺思想、不倦地遵从鲁迅先生的教导从事译著的功绩。当市领导同志把一束由红玫瑰、黄菊花和洁白的马蹄莲组成的鲜花献给他时,当他从另一位同志手中接过"天塔征歌"的获奖证书时,老人愉快地笑了。这是一位几乎与世纪同龄人发自内心的欢笑。他把鲁迅文艺奖的奖金全部捐赠给他为之服务了四十余年的南开大学,设立了"李霁野奖学金",用于奖励优秀学生。

1997年5月4日,李霁野教授因病在天津逝世。一位优秀共产党员、著名教育家、作家、翻译家,走完了他光辉的人生旅程。

（田峻生）

季陶达

　　季陶达(1904－1989)是我党培养起来的老一辈著名的马克思主义经济学家,对经济科学特别是经济学说史造诣很深,卓有建树。

　　季陶达生于浙江省义乌县的一个中农家庭,幼年读私塾,后转入中学,因家境困难,中学毕业后即到中华书局编辑处数学部门工作。1926年辞职参加我国第一次大革命,并在革命前线加入了中国共产党,受党派遣在杭州总工会任秘书工作。1927年蒋介石"四·一二"叛变时在杭州被捕,获释后,曾出席在武汉召开的第六次全国劳工大会,随后赴上海参加地下工运工作,同年10月被党派往苏联,先后在莫斯科东方大学、中山大学学习。1930年回国后,从事经济学说史和政治经济学方面的教学和翻译工作,并发表文章论述当时资本主义世界经济危机问题。

　　1931至1933年,他先后在长春、北平、汉中等地中学任教。从1934年起,先后在北平中国大学、北平朝阳学院、东北大学、北平大学女子文理学院、西北大学任教,1936年被北平大学女子文理学院聘为副教授,随即被聘为教授。1946至1949年春,任山西大学经济系系主任。在大学任教期间,主要讲授经济学说史、政治经济学、货币流通与信用、统计学、会计学等课程。1949年8月到南开大学任经济系系主任、经济研究所所长。二十世纪五十至六十年代还兼任天津市经济学会会长等职务;70至80年代曾任中华外国经济学说研究会名誉理事、中国经济学团体联合会顾问、中国人民政治协商会议天津市第六届和第七届委员会委员。

　　季陶达解放前在旧大学任教期间,不顾反动当局的歧视与迫害,在威胁恐吓的鼓噪声中,仍然坚持讲授马克思主义政治经济学,受到广大正直师生的热烈欢迎。而对学校当局的阻挠与警告,他毫不畏怯,依然与其他同事一起写文章、做宣传,积极支持学生运动,因此于1946年春被西北大学解聘。抗日战争胜利后,当美元充斥资本主义世界,不少人认为资本主义的金融货币将获得长期稳定时,他在西北大学作了题为《货币战争》的学术报告,运用马克思主义观点深刻分析了资本主义经济的矛盾,明确预言资本主义国家间的货币战争还必将爆发并日趋尖锐化。1948年,当蒋介石发行"金元券",而有些人对它抱有幻想时,季陶达写了《中国货币问题》一文,无情地揭露了它的欺骗和掠夺实质,深刻地指出蒋管区的金融货币制度和整个经济已经陷于崩溃。解放初期在南开大学,有人主张把资产阶级庸俗经济学同马克思的经济学说调和起来,他挺身而出与之展开辩论,坚决捍卫马克思主义政治经济学原理的纯洁性。这一原则立场和果敢行动,受到了党组织的支持和群众的称赞。

季陶达从事政治经济学特别是经济学说史的教学和研究工作长达半个多世纪,成绩卓著。他治学严谨,一贯坚持历史唯物主义,实事求是,对经济学说史上的不同学派、不同代表人物的不同理论,进行历史的阶级的具体分析,做出恰如其分的评价。他进行学术研究,力求占有第一手材料,认真研读马列主义著作和资产阶级、小资产阶级经济学原著(为此,他在掌握俄、英两门外语的基础上,70多岁时又攻读德文),并把各种有关经济学说史的著作拿来对比分析,然后提出自己的见解,作出适当的结论,同时对错误观点进行严肃批评。他一生最忌"好读书,不求甚解",最推崇王安石勇于独立思考、敢于发表不同于流俗的创见的精神。他从不人云亦云,尤其鄙视那种粗制滥造的作品。当人们问到他的治学方法和经验时,他总是简洁地回答:"人一能之己百之,人十能之己千之"。这充分体现了他一生刻苦努力、自强不息的精神。

季陶达通过长期研究,撰写了不少有关政治经济学和经济学说史的著作和文章。早在二十世纪三十年代,他就翻译出版了苏联经济学者鲁平的《经济思想史》和当时苏联最通行的拉彼图斯、奥斯特罗维季扬诺夫合著的《政治经济学》第七版、第八版等书,还翻译出版了关于货币流通与信用方面的书十余部。来南开大学后,在二十世纪五十年代,他主编了一套共五册约 80 万字的经济学说史讲义,写了《社会资本再生产与经济危机》一书;二十世纪六十年代初,先后写作出版了《重农主义》《英国古典政治经济学》等专著,主编了《资产阶级庸俗政治经济学选辑》,还写了《马克思完成了政治经济学的革命》《评萨伊〈政治经济学概论〉》《评赫尔岑和奥加辽夫的经济思想》《评庞巴维克〈资本实证论〉》等许多有价值的学术论文。这些著作和论文,对于政治经济学特别是经济学说史学科的教学与研究做出了贡献。尤其是《英国古典政治经济学》一书,运用历史唯物主义和马克思主义政治经济学基本原理,对英国古典政治经济学的产生和发展,它的基本理论观点、科学成果和局限性,它的破产和被庸俗经济学代替的历史必然性,以及它对马克思主义政治经济学形成的意义等,做了全面透彻的分析,受到广大读者的重视和赞许,并被不少高等院校经济学专业列为必读参考书,几经再版,在我国经济学说史和政治经济学的教学和研究中曾发挥了重要作用。《资产阶级庸俗政治经济学选辑》一书,选辑了资产阶级庸俗经济学的主要代表人物的主要著作的主要论点,全面系统,重点突出,非常精炼。书中通过著者"生平简介""编者按",对资产阶级庸俗经济学家及其著作的主要内容做了简明介绍和有力批判,并在"选编者前言"里,对资产阶级庸俗经济学的产生、发展和阶级实质做了系统的分析和阐述。它是一本很好的经济学说史教学参考书,已成为教学与研究中的重要的基础性文献。

　　季陶达对资产阶级政治经济学的历史发展提出了独到的见解。他认为,资本主义生产方式的产生、发展以英国为典型,资产阶级政治经济学的产生、发展也是以英国为典型。它的发展迄今经历了五个阶段。从威廉·配第到亚当·斯密,资产阶级政治经济学建立起来,是第一阶段;李嘉图把资产阶级古典政治经济学发展到顶峰,是第二阶段;随着英法两国资产阶级夺得政权,社会阶级关系发生变化,古典政治经济学破产,其标志是 1848 年约翰·穆勒《政治经济学原理》的出版,同时,庸俗经济学产生、发展,并在资产阶级政治经济学中占据了统治地位,这是第三阶段;随着资本主义向帝国主义过渡,出现了马歇尔的均衡价格论,资产阶级政治经济学进入了第四阶段;到二十世纪三十年代,由于第一次世界大战和资本主义世界经济大危机的爆发,资本主义社会经济政治条件发生重大变化,英国日益衰落,资产阶级政治经济学遂进入以凯恩斯为代表的第五阶段。他预料,随着资本主义矛盾的发展,资产阶级经济学将进一步走向庸俗和反动。

季陶达按照资产阶级政治经济学发展的五个阶段进行了系统的研究,分别写出专著。第一、第二阶段的研究计划早已完成,第四阶段即对马歇尔的经济理论的研究也已写出专题论文。在十年动乱期间,他的身心受到很大摧残,科研计划被迫中断。老伴孙亦民于1970年含冤去世后,由于生活不能自理,不得不于1972年秋离校去北京幼女季梅处休养。直到党的十一届三中全会以后,党为他落实了政策,商调长女季云一家来津工作照料,于1979年年底得以重返南开园。尽管他已年逾古稀,身患多种疾病,但他壮心未与年俱老,生命不息,工作不止,立志在有生之年为祖国的文化教育事业多做贡献。每天,他按时坐在办公桌前,伏案书写。盛夏的酷暑,隆冬的严寒,都不曾使他辍笔。他没有星期天,也没寒暑假,只有工作日。二十世纪八十年代以来,他翻译出版了28万字的车尔尼雪夫斯基著的《穆勒经济学概述》一书,撰写出版了22万字的专著《约·斯·穆勒及其〈政治经济学原理〉》,从而使对第三阶段的研究臻于完成。在此期间,他还发表了《四项基本原则是中国共产党对马克思革命学说的捍卫与发展》以及纪念恩格斯诞辰和马克思逝世的文章论文等十余篇。原打算于1990年开始撰写《凯恩斯及其学说》一书,以便完成对资产阶级政治经济学五个发展阶段的研究,但终因劳累和疾病,于1989年11月17日猝然逝世,未能实现他的全部研究计划。季陶达对资产阶级政治经济学的产生发展最先作出科学划分并进行了深入系统研究,这对正确认识资产阶级政治经济学的历史发展是一个贡献,对于促进经济学说史的研究有其重要意义。

季陶达的晚年著作《约·斯·穆勒及其〈政治经济学原理〉》一书,是他最后一部专著,也是经济学说史上一部与传统观点不同,且有所突破、有所创新之作,具有重要的学术价值和应用价值。书中不仅分析介绍了约翰·穆勒著作中的一般政治经济学原理,而且对其中所阐述的应用问题进行了详细研究，从而探索了经济学说史学科研究的新方向和新任务。

季陶达认为，苏联的卢森贝忽视约翰·穆勒在经济学说史中的特殊地位，以其无创见为由，在其著作《政治经济学史》中略去，是不妥当的。在他看来，凯恩斯对资产阶级政治经济学的发展影响很大，当代资产阶级经济学各种流派，不论是赞成还是反对凯恩斯，都是从凯恩斯出发的。当时他认为，凯恩斯已去世三十多年，他的学说因与资本主义现实发生矛盾已不再完全适合资产阶级的需要，在他之后已出现许多为现代资本主义辩护的新流派、新理论，因此，不应当再把凯恩斯学说算作现代资产阶级经济学的范围，而应当把它归到经济学说史的范围中去，经济学说史的下限应当延伸到凯恩斯。基于这种认识，他曾建议对现有的经济学说史教科书进行相应的修改，受到有关专家的赞同。此后出版的经济学说史著作大都延伸到了凯恩斯。

季陶达的科学研究是同教学密切结合并为不断提高教学质量和推动学科建设服务的。他系统研究资产阶级政治经济学发展的五个阶段，实际上是在系统而又重点深入地写作资产阶级政治经济学史教科书。他对《资本论》、政治经济学、特别是其社会主义部分的研究方向和课题也提出了许多宝贵意见。他强调要对资产阶级经济学的新发展和演变进行认真考察分析，特别要重视对其中有实用价值的因素进行分析和借鉴。他曾对现代资产阶级经济学的"投入产出分析法"及其对研究社会主义经济的适用性问题作过深入研究，对"人力资本"理论也做过独到的分析和评价，力求使自己的理论研究更好地为我国四化建设服务。

在经济学教学方面，季陶达积累了丰富的经验。他 1949 年到南开大学后，除讲授政治经济学和《资本论》外，主要讲授经济学说史。起初，他独自担任该课，后来逐渐培养了几位年轻教师协助他。同时还为《资本论》课程培养了师资。他十分重视教材建设，1958 至 1960 年主持编写了一套共五册约 80 万字的经济学说史讲义，并选编了约 20 万字的教学参考资料。这些讲义和资料不仅供本校教学使用，还与其他高等院校进行了广泛的交流，帮助了他们的教学。

季陶达重视人才培养，对教学工作极端负责。每次讲课，他都以深刻的理解、广博的知识，对重点内容和疑难问题进行精辟分析，逻辑严密，深入浅出，使学生既能抓住要领，掌握重点，又能把握前后联系。他不断调整和充实教学内容，改进教学方法，以适应学生的需要，使教学质量不断提高。

他一贯重视启发式教学，鼓励学生进行独立思考，着重培养学生运用马克思主义的立场、观点、方法，进行观察、分析和解决问题的能力，引导学生做到理论联系实际。他经常强调，学校教育要按照青年智力发展的规律办事，一向主张因材施教。他通过辅导、课堂讨论、查阅学生的笔记、考卷，以及个别谈话等各种方式，了解学生的学习能力和水平，多次主办"因材施教班"，培养了大批优秀人才。1980年，他还在《人民日报》上发表了《改革高等院校教学制度的几点建议》，提出了废除学年制，认真实行学分制，允许学生选修外系的课程等教育改革的意见和建议，受到教育界的重视和高校学生的拥护。他重视对学生的政治思想教育，要求他们德、智、体全面发展。他不但进行言传，更注重身教，以实际行动为青年树立了学习的榜样。

季陶达作为一名党培养起来的卓有建树的专家，对党忠心耿耿，他常说："我好比一个棋子，党组织把我摆在哪里，我就在哪里发挥光和热，奉献自己。"季陶达从苏联回国后失掉了和党组织的联系，他无时无刻不在努力争取重新回到党组织的怀抱。二十世纪八十年代以后，尽管因年老体弱，行走不便，不能参加党的组织生活会，但他每月都把应交的党费事先准备好，等支部派人来取，并向来人询问支部的活动情况。

季陶达一生勤奋好学，积极宣传马克思主义。在他临终前视力严重衰退的病况下还借助放大镜坚持看书写作。他写的最后两篇文稿，不少字迹已难于辨认，行距宽窄不一，多行文字弯曲不齐，他以惊人的毅力与病魔抗争，并用尽最后精力从事学习和工作。他一生忠诚党的教育事业，勇于坚持真理、修正错误，也勇于探索和提高。他为人刚直正派，朴实无华，不徇私情，不拉关系；工作认真负责，兢兢业业，从不居功自恃；赢得了广大师生的称赞和尊敬。

　　季陶达教授一生坚持马列主义,治学严谨,善于独立思考,勇于开拓进取,忠诚党的教育事业,厉行言传身教,教书育人,关心国家大事,严于律己,宽以待人。这种优秀品德和崇高精神,永远值得我们学习。

（季　云）

陶继侃

陶继侃,生于 1913 年 10 月 28 日,祖籍浙江嘉兴。父亲早逝,幼年随母亲移居北京舅父处,在北京完成中学学业,1931 年考入北京大学经济系,1935 年大学毕业后,同年考入南开大学经济研究所。1947 年去美国丹福大学和威斯康星大学进修,专攻国际经济学和财政学。1949 年 9 月回到南开大学执教。截至 1999 年,陶继侃已在南开大学学习工作 50 多年。在这半个世纪中,他与南开大学同风雨、共沧桑,桃李无数,为霞满天,是值得后人尊敬和景仰的经济学家和教育家。

一、一腔抱负,乱世求学

1935 年陶继侃在北京大学毕业,正值国内经济一片萧条,大学毕业就是失业。陶继侃以优异成绩考取当时唯一设有经济研究所的南开大学,成为该所第一届研究生。从此,陶继侃与南开大学结下了不解之缘。

在北京大学读书期间,陶继侃师从著名经济学家赵乃抟,对经济学发生了浓厚的兴趣,也坚定了献身学术、教育兴国的志向。当时读了大量经济理论书籍,并且打下了理论经济学和实用经济学的坚实基础。但是,进入南开大学经济研究所读研究生的两年,对他治学风格影响最大。

当时的经济研究所是南开大学的半独立机构,创办人何廉、方显廷,他们主张中国的经济研究,不仅要明了经济学原理及国外的经济情况,贵在考察中国的经济实际,作为发展学术、解决经济问题的基础。因此,在研究工作中,着重研究中国问题,鼓励开展实际调查,避免泛泛空论。这种治学之风深深地影响了陶继侃的治学态度,成为陶继侃毕生做学问的基准。

南开大学经济研究所拥有大量经济书籍,并且开展调查研究,出版专业刊物,为研究生提供了良好的学习条件。当时,陶继侃针对旧中国混乱不堪的税收和货币制度,分别撰写了有关借鉴西方税收、货币理论进行探讨的文章,发表在当时的天津《大公报·经济周刊》上,在学术界崭露头角。陶继侃的毕业论文题目为《中国的地价税问题》,正是痛感当时税收制度一片混乱,税负极度不公平的情况,曾去了全国主要地区进行广泛调查而写出的。

1937年,陶继侃毕业,正值抗战爆发,由于天津沦陷,南开经济研究所迁往重庆。陶继侃受何廉之邀,赴张伯苓创办的重庆沙坪坝南渝中学,为成立重庆南开经济研究所进行准备。在这期间,从天津运去的大量图书尚在途中,大队人马还没有南迁,陶继侃在工作之余潜心治学。针对抗战时期物价飞涨、百姓生活困苦的状况,写出《物价膨胀、通货膨胀与膨胀循环》一文,从理论和实际上分析了奸商囤积居奇和政府滥发钞票互相推动的螺旋上升关系,该文章针砭时弊,在重庆《大公报》发表后,曾被桂林《大公报》和其他刊物多次转载。

抗战时期,陶继侃曾在财政部钱币司工作,并在重庆大学教课。抗战胜利前夕,他应何廉之邀,分别在成都分行和重庆分行主持银行工作。抗战胜利以后,他参加了留学生考试,1947年到美国进修。陶继侃先在丹福大学经济系的研究院攻读,后因慕名当时著名的财政学者、威斯康星大学教授格鲁斯而转到威斯康星大学,师从格鲁斯,在财政科学方面继续深造,以期回国走教育兴国之路。

二、心系南开,潜心治学

陶继侃在美国求学时期,南开大学也从昆明西南联大迁回天津。当时接替张伯苓担任校长的何廉从美返国途中,和在美攻读的南开经济研究所毕业的陶继侃、杨叔进、桑恒康、周林、雍文远等谈了南开情况,希望同学们学成后回南开教书,加强南开的师资力量。1949年陶继侃回国,并在新中国成立前夕,回到了阔别已久的南开园。从此数十年呕心沥血,在南开建系授课从不懈怠。

　　1949年9月,陶继侃在南开大学财政系任教。当时南开大学的财经学院包括七个系,分别是政治经济学、财政、金融、会计、统计、企业管理、贸易等系。财政系是新中国成立后新创建的一个系,系主任是杨敬年先生,刚从国外学成归来的陶继侃担任了财政系的副系主任,兼财政学教研室主任。财政系从无到有,培养了一批一批的财政专门人才。以后陶继侃接任财政系的系主任。到二十世纪五十年代中期,南开大学又进行了一次调整。在经济学科方面,只设立政治经济学系,其余六个系停办。政治经济学系的系主任是季陶达先生,陶继侃改任副系主任。不久,河北省筹建财经学院,陶继侃参加了筹建工作,南开大学财经学院六个系的教师组成了新的河北财经学院。同时,南开大学经济研究所在一度停顿之后,改建为中国科学院河北省分院经济研究所,季老和陶继侃兼任正副所长。政治经济学系和经济研究所互相配合,前者培养专门人才,后者进行社会主义经济的调查研究,体现了南开大学在经济学科方向的传统特色,受到学术界的重视。在二十世纪五十年代后期,周总理来南开大学视察时,曾指定到经济研究所观察,在听取陶继侃的工作汇报后,指示研究人员要深入人民公社进行实际调查,提出自己的考察分析。

　　二十世纪六十年代后期,按照高教部的统一布署,开展对国外经济的教学与研究。当时,政治经济学系成立世界经济教研室,经济研究所成立世界经济研究室,陶继侃兼任了这两个室的主任,主要承担对外经济的教学与研究工作。他在政经系主讲国外经济课程,并开始招收美国经济的研究生。在经研所,与外交部国际经济研究所合作研究西方国家对发展中国家原料的掠夺,取得了一定的成果。十年动乱开始后,教学与研究工作一度中断。

　　"文革"结束之后,高教部提出培养世界经济专门人才,这时担任世界经济教研室主任的陶继侃已达六十高龄,仍然怀着满腔热情,精力旺盛地投身于世界经济专业的筹建工作中。陶继侃本着教学与实际不脱节的原则,和教研室几个教师遍访世界经济专业用人单位,包括对外贸易部、对外经济部、中国银行、外交部、新华社、国际贸易研究所等多个机构,确立用人规格的要求,定下所需的专业基础知识和外语水平;还到北京大学、复旦大学、吉林大学等兄弟院校汲取经验。世界经济专业的成立饱含了陶继侃的心血和期望。以后,世界经济专业从经济学系中独立出来成为国际经济系,南开大学成为全国最早创立世界经济专业和系的几所大学之一。长期以来,陶继侃一直主持世界经济专业课的教学和教材编写工作。教学工作一丝不苟,给学生留下了深刻的印象。

二十世纪八十年代初以来,陶继侃年事已高,把主要精力放在培养研究生上。陶继侃与孟宪扬先生合作培养西方财政与金融方向的研究生,陶继侃着重在西方财政,并给国际经济系、金融系、经济研究所和国际经济研究所几个系所的研究生讲授西方财政学课程。陶继侃带过的研究生现在还记得陶继侃认真的治学态度,对学生的耐心辅导,精深的学问。陶继侃在研究生教学中率先使用外文教材,而且看重自己编写适用的教材,以弥补外文教材的不足。陶继侃教学方式的一个特色是让学生大量阅读参考书,打下扎实的理论基础,他强调在研究问题之前一定要了解前人所作过的工作,要在已有成果的基础上前进一步。陶继侃在为人、治学上都为学生们树立起了榜样。

三、孜孜不倦,硕果累累

陶继侃一生钻研,成果不断。在研究工作上着重于教材建设和对现实问题进行理论探讨。陶继侃在开创性的探索中,一面授课,一面不断地进行教材编写,将毕生不断钻研的成果点滴地融入教学中,融入教材编写中。陶继侃多年教学的一大特点就是几乎教一门课,编一门教材。

陶继侃在担任政治经济学系的教学和行政工作时,由于政治经济学系教科书中的社会主义部分需要重新编写,河北省组织一些理论和实际工作者成立教材编写组,由陶继侃担任组长,主编了《中国社会主义经济问题》一书,作为当时的内部交流教材。

陶继侃在担任世界经济教研室的工作时,专业教材还是空白,陶继侃组织教研室合作编写了《世界经济概论》一书,作为专业课教材,这本教材出版以后,就在一些高校中广泛采用,并经国家教委评定为"九五"

国家级重点教材。

陶继侃在对研究生讲授西方财政学课程时，为了弥补国内教材的不足，撰写了《当代西方财政》一书，由人民出版社出版，被列为"大学世界经济丛书"之一。

陶继侃编写的这些专业课教材，是陶继侃多年致力于教学心血的结晶，填补了国内相关教材的空白，体现了中国化的特色。在教材的编写过程中，陶继侃一丝不苟、精益求精；教材编好后，仍要密切关注相关理论和实践的发展，一旦有所变化，立即根据最新的发展作出调整，并对教材进行补充和修订工作。

陶继侃在科研工作中的另一个重点，是针对现实工作中提出的问题进行理论和实际的探讨。在二十世纪五十年代，针对当时经济工作中一度出现的忽视经济规律的倾向，陶继侃撰写了《论价值规律在我国经济生活中的作用》这篇论文，在《人民日报》上发表。在我国实行对外开放以来，陶继侃针对现代西方经济中出现的新特点、新问题，及时主编了《经济危机问题讲话》《战后帝国主义经济几个问题》等书，并撰写了《国家垄断资本主义及其对资本主义经济的影响》《国家干预对当代资本主义经济危机的作用》《美国现阶段经济周期的特征及其发展趋势》《美元危机和围绕着美元危机的斗争》《现代西方财政政策与宏观经济调节》《国际税收与国际的税收协调》《美国当前税制改革的剖析兼论税收发展的新趋向》等学术论文。这些论文在学术界有广泛的影响。

陶继侃勤恳教学、潜心研究、数十年如一日。在南开教学授课中呕心沥血，在创建专业中披荆斩棘，编书著论不辞辛劳。

陶继侃教授是新中国杰出的经济学家和教育家，他在教育、研究工作中，不图名利、不计较个人得失，甘当孺子牛，始终保持高度的责任感，坚持献身学术、教育兴国的信念。历史的荣誉应该给予陶继侃这样的人，作为一位实干者、作为一位育人者、作为一位经济学家，陶继侃都是值得景仰和尊敬的。愿陶继侃教授所代表的这种南开精神能够在南开代代相传，发扬光大。

（刘雪梅）

王积涛

王积涛是我国著名的化学家,南开大学化学系教授、博士生导师。他从事化学教育与科研五十多年,为南开大学化学系的发展立下了不可磨灭的功绩。

一

王积涛,1918年出生于江苏省苏州市一个中产阶级家庭,其父在苏州任金银首饰店经理。1926年,他随父母迁居上海,就读于苏州旅沪小学,后考入上海公部局办的格致公学。1936年中学毕业,他投考中央大学和金陵大学,均被两校录取。他选择了中央大学农学院。

入中央大学一年后,抗日战争爆发。"八·一三"事变,日寇进攻上海,王积涛不得已转入东吴大学攻读化学。后报考昆明西南联合大学插班生,并于1939年春,入西南联大化学系学习。1941年毕业,获理学学士学位。后留校任教,随杨石先教授研究中草药有效成份的提取及生理活性。

1943年至1944年,王积涛参加国立清华大学第12期留美公费生考试,以优异的成绩考取制药学留美公费生。1945年抗战胜利后,出国留学。

王积涛赴美后,先进入美国密歇根大学研究生院,1947年获理学硕士学位。后经杨石先教授推荐转入美国普渡大学,1949年获普渡大学研究院哲学博士学位,随后任该校药学院博士后研究员。1950年在美国印第安那州府礼来药厂做促肾上腺皮质激素(ATCH)的药理研究,成为该厂的一名实习研究员。

留美学习的五年间,祖国发生了历史性的变化。新中国的成立,使他感到无比振奋。日后,王积涛追忆这段往事时说:"我是在二战结束后赴美的,这时冷战开始,冷战时代东西方意识形态冲突严重。美国人歧视黄种人,而且赴美的留学生依照美国法律不允许拿学生护照打工。我们这些中国留学生意识形态接近于共产主义,是追求进步的。加上我抗战时在西南联大爱国民主运动的熏陶下,形成了关心国家建设、向往民主的思想,希望自己的国家能够尽快走上正常的轨道,进行和平建设。1949年中华人民共和国成立,我参加了中美科学协会,联络在美的中国留学生,积极宣传共产党和新中国。"

新中国成立后,祖国号召留学生回国参加建设。王积涛积极串联留美学生,争取更多学有所成的知识青年回到祖国的怀抱。他自己也于1950年率先回到了日思夜想的祖国。

二

1950年,王积涛受聘于南开大学化学系从事教学工作。当时一经聘用即为教授,年仅33岁。从那时起至今,五十多年来,王积涛始终站在教学第一线,为我国培养了大批高级化学人才。他用自己的实际行动表达了对党的教育事业的忠诚,尽了人民教师的天职,多次被评为优秀教师。1959年,王积涛担任化学系副主任后,亲自审定教学大纲、计划、内容。一门课一门课地选拔主讲教师。经过他多年的辛勤努力,南开大学化学系基础课教学有了比较稳定的教学队伍和较高的教学水平。

王积涛从1955年开始招收研究生,他亲自授课和指导论文。"文革"后,他是第一批获准的硕士生和博士生导师、学科带头人。几十年来先后培养了38名硕士研究生、18名博士生和2名博士后研究人员。其中一名博士生来自扎伊尔,开创了我国为第三世界培养高级人才的先例,受到国家教委的表扬和扎伊尔政府的称赞。他还非常重视对进修教师的培养,除安排他们听课外,还指导他们进行科学研究,使他们受到全面的训练和培养。他先后为兄弟院校培养了近30名进修教师和国内访问学者。其培养的研究生和进修教师许多已成为一些高等学校教学和科研的骨干。

在教学过程中,王积涛注重理论与实践相结合,经常带领师生到工厂进行实践教学。国内许多化工、制药、农药、试剂工厂都留下过他的足迹。为了使实践教学收到更好的效果,他和教师们先到工厂了解生产工艺及其涉及的化学反应,编出补充讲义,加深学生对实践的认识,提高他们学习基础理论知识的兴趣。他还重视利用实践教学的机会为工厂解决一些技术难题。对于有意义的课题,他带回学校,组织师生开展研究。王积涛等人曾和工厂协作研制香料和有机萤光体,取得了很大的成就。

王积涛非常关心化学教材建设,他讲授过近10门基础课、专业课和研究生课程,基本上做到每门课都有教材和讲义。40年来他笔耕不辍,先后编写的教材有《有机化学》(一)、《有机化学》(二)、《高等有机化学》《金属有机化学》等30余种,其中四本教材由人民教育出版社和科学出版社出版,作为全国统编教材广泛使用。他编写的《金属有机化学》是我国第一部较为系统、全面的金属有机化学教科书。1977年全国高校理科化学类教材会议后,特别是他1983年被聘为国家教委高校理科教材委员会成员并兼任有机化学编审组组长以来,他以极大的热忱和高教出版社的同志一起组织安排有机化学教材的编写和出版工作,使我国出版了比较齐全、水平较高的有机化学教科书和教学参考书。他还组织翻译出版了国外一些优秀的新教材,主编了《有机化学丛书》,为我国化学教材建设做出了很大贡献。

王积涛待人热情、助人为乐,特别对中青年的求教者,总是鼓励他们在学术上勇于进取。他文笔流畅,外文功底精深,著述的同时还要担负繁重的审稿和译文校对。经他审校的翻译著作有近10册已经出版,如科登著的《无机化学》、黑克著的《有机过渡金属化学》、费泽尔的《有机化学实验》、戴维斯的《过渡金属有机化学在有机合成的应用》及张融等编译的《溶剂提纯和杂质测定方法手册》等。

三

早在西南联大任教时,王积涛就随杨石先教授研究中草药"常山"有效成份的提取、活性及结构测定。在美国留学五年他一直从事药学的学习和研究,先后对墨西哥草药的有效成份、牙齿慢性被蚀原因、同位素探测药物在体内的变化和白鼠肾上腺素抗坏血酸含量与服用促肾上腺皮质激素(ATCH)的关系等进行研究。当学业完成后,他怀着一腔爱国热情回到了祖国。尽管当时条件很差,实验仪器、化学药品奇缺,人力也单薄,但他克服重重困难,亲自筹建实验室。他在医治血吸虫病的有机喹啉类杂环药物及消毒剂"呋喃星"的合成方面做了很多有益的工作。他的研究组合成的有机锗化合物经解放军医院科学院筛选,具有抗白血病药性,受到1978年全国科学大会表彰。

二十世纪五十年代,国际上元素有机化学的研究是个热点,苏联走在前列,而我国基本上还是空白。在杨石先教授的率先倡议和直接领导下,南开大学成立了元素有机化学研究所。陈天池、陈茹玉、王积涛、高振衡、周秀中等教授一起指导磷、氟、硅、硼有机化学研究课题,并组织全国进修班,为国内各高校和研究单位培养和输送了许多元素有机化学人才,其中许多人现已成为学科带头人,为我国在该领域的发展做出了贡献。

二十世纪六十年代初,王积涛又为开辟我国金属有机化学研究做了许多基础性工作。他是我国金属有机化学的开拓者和奠基人。近几十年来,他的研究组在研究钛氢化及锆氢化反应的特异还原性以及手性有机钛化合物作为不对称合成诱导试剂等方面发表了百余篇论文。他还和王序昆教授、宋礼成教授等合作,取得了许多重要成果,某些研究课题处于世界前沿水平。其中铁硫原子族化学获教委1988年度科技进步二等奖。

为了把我国金属有机化学研究推向世界水平,他和黄耀曾教授主持了国家自然科学基金会的重大基金项目"高选择有机反应及新金属有机化合物的研究"。王积涛负责的子课题是研究含杂原子的多核金属配合物的合成、结构及性能。在他的组织和指导下研究了含 Fe-Sn-Fe、Ti-Mo、Ti-W 等有机物的合成、结构及性能,其结果发表在国内外许多重要刊物上。在国际学术交流中,他的研究成果受到重视和好评,并和许多外国学者,如德国的罗斯基等建立了合作关系。从二十世纪八十年代开始,他和黄耀曾教授组织中、日、美金属有机化学国际学术会议,至今已召开过四届大会,大大促进了我国在这一学术领域的发展,也加强了国际间的交流与协作。

王积涛在开展基础学科研究的同时,非常注意应用性开发研究,让研究成果尽早转化为生产力,造福于人民。在研究钛的有机物时,他们注意到某些钛的羟基配合物在水中比较稳定,并且对植物生长有促进作用,便组织力量全力开发了一种新的植物营养素,代号为 NK—P 的含钛微肥。经天津市科委和全国农田试验证明,能使农作物增产 10％～20％,1985 年以来,他和他的研究组不辞辛苦组织协作、推广、转让,已有多个厂家生产这种新微肥。这项研究成果获 1988 年教委科技进步二等奖。

王积涛教授在化学教育和学术界颇有威望,他曾担任全国化学会理事,长期担任天津化学会理事长,曾被聘为国家自然科学基金委员会有机化学高分子学科评审组成员,国家教委教材编审委员会成员、兼有机化学组组长,国家教委留美博士生(CGP)考试命题委员,全国自然科学名词审定委员会委员。他还被兰州大学等几所高校聘为客座教授。国内许多国家重点开放实验室,如"上海有机化学金属有机化学开放研究实验室""兰州大学应用化学研究室""南开大学元素有机化学开放重点实验室""北京分子动态与稳态结构开放研究实验室"等,均聘请他为学术委员会委员。王积涛还是许多学术刊物的顾问和编委,他担任《高等学校化学学报》副主编,尽心尽责。此外,他还担任了许多社会职务,历任民盟天津市第四、五届委员,第六、七、八届常委,天津市第五、六、七、八、十届政协委员,第九届政协副主席,天津市第三、五、六届人大代表。1992 年,他被推选为民盟天津市第九届主任委员、民盟第七届中央常委、第九届天津政协副主席等。1998 年,他参加天津市第七次党代会。他团结知识分子参政议政,积极协助党做好统战工作,多次受到表彰。

(王　蓉)

崔澂

　　崔澂是著名植物生理学家。1950年任教于南开大学生物学系,兼任中国科学院研究员,晚年又兼任南开大学生物学系系主任的职务。他长期从事植物生理学的研究和教学工作,科研成果卓著,并培养了大批植物生理学人才,为我国植物生理学的发展作出了突出贡献,也为南开生物学系的建设和发展作出了重大贡献。

一

　　崔澂,原名崔澂之,1911年5月生于山东省淄博市西古城村。父亲崔肇祺是中学教师,在山东益都任教。他从小随父在外生活,读初中时,其父突然病逝,次年他初中毕业,考入第一师范学校。入学后一年,适逢日本军阀制造济南惨案,被迫辍学回家务农。一年后转学到青岛铁路中学就读。1933年高中毕业,经亲友帮助克服经济困难,考入了山东大学。他深知大学生活来之不易,学习非常努力,不幸因病休学一年。1937年抗日战争爆发,山东大学先迁济南、南京,继迁安庆、武昌、万县。崔澂也随校南下,开始过着流亡颠沛的生活。后山东大学并迁入重庆中央大学。崔澂爱好植物生理学,在此师从著名植物生理学家罗宗洛教授,做助教生(半工半读领助教工资一半的学生)以解决其经济困难,并更有机会接触老师,向老师学习。

　　当时,中央大学在重庆郊外沙坪坝,条件很差。抗战时期人民生活很艰苦,教师的生活也很清苦,但老师们依然认真备课教书,严谨治学,这使崔澂深受教育,懂得了作为教师应持的敬业精神以及从事科学研究应有的严肃态度。

　　崔澂1938年大学毕业后,留系任助教,后随罗宗洛老师去贵州湄

潭浙江大学任教,一边教学一边进行科学研究。在当时,要开展科研,
一切条件全要靠自己去创造,因陋就简,克服重重困难。例如,没有所
需蒸馏水,就自己动手做;没有自来水冷却,便抬高水位自制"自来水";
没有连接冷凝管的橡皮管,就用打通竹节的竹竿代替。就这样崔澂完
成了他的第一篇研究论文。在这样艰苦的环境条件下,培养了他克服
困难的毅力和不断进取的精神。老师多年的教育和熏陶,也对青年崔
澂的成长有深远的影响,奠定了他后来在植物生理学上发展的基础。

　　为了追求科学,走科学救国之路,崔澂于 1944 年远渡重洋赴美留
学深造。在密歇根州立大学攻读博士学位,1947 年获得博士学位后,
在威斯康星大学植物学系任研究员,与斯科格(F. SKoog)合作研究植
物生长和芽形成的化学控制,获得了具有重大意义的成果。

　　1949 年中华人民共和国成立,崔澂欢欣鼓舞,毅然决定返回祖国,
投身于新中国的建设。他于 1950 年回国,后来到南开大学任生物学系
教授,组建了植物生理教研室和植物生理专业并任教研室主任。1952
年起兼任中国科学院植物生理学研究所研究员,并设立了中国科学院
植物生理研究南大工作组。1955 年国务院又任命崔澂为天津市农业
水利局兼职副局长。1957 年他加入了中国共产党,1962 年起他的工作
重心转移到中国科学院北京植物所,仍在南开大学兼职。"文革"结束
后,他于 1979 年秋起兼任南开生物学系系主任职务,执掌系政四年有
余。1986 年,他突然发生脑血栓导致语言障碍及行动困难,失去了工
作能力,迫使他不得不放下他一生热爱并为之奋斗的事业,1997 年春
病逝。为了表彰崔澂对人民作出的贡献,他曾先后被评为河北省、天津
市劳动模范和全国先进工作者。

二

　　崔澂任职重庆中央大学和贵州浙江大学期间,一直在罗宗洛先生
领导下,从事植物矿质营养、生长素以及组织培养方面的研究工作。他
的第一篇论文是研究各种营养液对浮萍(Lemna minor L.)生长的影
响。当时植物生理学研究的主要动向是关于微量元素的必要性和生长
素的生理作用,认为两类物质虽然化学性质不同,适量的微量元素和生

长素都能促进植物的生长,但两者是如何起作用的还是不清楚。崔澂对这一问题极感兴趣,他开始研究锌对生长素合成的影响,于1948年发表研究结果:发现锌不仅影响游离的生长素减少,使结合的生长素明显下降,更重要的是在缺锌植物体内色氨酸明显减少或缺乏,证明在植物体内由色氨酸合成生长素(吲哚乙酸)的代谢途径。因此崔澂提出缺锌植物生长素减少的原因,是缺锌破坏了色氨酸的合成,进而影响了生长素的形成,这一论断有力地解释了锌与生长素的关系。论文发表后受到国际植物生理学界重视,作为经典文献被载入德国植物生理学百科全书,这一成果在国际各种版本的植物生理学教科书中被广泛引用。

1947年,崔澂与斯科格合作研究植物生理生长和芽形成的化学控制,发现腺嘌呤有促进植物细胞分化出芽的功能,开创了植物组织培养中器官形成化学控制的先例,具有划时代的意义,被载入植物生理学史册,为后来对激动素的发现奠定了基础。

1950年崔澂回国后,始终坚持研究与生产、理论与实际相结合的原则,结合天津市的具体条件积极领导和组织研究人员与教师开展科学研究。首先开展了水稻水分生理的研究,调查总结北方水稻高产栽培技术并进行理论分析,根据生产中的问题,着重研究水稻的水分条件和氮素营养对水稻产量和有关生理过程的影响。这些研究对当时合理用水和创造高产起了重要作用,为我国北方地区水稻生产的发展作出了贡献。

此外,崔澂还在南开大学和中国科学院组建了微量元素研究实验室,从多方面探讨研究微量元素的生理功能,在国内首次建立了缺乏微量元素的植物实验材料的水培技术,从而加速了研究工作的进展。他利用缺锌植物开展了锌对植物体色氨酸合成影响的研究,研究了锌对有机酸和氨基酸代谢活动的影响,提出了在缺锌条件下,植物体内有机酸和氨基酸代谢途径的变化模式。该研究发现了植物缺锌病症及其严重程度与日光的光照强度有密切关系,证明了强光促进植物对锌的吸收,被吸收的锌较多的分布在叶绿体上,缺锌破坏了叶绿体的亚纤维结构,并影响叶绿素蛋白复合体及叶绿体核糖核酸(RNA)、脱氧核糖核酸(DNA)和蛋白质的合成,阐明了锌与植物光合作用有关。

他还领导研究室成员,继续用组织培养技术研究植物激素对愈伤组织的生长、呼吸代谢、有关酶活性的影响及对器官分化的调节作用;核酸和氨基酸的变化在植物愈伤组织脱分化过程中的作用。1964 年又发现在荸荠汁液中有促进细胞分裂的物质,经分离、提纯和鉴定证明该物质是一种细胞分裂素引哚丙酸(IPA),并在第十三届国际植物学会上发表,受到同行的重视。所获得的研究成果均有助于解决植物组织培养、细胞工程、基因工程中存在的一些问题。

崔澂一贯重视并积极将植物生理的研究成果应用于农业生产。例如二十世纪五十年代就研究用微量元素肥料提高农业产量的问题,为我国在农业生产中应用微肥打下基础。又如,调查研究果树缺乏微量元素营养的状况并对微量元素缺乏症进行防治的方法的研究,对指导果树栽培与生产起了重要作用。此外,他还研究了多种植物激素在农业生产中的增产作用,都取得了较好的经济和社会效益。

总之,崔澂在植物生理学的研究成果卓著,多年来,他发表学术论文近 80 篇,出版著作及译著 8 本,为植物生理科学的发展作出了突出贡献。

三

二十世纪五十年代初期,植物生理学尚属新兴的基础理论学科,国内各高校还很少设有植物生理专业,植生方面的师资和科研人才甚为匮缺。当时,南开办学条件极其简陋,经费有限,人员缺乏,崔澂从实际出发,精心设计,努力创造条件,先组建教研室培养助教,经过几年的辛勤劳动,条件较为成熟后,再创办植物生理专业,除招收本科生外,还率先招收研究生和进修生,为国家培养了一大批植物生理方面的骨干力量。

为办好植物生理专业,让学生既学好基础课又能扩展专业知识范围,提高教学质量,崔澂除讲授基础课外,还亲自开设高级植物生理课、植物激素、矿质营养等专题课。他知识渊博,治学严谨,讲课生动、活泼,观点明确,逻辑性强,循循善诱,深得广大同学爱戴。

他既要求同学掌握理论知识也要求学生掌握实验操作技能,培养科研能力,为此他带领教研室成员,分别设计、亲自实验、认真分析总结出带有科研性质的植物生理大实验,让高年级学生利用两天时间从仪器安装测试、试剂的配制、实验材料的培养、实验进程的操作到实验结果分析都亲自动手独立进行,直到写出较详细的实验报告。通过这种基本训练,使同学掌握了科学实验的全过程,提高了操作能力,为其后期的毕业论文及毕业后走上工作岗位开展科学研究奠定了基础。

崔澂不仅在业务上严格要求,而且在政治上也很关心青年人的成长,他经常教育学生要又红又专,热爱党和人民,时刻关心国家大事,在政治上不断进步。经过他培养的毕业生分配到祖国各地从事教学和科研工作,深得当地好评,他们中绝大多数都成为教学和科研骨干,不少人先后走上领导岗位,成了学术带头人。

崔澂除抓本科生教学外,还于 1954 年率先在南开大学培养研究生,随后每年都招生直到"文革"开始。

崔澂对培养研究生工作认真负责,要求非常严格。他根据每个研究生的实际情况,执定教学计划,规定哪些是必修课,哪些是选修课,要求他们循序渐进打好扎实的基础,并每年为其指定出自学的专著书目,定期汇报,亲自质疑。除亲自为研究生开课外,他还邀请国内著名植物生理专家、教授来校作专题讲座。事后要求研究生结合所讲内容认真阅读有关参考资料,进行讨论,参加考试,记录成绩。

为尽快提高研究生的外语水平,崔澂除要求他们参加外文系开设的外语课外,还组织研究生和青年教师参加有关植物生理方面的书刊的翻译工作,他亲自给予修改指导。为培养研究生的教学能力,还安排研究生带本科生的植物生理实验课和辅导课。这些培养方式使研究生受到多种锻炼,得到全面发展。

崔澂深知提高质量关键是提高教师的素质和教学科研能力,因此他对教研室和前来进修的青年教师的培养极为重视。除要他们每人都能讲授植物生理基础课外,还结合专业发展需要和每人的情况,指定了专业发展方向,制定具体培养计划,如有的侧重"植物激素",有的侧重"水分生理",有的侧重"矿质营养",有的侧重"光合作用"等,要求积极备课,分别开设出相关的专题课程,面向本科生讲授,并结合自己的方向开展相关的科学研究,不断提高教学质量,使每个人各得其所,循序渐进,有所发展。对来校的进修教师,崔澂也为他们制定培养计划,要求他们认真参加为研究生开设的各种专题课,参加植物大生理实验的准备,所听课程都要进行考试,对水平较高的进修教师还为他们拟定了科研题目,开展微量元素生理功能和组织培养方面的科研。

粗略统计,来校接受崔澂培养的进修教师来自十多个省市多达数十人,他们通过一至两年的学习,返校后都成了该校植物生理学的教学骨干,其中不少人担任了教研室主任和系主任,他们把崔澂教书育人的优良学风传播到全国各地,对植物生理学的发展产生了深远的影响。

为了让大家紧跟学科发展前沿,活跃学术气氛,崔澂领导下的教研室每周开展一次"书报讨论会",大家轮流做报告,内容为近期外文刊物上的学术论文,他要求大家认真准备,热烈讨论,每次讨论完他都精辟地总结该论文内容的优点和应该继续研究的方面,大家都深受启迪。他还利用一切机会组织大家参加国内有关学术会议,使大家了解和熟悉本学科的生长点和发展趋势,开阔思路,跟上形势。

崔澂为人正直,心胸坦荡,待人真诚,宽容豁达。在他的带领下,植生教研室团结友爱,亲密无间,在政治上积极进取,在业务上刻苦钻研,形成了一个朝气蓬勃、奋发向上的集体。

四

崔澂先后在南开大学执教三十余年,他中年以后的生命历程,大部分熔铸于南开生物系的历史之中,对南开生物系的建设和发展作出了重大贡献。南开生物系的发展历程并非坦途,建系虽然很早,但历经坎坷,直到抗战胜利后,才恢复重建。当时人单力薄,条件很差。解放初,全系教职工也仅有十人左右,设有两个专业,两个教研室。崔澂就是在此背景下来系任教的,他来后在植物生理学方面做了许多开拓性的工作,他亲自抓教学,亲自授课,大力开展科研工作,狠抓青年教师的培养,建成了一支基础扎实又各具专长的植物生理学师资队伍,使南开的植物生理学得以发展。

崔澂对南开大学及其生物系的建设和发展也做出过重要贡献。例如，他为生物系建立教学、科研与生产劳动基地，积极建议并亲自奔走说服天津市领导，将与校园相邻的约 130 万平方米的农场划归学校，它既是生物系的教学科研基地，又是全校生产劳动锻炼场所，还曾一度成为学校副食品供应基地。后来市里虽收回部分土地，但其中大片土地还是归学校所有，扩大了校园面积。今天当许多学校因受土地限制，发展受阻，都以羡慕的口气，赞叹南开有如此大片校有土地的时候，更显示出崔澂这一举措的贡献。

"文革"期间，生物系成为南开大学的重灾区之一，崔澂虽已调离南开数年，也未能幸免于难，仍被揪回批斗。"四人帮"倒台后，百废待兴，生物系急需一位德高望重的国内外著名的学者来掌系政，以领导全系教职工进行恢复重建和发展工作。杨石先校长恳请崔澂来系任职，崔澂虽已年近七旬，也深知此项任务难度极大、矛盾极多，但他未加推辞，慷慨应允兼职，可见崔澂对南开是多么情深义重。

1979 年秋，崔澂来校主持系政，他团结系里其他负责同志，首先抓了系里教学秩序的恢复，建立了各项规章制度。他广泛深入了解情况听取意见，并在发动教师多次讨论的基础上，对全系的专业及课程设置进行了调整，修订了教学计划。在科研上，他贯彻理论研究与应用研究并重的原则，制定了科研规划，确定了重点课题。经过生物系的努力争取，再建生物楼列入了基建计划，崔澂每次来校总要过问基建进展情况，察看现场直到大楼建成。他还利用世界银行贷款购置了现代化仪器设备，建立了中心实验室，从而使生物系教学科研条件得到了很大改善。

为使生物系建立在坚实的基础之上，培养出一支高素质的师资队伍极为重要。为此除了制定长远的师资培养计划，采取一些常规措施外，崔澂还利用自身的有利条件，想方设法，开通国内国际渠道，取得各方支持，并根据学科需要，分期分批地将教师送往国内外著名专家处进修深造，同时也请国内外专家来系讲学，举办短期培训班。例如南开生物系举办了全国第一个分子生物学技术学习班，国内有关科研和教学单位也派人来参加学习。这不仅使本系师资水平得到提高，也为全国开展分子生物学的研究做出贡献。

　　随着科学技术的迅速发展，1979年春，天津市科委决定在南开大学投资建立分子生物学研究所并由生物系负责，崔澂自然承担起建所的任务。他同系里其他领导同志研究，调整加强了原有筹备组成员，在抓分子所大楼基建的同时着手组建分子所的科研队伍，引进人才。为了确定分子所办所方向及研究课题，崔澂广泛听取本系相关学科教师的意见，并征求了中国科学院有关专家的意见。在分子所初具规模之后，为了实现开门办所，集思广益，学校决定，以生物学系为主，化学系、物理系为辅，协助办所，以促进学科间互相渗透，求得分子所更快发展。但由于学科的差异，需求不同，因此三系在一起共商大事时，往往从各自不同的角度提不同的看法和要求，使作为首席领导的崔澂十分为难，大伤脑筋，但崔澂为人宽厚，严于律已。他顾全大局，想方设法化解矛盾，达到团结大家把所办好的目的。崔澂为分子所的建立、发展，呕心沥血，立下了汗马功劳。

　　回忆崔澂教授在南开工作的岁月，令人感佩。尤其是他作为七旬老人重返南开，承担重任，不辞辛苦奔走京津两地，只身一人越洋远行，为生物教师出国进修开辟渠道。他带领全系教职工奋发图强，为生物系和分子所作出了重大贡献，为后来的再发展打下了坚实的基础。他的工作精神和业绩将永载南开史册。

（张玉玲　赵素娥）

刘毅然

一

刘毅然，原名刘汝强，1895 年 10 月 24 日出生，北京人。父亲行医，早年去世，自幼依靠姨父抚养。姨父诚敬一，是北京中华基督教会牧师，全国基督教协会总干事，对刘毅然的一生有很大影响。

刘毅然于 1903 年至 1909 年在北京基督教伦敦会小学读书，1909 年至 1913 年在北京通县潞河中学读书，其时酷爱英语和体育。1913 年至 1917 年 6 月在北京清华学校读书，并加入清华网球队和歌咏团。1917 年 9 月至 1918 年 6 月在清华大学教英语。1918 年 9 月至 1919 年 1 月进入美国欧柏林大学读书。第一次世界大战爆发后，刘毅然积极从事社会活动，担任法国华工青年会干事，奔赴法国组织华工夜校，开展华工教育活动，两年后回到美国。1921 年 4 月至 1924 年 12 月于美国费城药专及威斯康星大学研究院攻读药学，毕业后于 1925 年 1 月至 1930 年 7 月在北京协和医学院药理系任助教。这期间他花费五年时间，对华北的药草做了详细的调查，并出版专著。1930 年 9 月至 1931 年 7 月受聘于北京燕京大学生物系任副教授。1931 年 9 月至 1933 年 12 月重入美国威斯康星大学研究院，获得植物病理学博士学位。1934 年 1 月回国，应聘燕京大学生物系教授。因与美国校长司徒雷登在一些办学原则上产生分歧，1934 年 6 月离开燕大，9 月在北京师范大学生物系及河北农学院任教授。1936 年 9 月刘毅然反对日本帝国主义的侵略和占领，离开北京。到西北后方，任西北联合大学教授、系主任。1949 年 5 月任西北大学生物系教授。1950 年 9 月后调南开大学任生物系教授，先后兼任植物学教研室和遗传教研室主任，在南开大学辛勤从教 37 年,1987 年 10 月 27 日病逝,享年 92 岁。

<h1 style="text-align:center">二</h1>

在解放后漫长的 37 年中,刘毅然一直战斗在南开大学教学和科学研究的第一线,积极为新中国建设培养青年教师和学生,贯彻理论联系实际、学以致用的原则,为新中国科学和教育事业的发展贡献出自己的全部聪明才智。解放初期,南开大学生物系经历了巨大的调整,北京中法大学生物系的并入,使南开生物系徒然增加了多于过去几倍的学生,教学任务很重。刘毅然到校后,很快开设了大班的普通植物学、植物分类学两门课程,还替尚在美国未归的崔澂担任植物生理学的讲授。三门课程都是生物系的基础课,课时多而涉及面广,而他都能以生动活泼的方式讲授,取得了很好的教学效果。刘毅然讲课的特点可以归纳如下:(1)自编讲义或教科书,自成体系。如"普通植物学"用他的自编讲义,"植物分类学"以他编辑出版的英文版《华北植物分类》为教本,"植物生理学"以他编辑的《植物生理学》为教本。他还为三门课编写出了实验指导;(2)演讲生动,每节课都有高潮,引发学生的注意力;(3)课堂上随时向学生提问,了解学生理解的程度,掌握学生的水平。尽管刘毅然的教学任务十分繁重,但他在课堂上却表现得轻松,潇洒,胸有成竹,令学生着迷。

刘毅然为了学习原苏联先进的生物科学,积极组织全系青年教师集体学俄文,并且定期考试,以检查成绩,在生物系掀起学俄文的热潮。刘毅然学习成绩最佳,他很快翻译出版了原苏联易萨因教授编写的《植物学》(上、下册)巨著,做为生物系的参考书。他又以极大的毅力参阅了原苏联的大量文献,编辑出版《米丘林遗传学纲要》,做为当时生物系遗传学课程的教科书。上述两本书后被教育部推荐在全国大专院校使用。重视实验技术是刘毅然的特点,凡是他讲授课程的实验都认真编写实验指导书,没有可参考的教材时,他就口授外文原版书,助教笔录整理成教材。他还根据学生在农业实践中的需要,开设了"植物病理学纲要"等课程。

刘毅然的博学多才,是由他卓越的进取精神决定的。他曾以敏锐的洞察力判定米丘林遗传学不能停滞于李森科教条式的理论基础上，必须深入发掘原苏联更多科学家的先进的生物学理论，他拟定了目标之后，便夜以继日地在京津两地的图书馆查阅文献、整理资料、伏案疾书，编写出当时国内最为新颖而先进的《发育生物学》和《受精生物学》讲义，作为高级课程开出，并为这两门课开出实验课，其学术水平居国内领先。

三

刘毅然一生极为重视理论联系实践，主张"学以致用"并身体力行。早在解放初期学习原苏联教学计划时，他就满怀热情地认真研究比较原苏联莫斯科大学生物土壤系与美国一些大学生物系教学计划的优缺点。他采纳了原苏联生物系注重理论课的同时也重视应用科学发展的原则，与生物系主任和其它教授共同讨论并制定出计划，派出青年教师，到国内著名高等院校学习地质学、畜牧兽医学、人体解剖学、土壤学、果树栽培学、作物育种学等课程及实验课，培养大批能开新课的青年教师，为生物系毕业生开拓了更广阔的工作岗位，使其大批地补充到中国科学院、中国农业科学院、中国医学科学院的有关研究所和国内大专院校中去，并对新中国生物学、医学和农学领域做出了贡献。

面对生物系门类过多、课程学时过多、学生学习负担过重的问题，他提出双轨制式教学的主张。根据这一主张，生物系按照学生专业要求将某些基础课程划分专课、短课，实事求是地解决了学用一致的问题。

刘毅然教授在"文革"中遭受严重的冲击和迫害，那时他已70多岁高龄，但他始终表现出广阔的胸怀和热爱新中国的赤子之心。他在后半生中，为南开大学组建了植物学教研室、遗传教研室和专门化，并担任教研室主任，为南开大学生物系的进一步发展奠定了基础。他永远是我们后人的导师和学习的榜样。

（周之杭　张玉玲）

钱荣堃

　　钱荣堃,1917年出生于江苏无锡。1942年重庆大学商学院银行系毕业后,考入南开大学经济研究所攻读硕士学位,1946年考取了中英"庚款"公费留学生,赴伦敦经济学院攻读货币银行学博士学位,1950年回国,次年入南开大学任教。现任南开大学经济学院顾问、金融学系教授、国务院学位委员会学科评议组(经济学)特约成员、中国金融学会名誉副会长。钱荣堃是我国著名的国际金融学家,也是我国工商管理硕士(MBA)学位模式的设计者。二十世纪七十年代末,他在南开创办了国内第一个国际金融硕士点,二十世纪八十年代中期,他又创办了国内第一个国际金融博士点;为南开大学经济研究所、金融系、经济学院的发展,为创办"南开—约克模式"作出了杰出贡献。

　　钱荣堃少年时代,曾先后入无锡连元街小学、无锡县立初级中学读书。初中二年级时,"九·一八"事件爆发,全国各地学潮迭起,钱荣堃参加京沪学生请愿团,赴南京向蒋介石政府请愿。归来之后,写成《公理强权说》一文寄出,《上海报》以社论的形式予以发表,引起很大轰动。

　　1938年秋天,钱荣堃考入了重庆大学商学院会计统计系。当时商学院院长是中国经济学界的权威马寅初先生,教授货币银行学。他在课堂上经常向学生发问,觉得回答不理想或有争论时,就指名要钱荣堃回答。马先生对钱荣堃很器重,一有机会就带钱荣堃去参加学术会议,让他作记录,还鼓励他在会上发言。

　　在马先生的影响和同意之下,钱荣堃在大学三年级时转到银行系,改学金融,曾获全校最高的奖学金。同年教育部举办全国各校经济系和商学院学生学业竞试,钱荣堃代表学校参加考试,获得了全国第一名。

　　1942年秋,钱荣堃大学毕业之后,放弃去条件优厚的国家银行工作的机会,考取了南开大学经济研究所研究生。当时的经研所考试竞争异常激烈,考生大多是来自名牌大学经济系的学生,当张伯苓校长得知钱荣堃是不太知名的重庆大学商学院的毕业生时,特地向他询问学习方法。

　　钱荣堃在南开的两年,每天学习10多个小时,每周学7天,没有节假日,因家在战区暑假寒假从不回家。两年的苦读,为他的学业打下了坚实的基础。这期间,钱荣堃陆续在报刊杂志上发表了数篇论文,还和同学汪祥春一起,翻译了英国银行学家赛由斯的《银行学新论》,在《金融知识》上连载。

　　硕士毕业后,钱荣堃曾任四川省会计专科学校副教授、国民党中央设计局货币银行组专员、上海证券交易所任调查研究处的专员。1946年秋,钱荣堃考取了中英"庚款"留学生,次年秋,来到伦敦经济学院学习。伦敦经济学院是新自由主义学派的重要据点,称为伦敦学派。这里拥有一批才华横溢的经济学家,如哈耶克、米德和希克思,后来都获得了诺贝尔经济学奖。钱荣堃在该院学习两年,对西方经济学、货币银行学有较为深入的了解。

　　钱荣堃在英国三年,国内发生了翻天覆地的变化。1949年10月,中华人民共和国成立。这给国外的留学生带来很大的震动。钱荣堃迫切地想回到祖国,他对共产党寄予了很大的希望,希望中国从此能发展经济,走上富国强民的道路。1950年9月,钱荣堃结束了三年留学生活,放弃了留在国外工作享受优厚生活待遇的机会,回到了祖国。

　　1950年,钱荣堃回到了广州,禁不住岭南大学校长陈序经先生(钱荣堃在南开的老师)的再三挽留,暂时留岭南大学任教,担任货币银行学、国际汇兑和劳动保险三门课程的教学任务,他讲的课很受学生欢迎。

　　1951年,钱荣堃离开岭南,北上天津,回母校南开大学财经学院金融贸易系任教。二十世纪五十年代初的南开财经学院有好几个系,教授很多,学校的教学内容主要是苏联的教材,大家一边学习一边教学。又经过一年多的学习和自学后,钱荣堃终于可以读货币银行学的俄文专业书了,他还和金融系的两位老师一起翻译了俄文的《苏联货币流通与信用》。这是他第二本翻译外文的货币银行学的专著。

1953年,钱荣堃担任金融系教授兼主任,成为苏联计划经济和苏联货币流通与信用方面的专家。后教育部对大学院系进行调整,南开大学金融系停办,钱荣堃被调到校图书馆担任副馆长。

从二十世纪五十年代开始到七十年代后期,政治运动一个接着一个,钱荣堃作为一个资产阶级知识分子,每次都要受到或轻或重的冲击。

"文革"结束,钱荣堃的教学和研究终于有了新的开端。在进行教学和研究的同时,钱荣堃把大量的精力和时间放在南开大学经济研究所、金融系、经济学院的领导工作上。

1978年秋,钱荣堃被任命为南开大学经研所副所长。上任之后,针对当时研究所的研究人员不仅年龄老化,数量很少,而且大多只懂政治经济学这一状况,钱荣堃提出建议,采取了三项措施。一是招收研究生来充实研究队伍。研究生的教学分两个组,其中一组搞国际经济,钱荣堃亲自为他们开西方经济学课程。从1978年开始经济研究所一连三年,一共招了近百名研究生。这批人目前已成为教学科研的骨干,对南开经济学院的发展起了相当大的促进作用。二是抓研究成果,创办了《南开大学经济研究所季刊》,为研究人员提供发表成果的园地。三是调整研究课题。提倡研究实际问题,改变了当时研究课题以政治经济学为中心,并流于空泛的研究作风。这些措施不仅改变了研究所原来的局面,也为以后南开金融系及经济学院的发展奠定了基础。

1981年,南开大学金融学系在停办二十八年之后终于得以恢复。二十八年前,钱荣堃曾是金融系的系主任,二十八年后他又一次出任系主任。他决定针对现状颠倒招收学生的顺序:先不招收大学本科生,而招硕士研究生。先办国际金融硕士点,有了优秀的硕士毕业生,就有了本科的师资,同时也有了招收博士生的可靠的生源。本着这一办学思想,钱荣堃于1979年在南开开办了全国第一个国际金融硕士研究生点,后来到1983年又在南开开办了全国第一个国际金融博士研究生点,直到1985年南开金融系才开始招收国际金融专业的大学本科生。

不到 10 年时间,南开大学金融学系就有了本科生、硕士点、博士点。1986 年,经过专家评审,南开的国际金融专业被国家教委确定为全国唯一的重点学科。

南开国际金融专业作为全国唯一的重点专业,对我国的国际金融专业发展起了相当大的作用。从二十世纪八十年代到九十年代初,受国家教委委托开办了三期国际金融师资培训班,共培训了来自全国各地高等院校师资 100 多人。与此同时,南开大学金融学系还为全国金融专业的师生编写了不少教科书和专著。钱荣堃主编的就有《国际金融专题研究》《国际金融专论》等。二十世纪九十年代初,国家教委组织编写 12 门财经学科核心课的教科书,南开大学负责编写《国际金融》,该书由钱荣堃担任主编。

二十世纪二十年代,南开大学就成立了经济学院(财经学院)。二十世纪五十年代初院系调整后停办,到了二十世纪八十年代初,学校决定恢复该学院。恢复之初面临的困难很多,首先是不知道该设哪些专业,其次是缺乏师资。学校决定让钱荣堃来负责筹办工作,经过一年半的紧张筹备,1984 年南开经济学院正式成立。经过 10 多年的努力,截至二十世纪九十年代中期南开大学经济学院学生已达 3000 多人,占全校总数的三分之一左右,已成了国内著名的经济学院。十几年来,钱荣堃为南开经济学院的发展付出了大量心血。

1982 年,加拿大国际发展局决定与中国的管理教育的机构开展交流与合作,教委决定南开大学等 8 所学校参加这个项目。1982 年冬,滕维藻校长和钱荣堃代表南开在加拿大考察了三个星期,参观了 20 多所大学的管理学院。钱荣堃参观了中部的 10 多所院校,并任分团长。

这次访问决定了中加双方合作的大学名单,南开和约克大学、麦克马斯特大学、拉伐尔大学三所大学合作。几个月后,加拿大三所大学的管理学院院长到南开商谈有关合作与交流事宜。南开大学派钱荣堃以院长身份参加会谈。会谈富有成果。最后双方达成协议,决定中加合作在南开直接开办 MBA(即工商管理硕士)班。这种合作被称为“南开一约克模式”,后来受到各方面的重视和好评,并加以推广。

南开大学从 1984 年到 1986 年共办了三届 MBA 班,开始时除政治、外语外,其他的 10 多门课都请加方专家来华讲课,教材也全部使用加拿大的。后来中国教师任课的内容渐渐增多,教材中的一部分也逐步采用中国自己的。这是"南开—约克模式"的发展,中加双方对此都十分满意。

二十世纪九十年代初,国务院学位委员会决定在中国创办中国式的工商管理硕士(MBA)学位,指定钱荣堃为 MBA 设计委员会的主任。方案设计出来后,由 10 多个院校试办,现在国内已经有几十所院校在招收 MBA 学生,MBA 学位在中国建立并发展起来了。

1993 年,加拿大国际发展署(CIDA)邀请中加双方有关院校的教授 100 多人,在天津开会总结 10 年来在中加管理教育的合作与交流之中得到的经验,钱荣堃担任中方主席,并对大会作总结发言。钱荣堃比较详细地叙述了 10 年来的成绩后,总结说:"10 年来中国教育方面有过很多中外合作与交流项目,但我们中加管理教育的合作项目,内容最为丰富,时间最长,受益的人最多,成就最为显著,在中国的管理教育史上留下了非常重要的一页。"他的话引起了全场热烈的鼓掌。

1997 年,钱荣堃教授已是 80 岁的老人了。

在 80 岁的祝贺声中,他发表了两本著作,荣获了南开大学有史以来第一次颁发的奖教金,并且得到了特等奖(10000 元),在全校数以千计的教师中,可以说是名列第一。

(梁伯枢)

戴立生

一、坎坷波折的一生，也是奋斗的一生

　　戴立生，曾用名戴炳奎，1898年出生于江苏省无锡东湖塘区陈墅镇。幼时祖父经营商业，家道丰盈。祖父平素喜好参与地方公益事业，颇得邻里们的敬重。父亲自幼读书发奋，志在科学，由于几番努力未能及第，便在私塾中任教。戴立生四岁时母亲早逝，在祖父母的呵护下由姑、姐照顾长大，跟随父亲入私塾读书。十五岁时由于祖父母先后去世，家境日趋困难，依照祖父的遗愿和父亲的希望，于1913年春入无锡医学讲习所学医。入该讲习所的一般都是成年人，只需半年即可以结业，于是1914年考入常州省立第五中学，1918年考入南京高等师范农业专修科，同年父亲去世。在南京高等师范时与同班同学王家楫、伍献文同住一个房间，往来密切，时常在一起谈抱负、谈理想，立志在农业上专攻一门，将来一展宏图，为社会作出贡献。

　　1919年，举国上下掀起轰轰烈烈的"五四"爱国运动，戴立生出于爱国的热忱及对日本对华经济侵略的愤恨，多次积极参加抵制日货的活动。

　　1921年戴立生高等师范农科毕业，留校任教。第一年在蚕桑系任教，深感所教的课程都是技术性很强的一些内容，要想进一步提高水平，还必须从科学理论研究入手。当时秉志先生正担任该校生物系主任，提倡搞科学研究，于是邀请戴立生到生物系任教，担任"普通生物学""普通动物学"和"遗传学实验"等课程的教学。在教学的同时他兼听了有关动物学方面的各门课程，并获得了学士学位。

　　1925年，东南大学（即原南京高等师范——编者注）校内发生校长

风潮,教师纷纷离散,戴立生来到清华学校,当时清华学校正改办成大学,成立院、系,到校后一年半戴立生主要进行生物系的教材建设工作,并讲授"脊椎动物比较解剖学",同时开展了北京原生动物的调查研究工作,写出了研究论文。1928 年,他向中美文化教育基金会申请研究辅助金,抱着科学救国的良好愿望进入美国斯坦福大学学习,后又转入加州大学学习一年,然后复回斯坦福大学完成了博士论文,获得博士学位。

1931 年"九一八"事变,日本侵略军占领了我国东北三省。次年戴立生回国,在清华大学生物系任讲师,讲授"普通生物学""原生动物学""寄生虫学""组织学""无脊椎动物学"等课程。当时,日本侵略军在华北已经蠢蠢欲动,社会很不稳定,遂于 1934 年辞职回苏州,此期间开始编写《无脊椎动物学》一书。

1935 年秋,经秉志先生介绍,只身入四川省重庆北碚中国西部科学院工作,担任生物研究所所长。1936 年 8 月,他又去四川大学任教授,讲授"普通生物学""无脊椎动物学",同时继续编写未完成的《无脊椎动物学》一书。

1937 年抗战爆发,四川大学迁校到峨眉山。他对峨眉山的鸟类产生浓厚的兴趣,掌握好几种鸟语。在峨眉山期间,四川大学生物系出现系主任权力之争,戴立生对此非常不满,于是应中正大学农学院院长周拾禄的邀请,1941 年到江西泰和中正大学农学院生物系任教,讲授"普通动物学""无脊椎动物学"课程,因当时学校初办缺乏设备条件,戴立生除教课外,自己学习种菜、养鸡等园艺和畜牧等方面的实践知识。

1943 年冬,日本侵略军已经深入湖南,中正大学虽迁址宁都长胜,但迟迟开不了学。应江西兽医专科学校校长王址川之邀,戴立生至白沙任教,共教两班:生物学一班、英文一班。

1946 年暑假期间,江西省教育厅在庐山为中学教员办了一个江西会,为时五周,请戴立生讲授遗传学知识,很受学员的欢迎。暑假后他回到家乡无锡,投入很大精力,撰写出《生物学与人生》一书的初稿。

1947 年夏,上海的朱树屏先生邀请戴立生到青岛山东大学水产系执教,讲授"无脊椎动物学",并为水产系写出了一整套的发展计划;同时还在该校代理童第周先生任动物系系主任之职。1948年暑假离开了山东大学回到家乡无锡怀仁中学任教，后留居无锡乡下，认真修改《生物学与人生》一书。

二、专家学者风范，善为人师的风采

中华人民共和国成立以后，年过半百的戴立生来到南开大学生物系，积极投入到"原生动物学""无脊椎动物学""水生动物学"等课程的教学活动中去，曾担任过无脊椎动物教研室主任。他认真主持教研室的工作，并于1958年和顾昌栋教授共同积极创建了南开大学生物系的水生生物专门化。

戴立生早在1925年在清华大学任教时，就对原生动物产生了浓厚的兴趣，教课之余则对北京的原生动物进行深入细微的调查研究，并写出研究论文。在美留学期间主要对海洋双鞭毛藻进行了颇深入的研究，并自创出双鞭毛藻骨片分离的新方法，从而对双鞭毛类进行细致分类，并阐述出该类系统演化的关系，提出个人独到的新见解，写出博士论文，获得了博士学位。他是我国最早从事原生动物研究的学者之一，早在二十世纪三十年代就曾发表过《北京淡水原生动物的记载》一文，是国际上公认的双鞭毛类的专家。他的学识渊博众所周知，二十世纪六十年代初于假期曾被中国科学院海洋研究所请去指导研究，海洋所的同志们称之为"活字典"，为给国家培养一批年轻的海洋生物工作者贡献过自己的力量，同时他也为南开大学培养出一支中青年无脊椎动物学的师资队伍和科研力量。

戴立生投入我国的生物学教育事业，他刻苦钻研学问的精神，实事求是的科学态度，一直激励着几代学生效仿和学习。

戴立生的学生吴小航（原南开大学生物系、现辽宁师范大学生物系教授）、邢金铭（南开大学生物系教授）在原中正大学生物系毕业，他们回忆说：戴老从来为人师表，治学严谨，教学态度非常认真，可谓一丝不苟，对学生要求十分严格，但却又十分平易近人，待学生有如家人长者。他讲课从不带讲义和教科书，只带一纸烟盒，盒内装一到数张小纸片，上用很小的字写出讲课的提纲。他讲课内容丰富，条理清晰；板书、图

表十分清楚明确；语言富有节奏，娓娓动听，旁征博引，绘声绘色，描述准确；分析精辟，重点突出，很容易让学生理解和记忆，学生们很喜欢上他的课。

戴立生的学生中有不少已是知名的专家和学者，其中现湖南师范大学生物系尹长民教授是国内有名的蛛形类专家、省政协副主席；新疆医学院生物教研室的马梅筠教授是研究染色体的专家，亦是全国政协委员；戴立生在山东大学水产系任教时的学生赵传泗，曾任东海水产研究所所长。

戴立生对自己的学生从严要求，对自己的独生子戴念慈亦精心培养，使其成为我国建筑界著名的专家。

戴立生任南开大学生物系无脊椎动物教研室主任期间，对中青年教师的要求十分严格，曾谆谆教导他们：教学过程中不在于让学生记住多少知识，而在于对学生学习方法的指导。如在原生动物学的实验课中，没有实验指导可供参考，他就让学生自己动手使用英文检索表来分辨池塘水样中 50 余种原生动物；并用卡片画出图来，说明该种动物辨认，使学生终身受益。

戴立生于 1956 年春加入了九三学社，曾参加过中国动物学会，任天津市动物学会理事；曾任天津市人大代表、天津市政协委员。

在"文革"中，戴立生已近古稀，体弱多病，却多次被无辜揪斗、挨打，身心受到严重摧残，终于悲愤交加，于 1968 年 12 月 6 日含冤逝世，终年 70 岁。

戴立生教授是我国生物学界的老前辈之一，一生都在教学第一线从事教育事业并作出卓越贡献，专长于无脊椎动物学，是我国原生动物学的创始者之一。他学识渊博，为写《无脊椎动物学》这部书，他呕心沥血积累了大量资料，从 1935 年开始动笔，1965 年全书完成并交书稿于高等教育出版社。"文化大革命"期间，该书稿竟丢失于出版社，三十年的心血付之东流。戴立生教授未能给后人留下这部遗作，实属一大憾事。

（杨竹舫　冯小品）

郑天挺

一

郑天挺,原名庆甡,字毅生,原籍福建省长乐县,1899 年 8 月 9 日生于北京。父母早殁,郑天挺与其弟一起寄居在姨表兄张耀曾家,由梁漱溟的父亲、其表舅梁济(巨川)监护。1907 年到 1916 年,郑天挺先后就读于北京闽学堂、江苏学堂、顺天高等学堂、北京高等师范学校附属中学。1917 年,考入北京大学国文门。他发愤读书,不敢有丝毫懈怠。据其《自传》称,当时,"每天除上课外,天天跑图书馆","并需每天熟读史书"。与之同时,每逢周末,郑天挺还与同学一起,到贵州老学者姚华先生家受读文章及金石文字。

作为一个青年学子,郑天挺当时不只严格督责自己发愤学习,同时,还有着强烈的爱国意识。他在北大读书期间,正值"五四"运动爆发,郑天挺即与广大爱国青年一起,走上街头,进行反帝爱国宣传。在此期间,他还代表北大学生到天津南开中学联系京津学生联合行动事宜。同年 11 月,日军在福州残杀中国人民,并派海军陆战队登陆威胁。郑天挺又与在京福建籍学生一起组织聚会,到街头讲演,宣传抵制日货。当时出版了爱国刊物《闽潮周刊》,郑天挺还以"攫日"笔名,撰写文章,宣传打倒日本帝国主义。

二

1920 年,郑天挺大学毕业后,接受厦门大学聘约,参加了该校的筹建工作并在该校讲授国文,兼任图书部主任。1921 年暑假,为了进一步深造,郑天挺北上,考入北京大学国学门做研究生,研究古文字学。

同年秋，郑天挺与周俽女士结婚。由于建立了家庭，郑天挺除读书治学外，尚在一些大中学校教书，以补家用。1922 年起，他还在法权讨论委员会担任兼职秘书。利用该会收藏的文献和档案资料，郑天挺撰写了《列国在华领事裁判权志要》一书，于 1923 年正式出版。1924 年，郑天挺研究生毕业，留北大担任讲师。1927 年后，郑天挺一度离京南下杭州、南京、广州等地，先后担任浙江民政厅秘书、浙江大学校长秘书、广东建设委员会秘书、教育部秘书等职。1930 年，教育部长蒋梦麟出任北大校长，郑天挺遂应北大之聘，于当年年底，回到北大任教。

1933 年，郑天挺升任北大中文系副教授，12 月 6 日被任命为北京大学秘书长。1935 年 10 月始任北大校务会议当然会员。其间，有时蒋梦麟需作为教育部代表出席南开大学校董会，他无时间即由郑天挺代去。从此，行政事务繁忙。即使如此，郑天挺仍然利用晚上时间认真备课并从事学术研究工作。当时，他在北大中文系讲授古地理学、校勘学等课程。为此，他亲自动手，编成古地理学讲义。他还利用晚上的零碎时间，每天校勘《世说新语》数页，从不间歇。在授课的同时，他还使用传统治学方法，写出了《杭世骏〈三国志补注〉与赵一清〈三国志注补〉》及《张穆〈㐆斋集〉稿本》等具有创见的学术论文。1936 年，郑天挺开始到北大史学系兼课，讲授魏晋南北朝史。与此同时，他还应范文澜等先生之约，在北平女子文理学院讲授中国近三百年史。从此，郑天挺的治学重点转向清史，先后发表《清世祖入关前章奏程式》《墨勒根王》《多尔衮与九王爷》《多尔衮称皇父之臆测》等多篇论文，与孟森先生等共同挑起了研治清史的重任。

执教北大期间，郑天挺不只为北大校务、教学和学术研究而费尽心血；同时，还对广大青年学生反对北洋军阀反动统治的抗暴斗争和抗日救亡斗争给予了有力的支持。早在执教北大之初，他即支持北京女师大学生反对北洋政府非法解散该校的斗争。1926 年"三·一八"惨案发生后，郑天挺又亲自参加了为死难学生召开的追悼会并向制造流血事件的执政府提出抗议，同时，还参与发起了对死难家属的募捐活动。

1937 年 7 月，"卢沟桥事变"爆发，不久，北平沦陷。这时，北大校长蒋梦麟、文学院长胡适等均不在北平，学校其他负责人也纷纷南下，各项善后工作主要落在郑天挺身上。当时一些汉奸文人,与日寇狼狈为奸,企图阻止爱国师生南下,局势异常严峻。这时,郑天挺不顾夫人新丧,子女年幼,将其全部身心用于保护校产和组织师生安全转移。他先是决定向因经济困难而滞校学生每人发款二十元,促使他们迅速离校。而后,又不顾个人安危,使北大教授及其家属也安全撤离。直到11月17日,他才与留居北平的五个年幼的子女告别,与罗常培、陈雪屏等南下。几经辗转,到达由北大、清华及南开三校联合建立的长沙临时大学。这时,郑天挺改任历史系教授,讲授隋唐五代史。不久,学校再度南迁,在昆明成立西南联合大学,他与马约翰、杨石先等任学生生活指导委员会委员。1939年,郑天挺仍任北大秘书长,兼文科研究所副主任。1940年1月,郑天挺被聘为联大总务长。当时,郑天挺不仅要应付日本飞机对校舍不断地轰炸,而且要想尽办法解决师生的生活困难。他亲自担任教职员遭受空袭损害救济委员会主席又兼教职员食米消费合作社召集人,派员到外地采购以解同仁饥馁之苦,同时竭力帮助困难学生,或为他们介绍工作,有时还从自己微薄的薪俸中拿出钱来给予支持,以使他们渡过难关。在此同时,郑天挺依然不忘教学与学术研究。在教学上,最初,郑天挺讲授隋唐五代史。从1938年暑假后,改授明清史。选修该课的同学有时多达一百数十人,盛况空前。此外,郑天挺经常对北大文科研究所研究生进行指导。在学术研究中,郑天挺也多有创获。先后发表《发羌之地望与对音》《〈隋书·西域传〉附国之地望与对音》《〈隋书·西域传〉薄缘夷之地望与对音》等数篇论文。1943年,其《发羌之地望与对音》获教育部三等奖。1938年后,郑天挺转治清史。这时,东北已经沦陷,而且建立了伪满洲国。针对日本帝国主义侵占我国东北而制造的"满洲独立论",郑天挺集中精力,先后发表《满洲入关前后几种礼俗之变迁》《清代皇室之氏族与血系》等重要论文,利用大量历史事实,证明清代皇室包含满蒙汉三族的血统,在入关前就和内地在政治、经济、文化方面有着密不可分的关系,是中华民族大家庭中的一员。他指出,"近世强以满洲为地名,以统关外三省,更以之名国,于史无据,最为谬妄。"有力地批驳了日本侵略者的谬论。这一时期,他还撰写了《清代包衣制度与宦官》《清史语解》等,也都是清史研究领域中的重要著述。1946 年,郑天挺将自己十数年来清史研究方面的论文汇为专集题名《清史探微》出版。

1943 年 3 月,他偕雷海宗、姚从吾等赴重庆参加中国史学会成立大会。1944 年 6 月,遵教育部令,北大聘郑天挺主持本校人事工作,7月郑天挺等应邀赴大理参加修志工作。

抗战胜利后,郑天挺担任北大、清华、南开三大学联合迁移委员会主席。1945 年 10 月,奉北大之命,郑天挺赴北平准备复校,并受教育部人事处聘请暂赴平津区协办接收辅导事宜。他还担任三校 1946 年度联合招生北平区主任。回到北大后,郑天挺积极开展复校工作,并多方奔走接受敌产。为北大返平顺利开学卓著劳绩。这一时期,郑天挺作为秘书长,面对复校的百废待举,学生反对美军暴行及"反饥饿、反内战"等斗争,实际上已无暇学术工作。从 1947 年起文科研究所建立明清史资料整理室,后又改设史学部,由郑天挺代行主任,组织整理明清史档案。经过数年整理,先后辑录专题史料十种。其中《明末农民起义史料》《宋景诗起义史料》《太平天国史料》还于新中国成立后公开出版。

蒋介石独裁政权崩溃前夕,对广大青年学生的爱国民主运动进行疯狂的镇压。北大全校学生团结一致,针锋相对开展斗争,并得到广大进步教师的支持,郑天挺在师生正义斗争的鼓舞下,开始认识国民党统治的反动本质,对进步学生给予同情和支持。1948 年 12 月,处于人民解放军包围中的北平形势紧急。12 月 14 日,校长胡适给汤用彤、郑天挺留下便条,拜托他们维持校务,便匆匆南去,傅斯年、陈雪屏从南京电告郑天挺等人组织人员南飞。面对这种情况,郑天挺、汤用彤、周炳琳出面负责校务,广大教授、讲助会、学生自治会给予郑天挺坚决支持,有的致函:"唯愿我兄以北大为重,毋轻于言去",有的致函表示深信:"您一定永远和我们在一起渡过这危难时刻"。郑天挺在重大历史关头,表现了他的高风亮节,1949 年 1 月他和北大师生迎来北平和平解放。北平和平解放后,1949 年 5 月 4 日,北京市军事管制委员会任命汤用彤为校务委员会主席,任命郑天挺为北大校务委员会委员兼秘书长,仍兼史学系主任。次年 5 月 8 日,教育部批复,准郑天挺辞去秘书长职务,专任历史学系主任和明清史料整理室主任。对于他在担任北大秘书长十八年间的工作成就,学校常委会给予高度评价并予以表彰。

三

1952年7月,国家高等院校进行院系调整,郑天挺奉调南开大学,经教育部同意,担任历史系主任,从而开始了他的执教南开三十年的漫长岁月。

郑天挺到校后,首先努力抓好教学。按照学校推广前苏联的教学方法的决定,成立教研室。各系规定,教师上课必须按教研室集体讨论的教学大纲讲授。讲课前,必须写成讲稿并在教研室内试讲,由教研室共同修改,然后再正式讲课。在贯彻这一决定时,郑天挺凡逢教师上课,都亲自去听课,不时指导。这些规定的制定与推行,使得学生在校期间能够学到完整系统的知识,大大提高了南开大学历史系的教学质量;同时,在全国高校也产生了重要的影响。1953年全国综合大学会议,1954年7月文科教学研究座谈会,1956年6月教材会议,郑天挺均代表南开大学出席。经过反复讨论,由郑天挺和唐长孺共同拟定《中国古代史教学大纲》,遂被全国高校普遍采用。1961年3月,教育部文科教材会议上又决定由翦伯赞、郑天挺共同主编《中国通史参考资料》,由郑天挺主编《史学名著选读》,以供大学本科生阅读参考之用,从而对全国高等教育产生了重要影响。

在加强教学管理、改进历史教学的同时,郑天挺坚持登坛授课。截止1961年他赴北京编书之前,先后为本科生开设过隋唐五代史、明清史、明清专题、清史专题、史料学等课程。他在授课中,极端重视备课;上课时,只是手执卡片,侃侃而述;不只传授知识,同时也传授治学方法。因而,他的课程受到了广大师生的欢迎。不只历史系本科生,而且外系学生,本系青年教师也纷纷赶来听课。为此,从1956年起,郑天挺开始招收研究生并接收外地大专院校教师进修,为全国高等学校教学和学术研究培养了大批人才。

作为一个著名学者,郑天挺不只带动全系师生积极进行教学改革,同时,也为南开大学历史系学术研究事业的发展多方运筹。首先是筹建明清史研究室。报经国务院批准,于1956年建立起全国高校系统第一个明清史研究机构——南开大学明清史研究室,从而为南开大学历史系明清史研究建立了阵地,在此同时,郑天挺还采取措施活跃南开大学历史系的学术气氛。历史系建立了定期学术讨论会制度。每逢学术讨论之时,历史系教师轮流讲演,或就当时史学讨论热点如古代史分期、百家争鸣、资本主义萌芽、土地制度、历史人物评价、农民起义及秘密宗教关系等问题发表个人见解,或将各人长期研究所得与同行进行交流。为了进一步活跃学术气氛,开阔师生眼界,历史系先后邀请北京大学和全国高校以及研究机关的著名学者来系讲演。

对于图书资料建设,郑天挺也十分重视。二十世纪五十年代,他即主持建立起历史系资料室并捐献稿酬,购买全套《东方杂志》,供师生使用。除此之外,郑天挺还鼓励授课多年的教师对现有讲稿进行修改,撰成专著,并主动为他们联系出版社出版。在他的关心下,二十世纪五十年代,由南开大学历史系教师撰写的学术价值甚高的学术专著相继面世,不少青年教师也发表学术论文。南开大学历史系成为全国史学研究队伍中的一支生力军。所有这些,不只为新中国成立之初全国史学研究繁荣局面的形成作出了贡献,同时,也大大提高了南开大学历史系的知名度。

在个人学术研究方面,这一时期,郑天挺也取得了多方面的成就。其一是连续撰写并发表十数篇学术论文,带动了学术研究的进一步深入;其二是应邀标校《明史》,对《明史》成书后二百余年的流传和研究情况进行了一番全面系统的归纳和总结。在这方面,足堪代表他的学术成就的是《清入关前满洲族的社会性质》、1962年为中共中央高级党校讲演清史而撰写的《清史简述》以及1957年讨论资本主义萌芽问题时发表的《关于徐一夔〈织工对〉》等文。

郑天挺虽然身为系主任、国家一级教授,但是待人宽厚,慈祥和蔼,从无疾言厉色。他作风简朴,调至南开后,长期在职工食堂用餐;十数年间,一直只住一间宿舍。直到1963年其子媳调至南开,他才有了自己的家。他自奉甚简,困难时期,和大家一起啃窝头,吃咸菜,但是遇到其他老师有困难,他却解囊相赠,毫不吝啬。在历史系内,他没有门户,不搞帮派,尽力团结全体老师,共同搞好工作。因此,他也受到了广大师生的由衷爱戴。1963年,他被任命为南开大学副校长。1964年,他又当选第三届全国人大代表,成为广大师生学习的楷模和榜样。

在郑天挺和南开老一辈史学家的共同努力下,经过十余年的发展,南开大学历史系发生了巨大的变化。然而,在此期间,由于"左"的倾向继续发展,政治运动一个接着一个,知识遭到了贬低,知识分子也受到不公正的待遇。1957年的反右派斗争,历史系一些有声望的教师和有才华的学生被错误地划为"右派"。"拔白旗、插红旗"、反"右倾"、批判白专道路又使绝大多数学生不敢读书。对于友人和学生受到的迫害,郑天挺内心十分痛苦,但却爱莫能助;对于历史教学和研究中出现的偏差,郑天挺则利用自己在教育界和学术界的影响,尽其可能地予以扭转。这一时期,他针对史学研究中"以论带史""以论代史"等"左"的倾向而坚持"论从史出"的学术主张;针对学生运动多、劳动多,上课少、读书少的现象,而采取措施,给学生补课,并提倡学生"精读一本书"。"文革"爆发后,打乱了学校的正常秩序,知识分子受到严重冲击,他本人也被抛入了苦难的深渊。1966年6月,他与南开其他老一辈史学家一起被作为资产阶级反动学术权威受到批斗。被关进"牛棚",劳动改造,丧失人身自由。明清史研究室也被强行解散,在历史系任教的儿子、儿媳被下放天津郊区劳动,年逾古稀的郑天挺过着孤苦伶仃的生活,每天一人到食堂用餐。但郑天挺豁达开朗,"随遇而安",师生从内心敬佩这位史学界的泰斗。

十年动乱结束之后,郑天挺获得了解放。1978年2月,郑天挺当选为第五届全国人大代表。1979年10月,经党中央批准,又被重新任命为南开大学副校长。这时,郑天挺虽已八旬高龄,但是却以饱满的热情投入了重建历史系的工作。经过他的努力,相当一批专业人员重新回到历史系,明清史研究室也恢复了工作并充实了一批新的研究人员。1980年4月郑天挺当选天津市劳动模范,不久又当选天津市第九届人大代表和天津市第六届政协委员。

从1978年开始,郑天挺恢复招收研究生。1979年,他又接收教育部委托,在全国高校招收进修教师十余人,举办明清史进修班。为了传授知识和治学方法,他以八旬高龄,亲自登坛授课,讲授清史概论、清代制度、明清史研究等课程,每周一次,每次二学时,有时还视情况增加讲课时间和次数。迄至他去世前,一直没有间断。课堂讲授之外,郑天挺还不顾年迈,多次带领研究生、进修教师和明清史研究室成员前赴清东陵、西陵、承德避暑山庄、明十三陵实地考察,开阔他们的眼界,丰富他们的感性知识。在此同时,郑天挺还不知疲倦地投身于学术研究事业。一方面字斟句酌,对旧作进行修改订正,出版学术论文集《探微集》(1984年获天津市哲学社会科学优秀成果荣誉奖)和《清史简述》;另一方面,则对明清时期的一些重要问题继续深入研究。两、三年中,先后撰就《清入关前满族的社会性质续探》《清代的幕府》等重要学术论文十余篇。他还应邀主编《中国历史大辞典》,组织编修《明清史资料》《清史》等书。郑天挺还敏锐地察觉到一个中外文化交流融合的新时期正在到来,因而不失时机地与杨石先校长共同发起召开了首届国际明清史学术讨论会。1980年8月,中国、美国、日本、澳大利亚、瑞士、联邦德国、民主德国以及香港地区等八个国家和地区的一百多位明清史专家共聚南开,提交论文七十余篇,分别就明清时期的一些重要问题进行了热烈的讨论。

1980年3月,中国史学会恢复活动并在北京召开代表大会,郑天挺当选为常务理事,主席团成员。次年5月,又接任主席团主席。1980年12月,中央同意郑天挺任南开大学顾问,卸去其副校长职务。1981年4月,郑天挺当选天津市特等劳动模范。1981年7月,他参加了国务院学位委员会会议并被评为全国第一批博士生导师。1981年10月,在校庆62周年之际,学校决定为杨石先、郑天挺举办了执教业绩庆祝大会。教育部及学校领导、北京大学、西南联大、南开大学几代学人数百人赶来参加,高度评价几十年来郑天挺哺育数代学人成长之功,感谢他对国家教育事业和史学研究做出的巨大贡献。这使郑天挺深受感动。他非常谦逊地表示自己做得还很不够,他以更加忘我的精神投身于繁忙的工作之中。过度的劳累严重地伤害了他的身体健康,12月中旬,开完全国人大会议返津后他即病倒。在医院病床上,他仍拳拳以成立南开大学明清史研究中心、编写《历史大辞典》明清分册、赴厦门出席郑成功学术讨论会为念。但是,急剧恶化的病情使得郑天挺再也无法实现自己的愿望。1981年12月20日,在津门一场皑皑白雪之中,著名史学家、教育家郑天挺教授溘然长逝,终年82岁。噩耗传出,南开学子,全国史学界,教育界无不为失去这样一位德高望重的学术前辈而同声哀悼。教育部长蒋南翔发来唁电,高度评价郑天挺对中国历史研究的重要贡献。教育部和卫生部负责人专程来津表示哀悼。1982年春,由北京大学、中国社科院、南开大学共同发起,在北京举行了郑天挺学术纪念会。而后,南开大学历史系又委托郑天挺门生先后编撰出版《郑天挺纪念论文集》《郑天挺学记》等书,并在历史系开设了郑天挺讲座课程,表达了各界人士和南开广大师生对郑天挺教授最深切的怀念。

说明:本文在写作过程中,曾经得到郑克晟先生的帮助并参考了郑克晟《郑天挺传略》及常建华《历史研究在于求真求用——郑天挺先生与北大》两文,特此一并鸣谢。

(白新良)

严志达

严志达,1917年11月8日生于江苏南通,中国科学院院士,南开大学数学所教授,博士生导师。从事微分几何、李群、李代数与齿轮啮合等多方面的数学研究。

严志达从小喜爱自然科学,如物理、化学,但酷爱数学。他也喜爱历史、文学,尤其是古典文学等。

1936年,严志达从南通中学毕业后考入清华大学物理系。抗日战争爆发,北平失陷后,清华、北大与南开迁至长沙成立临时大学,再迁至昆明,改为西南联合大学。严志达也由北平回南通,奔赴长沙,赴昆明。由于他酷爱数学,就由物理系转到算学系(即数学系)。当时,中国最著名最有创造性的数学家云集昆明,在西南联大任教。年轻的数学教授中有陈省身、华罗庚与蒋硕民等。他们开设了许多当时处于研究前沿的课程和讨论班。如陈省身的微分几何讨论班的内容就有李群,华罗庚的代数讨论班介绍了典型群的表示。严志达还选修了王竹溪教授的量子力学。此时,天赋、勤奋与名师指导汇集于严志达一身。他也表现出了很好的创造性。1939年,严志达与陈省身教授合作发表了他的第一篇论文。此文得到的关于积分几何运动基本公式,被称为"陈—严公式",这是积分几何学中的重要公式,不仅被广泛引用,而且收入多种版本的数学百科全书之中。1941年,严志达从清华大学算学系毕业后,在云南大学任教。1946年,他考上公派留学生,转年赴法国斯特拉斯堡大学留学。由于学业优异,1948年被法国科学研究中心聘为助理研究员。1949年获法国国家博士学位,这是法国的最高学位。在此期间,严志达对李群的拓扑,曲面丛的几何进行了深入的研究,获得了许多重要的成果。李群与数学中群论、拓扑、微分几何等许多分支相联系，因而是数学理论中极深刻的部分。幺模群（行列式为1的线性变换或矩阵所成的群）、正交群、酉群及辛群都是很重要的一类李群—单李群中的一部分，它们被称为典型群。除典型群外的单李群还有 G_2、F_4、E_6、E_7 和 E_8 等五种类型。它们的结构是很复杂的。它们被称为例外单李群（又称特殊单李群）。贝蒂数是非常重要的拓扑不变量。单李群的贝蒂数一时成为二十世纪四十年代数学中的焦点。典型群的贝蒂数为数学大师布饶尔、彭特里亚金等一个一个地确定，并无统一的办法。然而"例外单李群的贝蒂数的确定有不可比拟的难度，因此困扰了许多研究这方面工作的领袖"。严志达另辟途径，将李群的表示理论用于研究李群与齐性空间的拓扑性质，给出了计算李群贝蒂数的一般方法，从而算出了例外单李群及某些齐性空间的贝蒂数。这是很有创造性的历史性的工作。陈省身称："志达对李群的拓扑的工作是一个里程碑"。法国大数学家、布尔巴基学派创始人之一的谢瓦莱在1950年世界数学家大会做一小时报告时，一上讲台就在黑板上写下了"严志达"三个大字，一颗中华数学明珠耀眼地展现在全球数学界。

在法国期间，严志达关于曲面丛的几何和二次外微分形式的等价问题的研究成果也很引人注目。他的工作被波兰数学家斯列波金斯基推广，被罗马尼亚科学院院士、数学家伏朗塞努写入其五卷巨著《微分几何》中。

1952年严志达从法国回国。国内许多学校和科学院都邀请他去工作，他最终选择了南开大学。他到南开后，先在数学系任教授，1985年南开数学所成立，他又在南开数学所任教授。我国实行学位制之后，他为第一批博士生导师。

严志达到南开后，在科研和教学两方面都做出了杰出的贡献。

严志达回国后早期的科研和教学工作主要集中在对称空间、实半单李群、李代数上。

李群、李代数不仅与数学的各分支（尤其是近代微分几何）密切相关，而且与理论物理、化学等均有本质的联系。因而李群不仅在数学中占有重要地位，而且在整个自然科学中的地位日益重要，李群、李代数无可争辩地是数学主流方向之一。李群、李代数在几何上最好的应用，是用它们来研究对称空间。通常的欧几里德空间有三个基本性质：可度量性、匀齐性和对称性。由可度量性发展起来了黎曼几何，或者黎曼流形的理论。由匀齐性发展起来了齐性空间的理论。由对称性发展起来对称空间的理论。对称空间一定是齐性空间。既有可度量性又有对称性的空间称为黎曼对称空间，几何中许多重要空间都是黎曼对称空间。今天在美国几乎所有大学的数学系都把李群、李代数列为研究生课程。我国现在对李群、李代数也重视起来了。但是，在二十世纪四、五十年代，却非如此。虽然，在二十世纪四十年代，陈省身、华罗庚，后又有段学复从事过这方面的研究与教学，但总的说来，从事这方面研究的人很少，而这方面的教学几乎是空白。毕竟李群、李代数理论是在二十世纪三、四十年代才成为一门成熟的学科。1952年，严志达回国时清楚地看到这一情况，决定开展这方面的科研和教学，填补这个空白领域。

黎曼对称空间的问题归结为如何寻找单李群及其对合自同构的问题，李群的问题又转化为李代数的问题。这样，黎曼对称空间、实半单李群、实半单李代数的分类，在一定意义上说，都归结为紧单李代数的对合自同构的分类。所谓分类问题，就是要在每一类中找出一个简单明了的代表。虽然此前在这方面有些结果，但不尽如人意。二十世纪五十年代严志达用新方法完全解决了紧单李代数的对合自同构的标准形问题，得到了对合自同构的"严志达标准形"，并用此标准形进一步给出了用"严志达图"对实单李代数的分类。因此实单李群，进而黎曼对称空间的分类，及其精细结构都得以解决。这些成果，1965年才重新为日本数学家村上信吾得到。因此严志达的成果远远领先于世界同行们的研究。严志达关于实半单李代数的研究不仅得到漂亮的结果，而且对微分几何中对称空间、局部对称空间以及李代数理论中实半单李代数的嘉当子代数、外尔群、表示理论等都产生了很大的影响。前苏联数学家西波塔等人以此为基础解决了实半单李群的结构问题。严志达本人又用于非紧致对称空间局部分类的研究，解决了法国数学家柏格尔在该项研究中提出的一个非常基本的问题，从而圆满解决了嘉当提出的一个重要问题——非紧致对称空间的分类问题。可以说，二十世纪五、六十年代形成了我国李群、李代数研究很有特色的群体。严志达工作的影响还在继续,并日渐扩大。

由于严志达在李群、李代数方面的工作,法国科学院院士、当代著名数学家迪埃当奈在其名著《近代数学概览》一书中将严志达列为有贡献的专家。

"文革"期间科研教学均中断了,理论数学的研究更是荡然无存,严志达也被下放劳动。直到1972年,由于机械工业的需要严志达才有机会和吴大任先生等从事齿轮啮合理论的研究。严志达将微分几何用于齿轮啮合理论中,明确了齿轮啮合理论方面的许多概念,并导出齿面间的曲率关系,即诱导曲率公式,这成为齿轮啮合理论的数学基础。吴大任先生与骆加舜在他们合著的《齿轮啮合理论》一书的序言中写道"严志达教授……创立了本书所采用的理论体系……"严志达的研究对我国机械工业的发展起到了推动的作用,获1978年全国科学大会重要成果奖。

1978年之后,严志达又在实半单李代数的实表示,紧对称空间的谱理论等方面做了很多的工作。

严志达不仅在他所研究的每个领域得到重要的结果,而且创建了独具匠心的方法,这些方法有很大的普遍性、广泛的应用性,因而他的研究成就能够产生广泛的长期的影响。他当之无愧地是我国首屈一指的李群学家,也是杰出的几何学家、代数学家、应用数学家。

严志达不仅在数学研究上作出了杰出贡献,在教学上也取得了不可磨灭的成就。他回国后,在南开大学开设了李群李代数课,不只在国内是先进的,在世界也是先进的。他还先后在复旦大学、中国科学院数学研究所,及前苏联讲学。他先后出版了《李群和微分几何》,此书是根据其1955至1956年在复旦大学和南开大学的几何学讨论会上的报告扩充而成,以及《半单纯李群李代数表示论》这本书是以1961至1962年南开大学代数组专门化的讲义为基础写成的。1963年,严志达在中国科学院数学所讲学时撰写了《实李代数讲义》。严志达还带出了一批研究生,他们都成了教学科研的骨干,有的还担任了领导工作。

"文革"后,为了迅速赶上世界先进水平,严志达除自己继续开展李群与微分几何的研究外，还特别注意人才的培养。

1978 年恢复了研究生的招生，当年严志达就招收了 3 名研究生，主持了三个讨论班：李代数讨论班、微分几何讨论班和实半单李代数讨论班。除在这些讨论班报告最先进的研究课题外，他还邀请世界第一流的学者，如日本的村上信吾、法国的柯歇尔及蒂茨等，来南开讲学，这些讲学收到了很好的效果。《齐性空间引论》《辛几何引论》就是这些讲学的产物。不长的时间，南开大学的李群与微分几何的学术活动、研究工作又活跃地开展起来了，又培养出来了一批一批的研究生。他还与陈省身等合作指导研究生。"文革"后，他共指导了 30 多名研究生，出版了《李群及其李代数》（与许以超合作）。特别值得提出的是，1997 年他整理了实半单李代数的研究成果，于 1998 年得以出版，这就是他最后一部著作《实半单李代数》。这些都是严志达留下的宝贵财富。严志达数十年辛勤工作，在我国建立了一个李群李代数的研究集体，其在国际数学界占有重要地位。他创建了一个没有命名的"李理论研究中心"，这个中心诞生成长于南开大学，并在继续发展壮大。

严志达的辉煌成就来源于他对祖国、对人民的强烈的热爱。中华民族的文化、精神在幼小的严志达的思想中就深深地扎下了根。"北平"被日寇占领后，年青的严志达穿越封锁回到南通，得知清华迁到长沙，又赶赴长沙，而后又参加步行团奔赴昆明。他 1952 年听从祖国的召唤毅然回到祖国，全心身地为祖国的科学、教育事业而奋斗。"文革"中忍辱负重地研究齿轮啮合理论。改革开放后，全力投入科教兴国的大业。1998 年 4 月 26 日，他不幸因脑血栓，半身不遂住进医院，在病床上看到长沙、松花江流域水灾情景时掉下眼泪，并让家属向灾区捐款，身边医护人员无不为之感动。

严志达的辉煌成就还来源于他对科学、对真理的执着追求。"少小立志，毕生追求"是他一生的真实写照。他对名利非常淡薄。许多院士认为凭他的学术水平和成就早就应该成为院士，但他对此并不在意。他是陈省身等人劝说乃至督促之下才申报院士的，并于 1993 年当选。

严志达的高贵品格为人们所敬仰，但他却谦虚谨慎。别人谈起他的成就时，他总说："这些工作我不做，也会有人去做的。"他待人热情、平等、宽厚,全心全意地帮助扶植青年(不只是自己的学生)。他所率领的集体具有艰苦奋斗的创业精神、严谨治学的科学态度、民主的工作作风、自由的学术气氛,无论是在人才培养,还是在研究工作上都取得了长足的进步。现在不仅继承了传统的实半单李群李代数、对称空间的研究,而且有了完备李代数、李代数的双极化、左对称代数等新的研究方向,不仅在国内得到公认,在国际上也是被认可的。在李群无限维表示这个热点上,南开也有了一席之地。这些成绩都是与严志达的最初努力分不开的。

严志达的四部著作中的《李群及其李代数》获全国优秀教材奖。多年来,他发表的论文共计 40 多篇。

严志达院士两次被选为天津市人大代表、常委,担任过中国数学会理事,天津市数学会名誉理事长,多种杂志、丛书的编委。

严志达院士于 1999 年 4 月 30 日逝世。人们深切地悼念这位良师,这位益友,这位杰出的数学家。陈省身用传真送来挽联:"足迹深入特殊李群,精思冠侪;影响包括曲率积分,创见无尽。"

(孟道骥)

李何林

李何林，1904年1月31日生于安徽霍邱县，曾用名有李延寿、李振发、李昨非、李竹年等。

李何林10岁入私塾，12岁后转入小学。16岁考入安徽省立第三师范学校，此时受到"五四"新文化运动的影响，阅读了大量的进步文学刊物。20岁考入南京国立东南大学农学院生物系。两年后接受革命影响，投笔从戎，1926年秋到武汉参加北伐军。先在武昌编辑《学兵日报》。1927年春调至北伐军第11军25师政治部任宣传工作，不久由李硕勋介绍加入中国共产党。后升任宣传科科长，同年8月参加"八一"南昌起义。起义失败后回到家乡霍邱，任城内高等小学校长。1928年夏参加"霍邱暴动"，后逃到北京，避居鲁迅先生组织领导的未名社。在未名社一年期间编写了《中国文艺论战》《鲁迅论》两本书，遂投身革命文艺运动。

1929年至1945年，李何林先后在天津女子师范学院、北平慕贞中学、汇文中学、中法大学、河南焦作工学院、太原国民师范学校、太原师范学校、太原女子师范学校、济南高等中学、北平高级商业职业学校、阜阳（颍州）师范学校、云南大理华中大学等校任教。因思想进步，屡受排挤迫害。

1946年到台湾，先后在台湾省编译馆和台湾大学中文系工作。1948年鲁迅的挚友许寿裳遭暗杀后，被国民党特务监视，只身出走，由北平进入华北解放区，任华北大学国文系主任。

1949年3月随校进入北平，7月参加全国第一届文代会，当选为候补理事，后调中央教育部任秘书长兼行政处长。1950年10月调北京师范大学中文系任教，1952年任北京师范大学中文系代主任。同年9

月在教育部院校调整中出任南开大学中文系主任。

李何林到南开赴任后,做的第一件事就是大力罗致人才。经他的努力,中文系从原来仅有教师十余人,学生二三十的单薄小系发展成为一支为数四五十人,包括老、中、青三代学人的教师队伍,其中邢公畹、张清常、朱维之、马汉麟、许政扬、王达津等人,都是当时即已知名或后来卓有成就的学者。李何林一到南开,就身兼文艺理论、现代文学的任课教师,并且邀请阿垅、老舍、周扬、吴祖缃、游国恩、杨晦、许忠玉、曹靖华、王瑶、蔡仪、张毕来、刘绶松、王朝闻、张庚、贺敬之等学者作家来校讲学。他还下大力气狠抓培养青年教师的工作,后来南开中文系现代文学、文艺理论、当代文学教师的中坚力量,大都是二十世纪五、六十年代受业于李何林,并在他的扶植、帮助下走上讲台的。这几个专业的建设对于中文系的发展至关重要。

李何林十分强调对学生的基本功教育。他提出"三基":即学好基本理论、基本知识、基本技能;"三好":即写一笔好字、讲一口好话、作一手好文章。这都是为了提高学生的素质。他多次在会议上讲,他反对学生在校期间搞创作。他认为中文系的学生在校期间如不好好学习课程,挤时间写诗、小说、戏剧,企图名利双收,是近视眼;只图小名小利,不顾长远深造是非常可惜的。日后,南开中文系的毕业生以基本功扎实闻名于国内,与李何林的督导有密切的关系。

李何林十分重视课堂教学,重视教学的规范化。中文系从课程设置到教学活动,他都亲自规划、检查。对教师的课堂教学,要求尤其严格,从讲稿、讲义、试讲、观摩到板书、衣着、教态等各个环节,他都一丝不苟地严格要求,建立了一连串的规范制度,并形成了中文系的传统。从而一改中文系建系初期的散漫无序状态,使之走上了规范化、正规化的轨道,为把中文系组建成坚实的教学实体和人才培养基地发挥了决定性的作用。

从1956年9月,南开大学中文系开始接收全国各地高校及科研单位的进修教师和科研人员,李何林亲自讲课并耐心指导,扩大了南开中文系的影响并为全国培养了一批教学科研骨干。从当年秋始,李何林先生招收第一届攻读中国现代文学的研究生,此后多次招收研究生,培养了一批高层次的人才。

1958年"大跃进"在全国展开,南开中文系也掀起了以破除迷信为名的所谓"教育革命"运动。正常的教学秩序被打乱,搞什么"单科跃进"的速成法,甚至以师生集体搞科研为由废止教学,连刚读大学一年级的学生也被指派去编写大学教材和学术著作。李何林针锋相对表示坚决反对,他说迷信必须破除,但是要分清楚什么是迷信;违背教学规律的狂热举动必然会造成严重的后果。由于在各种场合他反复与人争辩上述观点,有人因此而批判他是反对"大跃进"的"秋后算账派",李何林寸步不让,立即反驳说:"不用等到秋后,我现在就算!"不论多大压力,他的这种态度始终也不改变。在所谓的"拔白旗"运动中,许多骨干教师受到批判,李何林主动站出来为业务尖子说话。汉语史专家马汉麟被批判时,李何林的发言全是唱反调,他借用一位前辈学者的话对马汉麟评价说:"我说,这匹马是匹好马!"许政扬因禁不住粗暴的人格污辱,在批判会上气极晕倒时,李何林十分气愤地对会议主持人说:"我一再讲过,不应该这样做!"因为他态度鲜明,为人耿直,于是被视为"反对教学改革""保护白旗"的"保守派"而受到冲击和批判。

李何林是全国著名的鲁迅研究专家。当鲁迅被"围剿"的时候,他编了一本《鲁迅论》。当鲁迅刚刚逝世就遭到别人污蔑的时候,他一连写了两篇文章替鲁迅辩护。1959年9月,他为南开中文系开设了"鲁迅研究"专题课,成为全国高等院校开设鲁迅研究课的先行者之一。在他的主持下,南开中文系成为鲁迅研究的重镇,聚集了一批后来闻名全国的鲁迅研究工作者。人们都说李何林身上有鲁迅的精神,这就是:硬的骨头和软的心肠。所以他能在"非常时期不改常态",他是用鲁迅精神来研究鲁迅的专家。

正是有这种精神,李何林在教学和研究中,始终坚持实事求是的学风。1959年秋,他应天津《新港》编辑部之约,撰写了《十年来文学理论和批评上的一个小问题》,文中强调"政治性和艺术性都来源于真实性"的主张,编辑部未发表,原文被退回。但在同年底中宣部召开的"全国文化工作会议"上,此文却无端被点名横遭批判,随后又遭到全国范围"轰轰烈烈"地围剿。面对压力,李何林毫不畏惧。在中文系的批判会上，他抗颜登台，据理答辩，慷慨陈词。在那个学术自由已经少得可怜的年代里，他的举动震动了全系，至今传为佳话。在学术人物的评价上，李何林恪守尊重历史、实事求是的唯物主义原则，他从不为了响应上面的某种需要而歪曲历史人物。在全国范围内的批判胡适运动中，他主张在政治上批判胡适的同时，也要正确地评价胡适在"五四"新文化运动中的重要作用与其对新文学的贡献；在批判胡风时，他说，胡风在历史上还是进步的，胡风抗战时主编的《七月》是有影响的进步刊物；全国批判电影《早春二月》时，他在《南开学报》上发表了《鲁迅〈二月·小引〉试解》一文，"借阐发鲁迅思想而表现对当时批判之批判"。

"文革"中，李何林以"反革命修正主义分子""资产阶级反动学术权威""中文系黑帮大头目"等罪名遭到不公正的批判和隔离审查。在那些是非颠倒的日子里，他依然坚持真理、坚持正义。他不同意停课"闹革命"，当有人提出大学课程要少而精时，他说："从来只有多而精，哪有少而精？"针对一些青年学生无知狂妄地批判教师并标榜自己是"革命小将"时，李何林气愤地说："你们是革命小将，我也是革命小将，而且是南昌起义的革命小将，比你们资格老多了！"大家无不钦佩他的胆气。在那些日子里，李何林不忘保护教师、教育学生。就是让他刷厕所，他也把家里的洗衣粉拿来，将厕所刷得干干净净，反映出他真率、正直的人格。

1972年，他刚一被宣布"解放"，就迫不及待地赶写教改方案，提出不能以社会代替课堂，学生必须系统地学习专业知识，毛泽东著作不能代替各学科的专业知识等主张。这种对教育负责、为学生负责的无所畏惧之求实精神，至今仍激励着中文系的师生们。

李何林在南开大学中文系执教二十四年，任系主任十五载。他中年以后的一大段生命历程是和南开大学的历史熔铸在一起的。他曾兼任南开大学校务委员会委员，南开大学学术委员会委员，在南开大学期间被评为天津市先进教师，被选为全国人大代表。

他一生中的重要著作：《关于中国现代文学》《文艺理论常识讲话》《鲁迅的生平和杂文》《鲁迅〈野草〉注解》《中学语文鲁迅作品答疑》《鲁迅小说选注解》等，都是在南开中文系工作期间写成的。

　　1975 年 12 月底,根据毛泽东主席对周海婴建议的批示,经中央政治局批准,调李何林任北京鲁迅博物馆馆长兼鲁迅研究室主任。

　　李何林于 1976 年 2 月离开南开大学,到北京赴任。1988 年 11 月 9 日凌晨 3 点 30 分因病逝世,享年 85 岁。

　　在《亲制悼词》中,他这样评价自己的一生:"六十多年来,为党为祖国培养了一大批中国现代文学和鲁迅研究人才,坚持'五四'以后新文学的战斗传统,发扬鲁迅精神,驳斥了鲁迅生前死后一些人对鲁迅的歪曲和诬蔑,保卫了鲁迅思想。"字里行间洋溢着李何林先生对鲁迅的深情,也可以体会出他对南开大学的深情。

　　　　　　　　　　　　　　　　　　　　　　　　　　　（张铁荣）

魏　埙

　　魏埙,经济学教授、博士生导师。他在大半生学术生涯中从事马克思主义政治经济学理论的教学与研究,特别对《资本论》的研究与传播作出了重大贡献。同时,他对于西方经济学也有较强的基础和较深研究。他倡导把《资本论》同当代资本主义的现实结合起来,在我国现代资本主义经济理论研究方面做出了开拓性的工作,成为我国经济学界学贯中西的一位马克思主义经济学家。他治学严谨,追求真理,教书育人,甘为人梯,为人笃厚,在南开园德高望重。他曾在南开大学任经济学系政治经济学教研室主任、经济学系主任、经济学系学术委员会和学位委员会主席、校学术委员会和学位委员会委员。社会兼职主要有中国《资本论》研究会副会长、天津市经济学会理事长、河北大学兼职教授等。

一、几经曲折,踏上治学《资本论》之路

　　魏埙,1919 年 2 月出生于河北省安新县一个耕读家庭。他自幼好学,秉承"传家有道唯存厚,处世无奇但率真"的家训,以为人"存厚""率真"为座右铭。

　　他走上致力于经济理论研究、治学《资本论》之路,是经过一番曲折的。1931 年至 1937 年,他就读于保定河北省立第六中学。当时,中国正处在"三座大山"的统治和压迫下。"九·一八"事变后,日寇的铁蹄践踏着中华大地,中华民族处于危难之中。因此,青年时代的魏埙即抱有科学救国的愿望,希望进入大学学习理工科将来从工程技术上报效祖国。1939 年,他考入燕京大学物理系,经过一个学期学习以后,由于色盲难以继续从事理工科的学习;另一方面,又由于感到中国的主要问

题是社会经济问题,因而 1942 年他转入北京大学经济系,1943 年毕业,获法学士学位。

　　魏埙在大学学习时,基础理论主要学的是英国新古典学派创始者马歇尔的《经济学原理》。同时,他自学了当时最新出版的凯恩斯著作《就业利息和货币通论》。当时,他比较信服凯恩斯的理论,觉得这一理论承认了资本主义经济危机的存在,分析了经济危机发生的原因,并提出了克服危机的政策主张,因而,比较贴近资本主义现实。魏埙曾将燕京大学一位英籍教授林迈可(M. Lindsay)著的《货币理论纲要》(Outline of Monetary Theory)译成中文,分八期刊登在 1946 年至 1947 年间的天津《益世报》"经济周刊"上。这本小册子就是关于凯恩斯理论的简明梗概。

　　1947 至 1949 年期间,魏埙在天津启新洋灰公司供职。在此期间,他经常和在天津的燕京大学经济系同学们议论当时的时局,以及中国的政治经济问题。他深切地感到,过去所学的经济学理论完全是为资本主义社会服务的,根本不可能解决中国社会经济的实际问题。于是,他和同在启新供职的两位燕京大学同学系统地学习起了马克思的《资本论》(主要是英文版第一卷)。在学习和讨论中,大家一致感到《资本论》的理论和方法是科学的、切合实际的,马克思的理论较之马歇尔和凯恩斯的理论更令人信服,更适合于解决中国的社会经济实际问题。就这样,马克思主义政治经济学的理论开始渗入魏埙的思想之中,使他的世界观和理论信仰逐渐发生转变,成为他漫长的人生道路上最为关键的一步。

　　1947 年魏埙在启新洋灰公司供职的同时,还在天津工商学院兼任讲师,教授货币银行学。1949 年 1 月天津解放,魏埙毅然放弃启新洋灰公司的优厚待遇,专职到天津工商学院从事教学工作。1950 年,学校改为津沽大学。马克思主义政治经济学被列为商学院各系的共同基础理论课,魏埙担任了这门课程教学。1951 年,他晋升为副教授,兼校秘书室主任。

　　1952 年院校调整,津沽大学商学院与南开大学财经学院合并,魏埙随之到了南开大学财经学院经济系。南开大学经济系历史悠久,在国内外享有较高名望,这为魏埙潜心研究经济理论提供了一个有利的环境和条件。1956年,他兼任南开大学学术委员会委员及研究生考试委员会委员,并一度被任命为校长办公室主任。1962年,他晋升为教授。从此,他踏上了系统地、深入地研究《资本论》的学术道路。

二、辛勤耕耘,成果累累

1952年至今,在近半个世纪的岁月里,魏埙几十年如一日,围绕《资本论》的研究,在马克思主义经济学领域辛勤耕耘,孜孜以求,取得了累累硕果。

魏埙对《资本论》的研究有着利学的态度,强调理论联系实际的方法。他不是单纯地把《资本论》当作一本著作进行注解,而是重在吃透马克思主义的经济理论和方法,并在此基础上,不断吸收西方经济学的合理成份,不断跟踪资本主义经济发展的现实,从而不断地丰富发展马克思的经济理论,使马克思主义政治经济学的教学和研究充满活力。

在深入研读《资本论》的基础上,魏埙把价值理论作为他基本理论研究的一个领域。1955年,他和谷书堂教授合作写出了系统论述价值和价值规律的论文《价值规律在资本主义各阶段的作用及表现形式》。这篇论文应上海人民出版社之约加以扩展,于1956年以专著形式出版了。以后该书又在1959年和1961年两次再版。在书中,他首次提出了关于社会必要劳动时间第二含义的新观点,曾引起了国内经济理论界1956至1959年、1963至1964年、1982至1983年三次比较大的争论。这个观点不仅在理论上是一个创新,而且在说明价值规律通过市场机制发挥配置资源的作用上具有重要的实践意义。

生产价格理论是马克思价值理论中的一个重要组成部分,也是西方经济学者向马克思主义经济理论发难的主要矛头所向,因此,它是马克思主义政治经济学中需要深入研究的一个理论问题。在魏埙的倡议下,中国《资本论》研究会、天津市社联和南开大学经济系在南开大学联合举办了全国性的生产价格学术讨论会,他为此完成并发表了题为《关于价值到生产价格的"转形"问题》和《再谈关于商品价值到生产价格的"转形"问题》两篇论文。在其中,他特别介绍了英国伦敦经济学院日籍

教授森岛通夫与卡特福尔斯合著的《价值、发展与增长》一书,该书用高
等数学的迭代原理阐明了商品价值到生产价格的转化过程。

　　垄断价格是政治经济学界长期以来界定不清一个问题。魏埙对此
进行了研究,并发表了《关于垄断价格问题》和《再论垄断价格问题》两
篇论文,对垄断价格问题提出了自己独到的见解。魏埙根据垄断阻碍
了自由竞争而又不能根本消灭竞争,因而全社会的利润率平均化受到
影响,同时在垄断部门范围内的利润率平均化也不可避免,这一客观规
律,提出了垄断生产价格的范畴,它是垄断部门产品市场价格的调节
者,起着价值基础的作用。这一提法引起了经济学界的注意和争论,成
为国内垄断价格问题研究上的重要的一家之言,促进了对这一问题的
研究和探讨。

　　根据自己和教研室长期进行《资本论》教学研究的积累,二十世纪
八十年代开始,魏埙主编了《〈资本论〉的理解与启示》作为《资本论》的
教学参考书。这一著作不仅对《资本论》内容本身进行讲解,而且紧密
结合我国社会主义经济建设实际,阐明《资本论》的基本原理、观点和方
法所给予社会主义经济工作的启示与指导意义。二十世纪八十年代,
他作为编委之一参编了宋涛教授主编的《〈资本论〉辞典》,并负责天津
市各院校所承担辞条的编写和审定。《〈资本论〉辞典》是全国唯一的一
部有关《资本论》的大型学术工具书。与此同时,魏埙还组织我校经济
学系和经济研究所的一些教师翻译了三部与《〈资本论〉辞典》配套的译
丛系列专著:《马克思〈资本论〉的形成》《重读〈资本论〉》《资本主义的精
妙剖析》。

　　魏埙在研究《资本论》时不仅对原著深入解释,还十分注意与当代
资本主义的现实结合,进行现代资本主义经济理论的研究。针对二次
大战后西方发达资本主义国家经济发生的变化,魏埙在国内较早地提
出将《资本论》的教学和研究同当代资本主义的实际结合起来,研究新
情况、新问题,提出新理论,丰富和发展马克思主义政治经济学对资本
主义的研究。

　　二十世纪七十年代初期,战后建立的资本主义世界货币体系开始
崩溃。对此,魏埙主编了题为《美元霸权地位的跨台》的专著。根据日

本经济二战后得到人们称之为"奇迹般"恢复和发展的状况,魏埙又及时组织力量进行了研究,出版了研究专著《战后日本经济的畸形发展》。

研究现代垄断资本主义需要有大量的实际资料。为此,魏埙组织力量对西方国家垄断组织、财团以及大型公司的情况进行了专门的搜集和研究,研究成果以《垄断·财团·大公司》为书名,由人民出版社出版。

从1957年开始至"文革"结束这一期间,由于"左"的思想路线影响,党在对待知识分子政策上出现了很大偏差。一些有着渊博学识、爱国敬业的老知识分子被打成"右派""反革命"并被剥夺了从事教学科研的权利。在这种历史环境下,魏埙不顾"左"的路线影响,利用自己作为系主任的有利条件,与商务印书馆联系了大量学术专著翻译工作,交给受"左"倾路线迫害的教授翻译,使这些同志在当时条件下能够一定程度地发挥自己的学术专长,为研究现代资本主义经济理论作出贡献。在这期间,经济系的杨敬年教授翻译了大量反映资本主义最新发展的著作,如《银行家》《垄断资本》《不稳定的经济》等等,这些工作奠定了以后经济系现代资本主义经济理论研究进一步发展的基础。

1978年党的十一届三中全会以后,"左"的教条主义思想枷锁被打破,中国知识分子迎来了科学的春天。三中全会以后的二十年,是魏埙学术生涯的青春时期,年逾花甲的魏埙与另外两位同志共同研究,发表了题为《经济军事化条件下的资本主义社会再生产》的论文并产生了一定影响。魏埙又与另一位教授合作,翻译了《帕特曼报告》一书。该书原名《商业银行和它们的信托行为:对美国经济正在显露的影响》,是美国众议院银行与通货委员会国内金融小组委员会的调查报告。这本书对于研究美国银行如何控制工业企业以及两者的融合,即金融资本问题很有价值,国内不少研究者都参考它。二十世纪八、九十年代,魏埙就现代资本主义经济问题,主持了若干国家教委的研究项目,如"垄断资本论""国家垄断资本主义的发展与社会再生产矛盾""二十一世纪资本主义政治经济学""马克思主义政治经济学的历史地位"等,出版了专著《垄断资本主义的过去和现在》。

在同西方经济学的比较中研究《资本论》,是魏埙对《资本论》研究的又一突出特点。魏埙认为，今天研究《资本论》就必须了解当今的西方经济学，以便在分析比较研究中，加深对《资本论》的理解，从而对它的理论加以继承和坚持。二战后，西方经济学有了很大发展，诸多流派兴起，非昔日只是正统派独占经济学舞台的时代可比。因此，在"四人帮"垮台后，担任经济系主任的魏埙即决定在经济系增设西方经济学和高等数学两门课程，研究生更要学习西方经济学。1979 年以后，西方经济学开始重新传入我国。魏埙本人首先研读了萨缪尔森的《经济学》(第十版中译本，第十一版英文原版)，之后又研讨了当代西方经济学主要流派代表人物的主要代表著作。为解决教材问题，魏埙和其他几位教师一起编写了《现代西方经济学教程》《中级微观经济学》《中级宏观经济学》，并组织编写有关西方经济学主要流派代表性著作的导读材料。为解决师资问题，魏埙在 1989 年和 1990 年招收了两届西方经济学方向的硕士生，开设了"当代西方经济学著作选读"课程。以后又在经济学系硕士生课程中开设了"马克思主义经济学与西方经济学比较"的课程。

在西方经济学大量传播的情况下，经济学界部分人产生了热衷于西方理论而漠视马克思主义政治经济学的思想倾向。魏埙以其敏锐的观察力及时地发现了这一倾向，提出这是一个需要认真对待和正确认识的问题。在 1986 年一次由经济学院教师和研究生参加的学术讨论会上，魏埙作了题为"马克思主义经济学与西方经济学"的首席发言。在发言中，他提出，从总体上以及从基本理论、观点和方法上看，马克思主义经济学与西方经济学是两种不同和对立的经济理论体系；对马克思主义经济学既要继承和坚持，又要丰富和发展；对于现代西方经济学，要有分析有鉴别地科学对待，去其糟粕，吸收其合理成份。魏埙将他的这个发言整理成论文，发表在《南开学报》上。1996 年，经济学界展开了"中国经济学向何处去"问题的讨论。在此期间，魏埙先后发表了《关于马克思主义经济学与当代西方主流经济学的比较研究》《中国经济学向何处去？》等论文，就西方经济学中的非科学性一面，和如何在吸收西方经济学有益成果的基础上发展马克思主义经济学提出了自己的见解。二十世纪九十年代以后，年过七旬的魏埙又主持了国家社科基金的研究项目"马克思主义经济学与当代西方经济学比较研究",出版了书名为《现代经济学论纲》的研究专著。该书以马克思主义经济理论为指导,在批判吸收西方经济理论成果的基础上,就经济学领域中十几个基本问题进行了专门研究。

《资本论》作为一部博大精深的著作不仅在社会主义国家受到高度重视,而且在西方学者眼中也是一部不可忽视的经典著作。因此,西方学者对《资本论》的研究自然引起魏埙的高度重视。1986 年开始,魏埙又带领几位教师和研究生一起查阅南开大学、北京、中央党校等图书馆有关西方学者对马克思主义经济学的研究资料,而后发表了《〈资本论〉在当代西方经济学界》的论文。魏埙还与胡代光、刘诗白、宋承先三位教授主编了《评当代西方学者对马克思〈资本论〉的研究》这部专著。这本书先后获得了孙冶方经济学奖一等奖和吴玉章学术奖一等奖。

魏埙无论在领导岗位上还是退下领导岗位以后,都始终把发展政治经济学学科作为自己的使命。他一向重视基础理论课的教学,他培养的学生具有基础理论扎实的优点和特点。他培养的毕业生们都说,大学四年中印象最深、收获最大的就是《资本论》的学习。魏埙十分重视基础课的教材建设,除了前面提到的《〈资本论〉的理解与启示》《现代西方经济学教程》外,由他主编、北方十四所高等院校合编的《政治经济学(资本主义部分)》是在全国有很大影响的政治经济学教材。该书与谷书堂教授主编的《政治经济学(社会主义部分)》合为一套,通常称为"北方本"。该书出版后,受到经济学界的普遍好评,被国家教委确定为文科教材之一,1992 年获得国家教委优秀教材一等奖,1993 年,又以它为主要依据,我校政治经济学学科被评为全国普通高校优秀教学成果国家级一等奖。魏埙主编的《政治经济学(资本主义部分)》自 1986 年出版第一版,以后十几年中不断地根据现代资本主义发展的新情况进行修订、充实,每次再版都有理论和体系上的创新,使之更加深刻反映现代资本主义现实。1998 年,魏埙又组织了该书的第五版修订工作,1999 年 8 月,年逾八旬的魏埙教授不顾酷暑又赴陕西人民出版社所在地西安,亲自审阅,逐章逐节地批改了四十余万字的书稿,保证了教材的质量。

三、勤恳执教，人才辈出

魏埙长期承担着教学和行政领导双重工作，任务十分繁重。经济系政治经济学专业在 1953 年、1954 年、1955 年暂停招生后，1956 年重新恢复招生。从这时起，直到 1979 年，魏埙一直承担着本科生政治经济学（资本主义部分）和《资本论》选读课的教学工作。魏埙工作勤恳、业务精良，1956 年刚刚加入了中国共产党，即被任命为校长办公室主任；1962 年被晋升为教授；1972 年任经济系系主任。十年动乱期间，魏埙也受到了冲击。尽管如此，魏埙始终坚持忠于党的教育事业，勤恳执教，培育人才。五十年来，魏埙的辛勤努力，已是桃李满天下，其中有不少人成为国家的栋梁之才，在各个战线上担当着重任。

魏埙在任教期间，对待学生循循善诱、诲人不倦，经常到学生宿舍进行辅导，对学习困难的同学更是给予专门的耐心指导，使同学感受至深。

1979 年，魏埙开始招收《资本论》方面的硕士研究生，共培养硕士生 16 名。从 1989 年开始，为培养西方经济学师资，又连续三年招收西方经济学研究生，共 15 名。1986 年，我校政治经济学成为博士点学科，魏埙开始作为博士生导师招收现代资本主义经济理论方向的博士研究生。至 1996 年，共招收学生 26 名。至今大都已经毕业获得博士学位。

魏埙不仅注意对学生的培养，同时十分注意经济学科的师资队伍建设。党的十一届三中全会以后，为适应新时期的要求，作为经济系主任的魏埙狠抓了教师业务水平的提高和知识结构的改善。他向教师们提出要把"十年动乱"中荒疏的专业理论知识和外语尽快弥补回来；要求教师学一学西方经济学，并亲自给一些教师开课讲授西方经济学基本原理。魏埙特别注意对年轻教师的培养。十一届三中全会后，魏埙有计划地安排一些中青年教师去美国、日本、南斯拉夫等国进修。这些教师现在都已成为博士生导师、我校经济学科的学术带头人。当时，为使这些教师有时间补习外语，年过六旬的魏埙亲自代他们上课，承担本科生的教学任务；有的教师科研成果相对较少，魏埙也代他们上课给他们留出更多的时间从事科研；还有的教师因家属在农村、边疆，工作不安心，魏埙即设法帮助他们解决家属问题，为他们解除后顾之忧。在魏埙的亲自关怀和培养下，我校经济学科中成长出一代又一代学术骨干人才，为南开经济学科的繁荣积蓄了后备力量。

四、治学与为人

魏埙为学执教的五十余年，是刻苦努力、自学上进、坚强奋斗的五十年，是沿着马克思主义经济学理论大道自强不息、勇往直前的五十年，是为研究和传播《资本论》真理学说不懈工作的五十年。在他的为学执教生涯中，处处显示着治学和为人的独特风格。

魏埙培育人才，既传道、授业、解惑，又注意学生思想品德素质教育。他教导学生要作风正派、朴实淳厚，对此他总是身体力行，以身作则，身教重于言教。在科学世界观和革命人生观教育上，他以个人从事马克思主义理论的学习、教学和研究的工作实践来现身说法。在治学态度上，魏埙经常以马克思在撰写《资本论》时的严谨的科学精神和马克思同贫困与病魔斗争的坚强意志教导学生。他经常用来教导学生刻苦钻研的两段名言，一段是马克思所讲的"在科学上没有平坦的大道，只有不畏劳苦沿着陡峭山路攀登的人，才有希望达到光辉的顶点"；另一段是我国宋代著名政治家、文学家王安石所讲"世之奇伟瑰怪非常之观常在于险远，而人之所罕至焉，故非有志者不能至也"。同时，魏埙个人孜孜以求、辛勤耕耘的亲身经历也对学生起着示范作用。

魏埙治学的准则是：严谨、端正、扎实、开拓。严谨就是要追求真理，尊重科学，不苟且，不苟同；端正就是要朴实，不虚夸；扎实就是要务求甚解；开拓就是不唯书，不唯上，不固步自封，勇于创新。

魏埙为人处处表现出共产党员的正气和中国正直知识分子的骨气。对领导，他尊重而不阿谀奉承，服从而不盲从，对于错误行为他敢于直谏，对党内的不正之风，他深恶痛绝并与之进行不懈的斗争；对同志，他总是以诚相待，不闹无原则的纠纷，不做有损于团结的事情；对自己，他处处严格要求，从不文过饰非，自觉坚持自我批评；他在同辈、晚辈和学生面前，平等待人，从不摆架子，他的平易近人使他成为全系最容易接近的教师。

魏埙助人为乐,成为他的一种美德。魏埙在燕京大学时一位教授在课堂上讲道"什么是好人? 给予社会的大于取之于社会的,即为好人",他对此铭记在心,作为自己的座右铭,每每以它来勉励学生。在系、院以至学校范围内,他在学术上、工作上、生活上、以至经济上以各种形式帮助过的人难以数计。不少人在工作中或个人事情遇到困难时,很自然地想到"找魏先生去"。而在这种情况下,他总是从百忙中抽出时间,伸出援助之手。为此,他花费了不少时间和精力。凡此种种,使人们怀着敬佩的心情称之为"有求必应",这是人们对他大公无私、牺牲自己、成就别人的优秀品质的赞誉。

魏埙教授已至耄耋之年,但他仍然精神矍铄,老当益壮。他常以屈原《离骚》中的一句话"路漫漫其修远兮,吾将上下而求索"为座右铭勉励自己,勉励学生,催人奋进。1999 年是南开大学建校八十周年,也正值魏埙教授在大学执教五十周年。值此全校师生庆贺之际,愿这位八旬老人生命之树常青,教研之叶永茂。

(张俊山)

朱维之

一

朱维之是学贯中西、博古通今的著名学者。他一生从教六十五年，著述三十余种，近千万字。可谓桃李天下，著作等身。

朱维之是世纪同龄人。1995 年他九十华诞，画家范曾画了一幅题名《稚子》的牧牛图贺寿。画幅上那位稚气可爱、悠然自得的小牧童，与朱维之的相貌十分相像。原来范曾作画的时候，特地向他索要了一张童年时代的照片作模特儿。朱维之说："我出生在浙江农村，山清水秀，蓝天白云。我父母都是农民，小时候家贫，我又好玩，很喜欢放牛，可以领略大自然的乐趣。"

1919 年"五四运动"爆发的时候，朱维之正在温州读中学。他与当时众多的热血青年一样，上街游行示威、查禁、烧毁洋货。同时在"五四"精神的鼓舞下，阅读了大量进步书刊和文学作品。1923 年，著名文学家朱自清先生到温州中学任教，朱维之得以亲聆名师的教诲。在朱自清的教育、鼓励下，朱维之从此走上了文学的道路。1924 年，他的第一篇长篇论文《墨翟的人生哲学》在上海《青年进步》杂志发表，该杂志的主编十分赞赏，多方查询作者的身份。当得知这篇才气横溢的论文竟出自一位高中毕业生的手笔，更是赞叹不已。此后，朱维之便成了《青年进步》杂志的特约撰稿人，先后在该杂志上发表了《中国最早的文学家屈原》《诗仙李白》等论文多篇。1927 年，《青年进步》出版创刊十周年纪念专号，朱维之又应约撰写了《十年来的中国文学》。正如他后来所回忆的那样："这篇论文决定了我一生的生活道路。"

中学毕业后，朱维之迫于家境困窘，没有报考正规大学，而是进入免费的金陵神学院。但他并不信教，他不打算以神职谋生。在金陵神学院三年期间。他博览群书，潜心研究希伯来文化与基督教文学。一部笼罩着神秘外衣的《圣经》，被他当作绝妙的文学美文来阅读与欣赏。朱维之由此进一步确立了他的文学研究方向，一生矢志不移。1982年出版的《中国大百科全书·外国文学卷》中的希伯来文学条目与犹太人文学条目，全部由朱维之先生撰写。

1927年北伐军攻克南京，朱维之异常振奋。他和几位同学一起投笔从戎，从南京到达武汉，参加北伐军总政治部工作，并被委任为第三军宣传科长，随军北上，直至攻克许昌，驻守开封。不久，蒋介石叛变，大革命失败，朱维之不愿同流合污，便到了上海，进入《青年进步》杂志所属的青年书局从事编译工作。

1929年初，新创办的福建协和大学（福建师范大学的前身）来上海招聘教员，朱维之拿着两年前发表的长篇论文《十年来的中国文学》前去应聘，得到协大校长林景润博士的赏识，故随即南下，到福建协大讲授中国新文学课程。一年之后，他又被学校派往日本早稻田大学和中央大学进修，从事日本文学与中国文学思潮史研究。1932年回国后，他继续在协大国文系任教，同时出任《福建文化》主编。其间，先后出版了《李卓吾论》《李卓吾年谱》两部著作。这两部著作曾在日后引发出一段小小的插曲。"文革"后期"评法批儒"风起，李卓吾被指认为法家，身价陡增。某日，工宣队在南开大学图书馆偶然发现了朱维之三十多年前的旧著《李卓吾论》，颇为惊讶。当时，朱维之尚关在"牛棚"中，工宣队的头头便找他谈话，希望他能结合自己的思想实际，肃清"流毒"，作个"评法批儒"的发言。不料，朱维之"不识抬举"，竟说自己三十多年前没有认识到李卓吾是个法家，现在也没有认识到李卓吾是个法家。工宣队头头碰了个不软不硬的钉子，朱维之也就失去了一次"从宽处理，提前解放"的机会。

抗战期间，朱维之困守孤岛，避居租界。他一边在上海沪江大学任教，一边埋头著述，先后出版了《中国文艺思潮史略》《基督教与文学》《文艺宗教论集》等学术专著。《中国文艺思潮史略》是国内最早问世的一部完整的文艺思潮史，它打破了以朝代更替作为主要线索的文学史格局，代之以文学思潮的演变作为主要线索，全面描写了中国文学三千多年来的发展历史，并由此开拓出去，论述了儒、道、佛思想对中国文艺思潮与文学创作的影响。此书从内容到结构，都为当时的学术界一新耳目。《基督教与文学》则集中体现了朱维之早年的宗教文学思想，它不仅全面论述了基督教对欧美文学的影响，而且把以《圣经》为代表的基督教文学视为世界文学的重要组成部分。这对日后的比较文学与世界文学研究，无疑具有重要的启发意义。上述两书解放前已重印多次，解放后又被港台地区多次重印，1991年由复旦大学与上海书店收入《民国丛书》，重新影印发行，可见其学术影响之深远。

二

　　1952年院系调整，朱维之调南开大学中文系工作，此前他已担任沪江大学中文系主任多年，来南开后却没有一官半职。但他对此并不介意，总是随随和和地待人接物，认认真真地教书写作，从不介入系里的人事纠葛，也不热衷于喧闹的政治运动。1959年，人民文学出版社接连出版了他的两部译著，一部是格里鲍耶多夫的《聪明误》，另一部是马雅可夫斯基的《宗教滑稽剧》，两部译著都是直接从俄文原著移译的。朱维之精通英语、日语，但不谙熟俄语。他是在繁忙的教学之余，在紧张的政治运动之中，通过刻苦自学掌握俄语的，而当时朱维之已迈过"知命"之年了。

　　朱维之在南开主要讲授外国文学课程。从古代到现代，从东方到西方，从文学史到作品选，他都讲过，而且游刃有余，得心应手。朱维之讲课，从不按教材照本宣科。他常常是拿着几张小卡片走上讲台，从容不迫，慢条斯理，把文学故事、文史掌故、宗教习俗、世态人情娓娓道来，妙趣横生，讲到关键处，再作言简意赅的总结，画龙点睛式的提示，但绝无长篇大论的说教。因此，听朱维之讲课，用不着拼命记笔记，也不必担心折磨人的考试，轻松愉快，实在是一种超然洒脱的艺术享受。

　　在1958年的"大跃进"及随之而来的"拔白旗、插红旗"运动中，朱维之的治学方法与教学方法受到严厉批判。当时的逻辑是：外国文学乃封、资、修文学，充满毒素，朱维之对它们不加批判，却大为赞赏，这是公开放毒,是同无产阶级争夺接班人。于是,朱维之便成了非拔掉不可的一面资产阶级"白旗"。二十世纪六十年代初,有一次朱维之偶然谈起当年受批判的事,曾说:"我把文学当作美女来欣赏,有人要把她当作尸体来解剖,有理说不清",真可谓一语中的。

　　"文革"风暴骤起,朱维之又成了南开园第一批被揪出来的"牛鬼蛇神"。一天下午,造反派在电影广场召开万人批斗大会,朱维之被剃了个阴阳头,抹了一脸黑墨水,胸前挂着一块木牌子,同几十名"牛鬼蛇神"一起,接受批斗。然后,又在红卫兵的押解下,在校园游街示众。口号声、锣鼓声、漫骂声震耳欲聋,整个南开园杀气腾腾。傍晚时分,朱维之回到家里,打水洗漱,随即招呼惊魂未定的老伴开饭。一杯两碗,吃罢便坐下来看书,大有昆山崩裂我自泰然的气势,此事在中文系师生中一度传为趣谈。

　　朱维之在"文革"期间被戴上了一系列吓人的大帽子:"反动学术权威""漏网右派""基督教吹鼓手""大汉奸""镇压革命学生的刽子手"。其中后两顶帽子尤能致人于死地,朱维之为此写过不少申辩材料,但在是非颠倒的年代,均无济于事,朱维之也就成了南开园最后一批被解放的"牛鬼蛇神"。直到"文革"结束,落实政策,专案组派人外出调查,才从上海出版界一位领导人那里了解到,朱维之在抗日战争和解放战争期间,滞留上海,生计困难,但他不仅没有投敌附逆,还为革命做了不少工作。他曾以沪江大学中文系主任的身份,掩护和帮助过地下党员、革命学生,上面提到的那位上海出版界的领导人,解放前夕就因为得到他的救助,才逃脱敌人的魔爪。国民党当局为此要解聘朱维之的职务,只是尚未来得及实施,上海便解放了。

　　在"文革"中,最令朱维之痛心的是他的《失乐园》译稿的丢失。朱维之是专事弥尔顿作品译介工作的国内少有的学者。弥尔顿三大诗作《失乐园》《复乐园》《斗士参孙》的中译本,均由他独立完成。早在二十世纪四十年代,朱维之便开始弥尔顿诗歌的翻译工作,1951年《复乐园》出版后,便着手进行《失乐园》的翻译。《失乐园》全诗12卷,一万余行,它的翻译出版是一项十分艰巨的工程。"文革"前夕,朱维之已将全诗翻译过半,用蝇头小揩工工整整地抄写在十几本笔记本上。不料"文革"抄家,译稿全部被掠走,下落不明,眼看着那多年的心血将要付诸东流,朱维之内心异常悲愤。在关"牛棚"、挨批斗和强制劳改的艰难岁月,朱维之咏诵弥尔顿的铿锵诗句以自勉。他把被迫中断了的《失乐园》的翻译工作暂时放下,转而进行《斗士参孙》的翻译。《斗士参孙》描写以色列古代斗士参孙,在身陷囹圄、惨遭凌辱的情况下,同敌人英勇斗争的悲壮故事。朱维之在该诗的《译者前言》中指出,《斗士参孙》"是诗人的自况"。弥尔顿在王权复辟的黑暗年代,财产被查抄,书籍被烧毁,人身自由被剥夺,但他坚持革命气节,拒不低头屈服,而是用手中的笔作武器,誓与敌人斗争到底。朱维之在"文革"期间,冒着很大的风险,秘密进行《斗士参孙》的翻译,这是否"译者的自况"呢?

"文革"结束后,《失乐园》的译稿失而复得,但已残缺散乱。朱维之又经数年努力,对译稿进行重译、补译、修改、润饰,终于在 1985 年由上海译文社出版,这是我国第一部完整的《失乐园》中译本,它凝聚了朱维之难以言尽的悲伤与喜悦。在《译本序》中,朱维之对此只作轻描淡写的叙述:"本译稿经过二十二年,用业余时间断续译成。其间遭遇十年浩劫,译稿丢失、复得、返工等恼人的挫折。"从这寥寥数语中,不难品味出一位智慧老人的大度与宽容。

三

朱维之以其学识人品赢得南开师生的尊敬,1979 年被推举为中文系主任,1983 年又以 78 岁高龄加入中国共产党。朱维之的主政方针,被系里的教师赞誉为"无为而治"。他一反多年来对教师统得太多、管得太死的做法,尽量创造一个自由宽松的环境,让教师能够放开手脚一门心思做学问。当时正值拨乱反正,有些教师还习惯于"年年讲、月月讲、天天讲"的生活方式,而身为系主任的朱维之却很少给大家开会、作报告、布置工作。记得有一个周末,一位教师在系办公室遇到了他,竟下意识地发问:"朱先生,今天下午我们该干什么?"朱维之十分幽默地引用了《巨人传》中的一句名言作答:"随心所欲,各行其是。"在场者无不哈哈大笑。

朱维之经常说,"文化大革命耽误了几代人,我们一定要珍惜时日,多读书,多出成果,多出人才。"他不仅以此告诫中文系师生,而且身体力行。朱维之家里至今只有一台12寸黑白电视机。每晚看完了"新闻联播",他就把电视关掉了,一个人坐在书房,拿着放大镜或看书或写作。从二十世纪八十年代至九十年代,朱维之撰写、主编、翻译的著作就多达16种,这对一位耄耋老人来说,其工作量之浩大,不能不令人惊叹。

在朱维之晚年著述中,尤以研究希伯来文化与基督教文学的系列丛书,最为引人注目。丛书包括《古犹太文化史》《希伯来文化》《希伯来文学简介》《圣经文学十二讲》《圣经文学故事选》《圣经奇文妙语选》等。这些著作既与朱维之早年的宗教文学思想一脉相承,又是它的发扬光大。朱维之在他的一份《自传》中写道:"以往别人谈欧美文学的源头,只注重希腊文学,不涉及希伯来文学,我不盲目从众,兼谈'二希'。其实,欧洲在古希腊罗马文学衰落后,并不是历史的空白,而是以早期基督教文学为代表的希伯来文学的传入,希腊文学与希伯来文学的交汇融合,便成为欧美文学的新起点,开创了西方文学的新纪元。这是我对历史的一个大翻案,也是文学史的一个大翻案。"朱维之最突出的学术贡献就在这里。朱维之在希伯来文化与基督教文学研究方面独具真知灼见的学术思想,如今已受到学术界的重视,并对比较文学与世界文学研究产生了重要影响,它为我们重写欧美文学史提供了更开阔、更新颖的视角。

"文革"结束后,朱维之重登讲台,为本科生、研究生讲课。他痛感"文革"贻害,学生无书可读,教师无教材可用,遂于1977年发起倡议,联合京津及华北地区一批专业教师,共同编写外国文学教材。经过多次写作,反复修订,由朱维之主编的《外国文学史·欧美卷》《外国文学史·亚非卷》和《外国文学简编·欧美部分》《外国文学简编·亚非部分》相继出版。对这两套教材的编写、出版,朱维之十分认真负责。从拟定大纲、审读初稿、到最后定稿,他都逐字逐句过目、修改,还亲自撰写了有关章节,绝不当挂名主编。朱维之常说:"教材是学生最基本、最普及的读物,不能掉以轻心,误人子弟。"由于这两套教材具有较高的科学性与实用性。被国内许多高校广泛使用,其中《外国文学史·欧美卷》已累计印行 20 多万册,获国家教委优秀教材一等奖及国家级优秀教学成果二等奖;《外国文学史·亚非卷》已累计印行 10 多万册,获国家教委优秀教材二等奖。

　　1986 年,朱维之托人就《中国文艺思潮史略》被盗印事,向香港某出版社交涉。出版社负责人表示,一定向朱维之赠送样书及支付稿酬。其后才知道这是一场骗局。朱维之却很大度,他平静地说:"我再写一本新的,让他们去盗印好了。"果然,两年之后,一部内容更充实的《中国文艺思潮史稿》便出版了。新书的篇幅是旧书的三倍多,文艺思潮史的下限也由清末延伸至解放前。当问及朱维之:"你年纪这么大,工作这么忙,这样一本大部头的书,怎么两年之内就写出来了?"朱先生沉思片刻说道:"马克思说弥尔顿'出于同春蚕吐丝一样的必要而创作《失乐园》'。我不能同弥尔顿比,但也和春蚕吐丝一样,每天吐一点、写一点,积少成多。"这不禁使人联想到李商隐那脍炙人口的名句:"春蚕到死丝方尽,蜡炬成灰泪始干。"把这两句诗移用来说明朱维之教授为文为人之道,当是很恰当的。

　　　　　　　　　　　　　　　　　　　　　　　　　　　(崔宝衡)

李宜燮

　　桃李不言,下自成蹊。这是已故外文系教授、著名翻译家李宜燮的
真实写照。他在南开外文系辛勤耕耘了几十载,培养了一批又一批的
优秀外语人才,但他为人谦逊随和、淡泊名利,在外文系师生的心目中
始终是一位和蔼可亲的长者。

　　李宜燮于1914年9月生于福建省建瓯县水吉镇。他自幼勤奋。
1932年毕业于福州的教会中学英华书院。同年他以优异的成绩考入
北京大学英文系。在北大,他刻苦勤奋,学习成绩出类拔萃,深得艾克
敦(Harold Acton)、朱光潜、梁实秋等教授的赏识和器重。他酷爱文
学,对诗歌尤其钟爱。三、四年级时,就曾在《华北日报》的《诗刊》《世界
日报》副刊以及《绿州月刊》上发表了多首新诗。

　　1936年,李宜燮从北大英文系毕业,在安庆高级中学执教一年,第
一次踏上了讲台。1937年至1939年,他来到天津,在北洋印字馆担任
英文校对。1943年春,李宜燮入辅仁大学英文系,担任翻译及英语讲
师。在辅仁大学长达四年半的教书生涯使李宜燮积累了教学经验。
1947年李宜燮转入北京大学英文系任教。三年后,在恩师朱光潜先生
的大力推荐下,李宜燮应聘担任广西大学英文系教授。

　　1952年李宜燮调任南开大学英文系教授,从此开始了他在南开大
学英文系二十多年的辛勤耕耘。李宜燮主讲英国文学。他对文学的强
烈爱好使他在上课时全身心地投入。据曾上过此课的谷启楠教授回
忆,李宜燮对英国浪漫派诗人的研究颇深。他在上课时,常常动情地朗
诵这些诗人的诗作,其激情感染了听课的学生。他鼓励学生勤奋读书,
学好外语。不仅对学生,对于青年教师,他也给予了极大的关怀与鼓
舞。他鼓励青年教师们积极钻研业务,从事学术研究。当年与李宜燮

共事过的多位青年教师,如今已成为系里的老教授了。他们仍然记得,每次李宜燮遇见他们,总会询问他们最近读了什么书,有些什么心得体会。他的热情与和蔼可亲深深地感动了青年教师们,外文系形成了一股努力钻研业务、勤奋学习知识的良好风气。

从1961年起,李宜燮就承担了培养硕士研究生的任务。"文革"以后,外文系再次招收硕士研究生,李宜燮又一次担当了硕士研究生导师的职务。韦荣臣教授便是1979年李宜燮在"文革"后的第一批弟子之一。韦荣臣回忆道,李宜燮曾给研究生讲授英美文学选读及翻译课。他讲课认真、生动,使用的英语地道而又通俗。他批阅学生作业(每月论文及翻译作业)也非常认真,不但鼓励学生努力学习专业知识,还注意扩大他们的知识面。据韦荣臣回忆,李宜燮为了提高学生的中国文学修养,曾要求他们去听回国不久的加籍华人叶嘉莹教授的中国古典诗歌讲座。这使得学生受益匪浅。李宜燮精于19世纪英国文学,对美国文学也非常熟悉,曾与人合作翻译马克·吐温的《镀金时代》。1981年,他因病住院。转年,他不顾身体尚未康复,出院后不久就马上投入到硕士研究生论文的指导工作中去,对教学工作可谓鞠躬尽瘁。在他退休以后,仍不辞劳苦,给外文系的研究生讲授英国浪漫主义诗歌。一些系里的老师求教于他时,他总是悉心帮助。多年的辛勤耕耘,李宜燮桃李满天下,在他培养的十九位硕士研究生中,八位在美国获得了或将获得博士学位,其余基本都在大学任教。

在教书育人的同时,李宜燮还不忘治学。他在翻译实践方面贡献良多。早在1936年,他就以"殷晶子"为笔名,在《绿州》上发表了译作《济慈书信》。1956年,上海新文艺出版社出版了他的译作《镀金时代》。他不但为中国读者打开了通向世界文学名著的窗口,而且也向世界读者打开了中国优秀文化的大门。他积极地把中国文学名著与经典译成英文。1939年香港英文版《天下杂志》9月号上刊登了他翻译的沈从文的作品《萧萧》。他还与北大的恩师艾克敦教授合作,共同翻译明朝冯梦龙的《醒世恒言》。1941年这部译作以《如胶似漆》(Glue Lacguer)为名由伦敦金鸡出版公司出版。1947年又由纽约艾·艾·温(A. A. Wyn)出版公司出版其普及本。1960年,商务印书馆出版发行了他担任主译及审校的《中国新民歌选》（上下集）。1964年，北京外文出版社出版了他任主译兼审校的《青春之歌》，向外国读者介绍了抗日战争时期，热血青年逐渐成长，积极投身革命的过程。此书以"南英"即南开大学英文系的名义出版，受到好评，曾再版多次。李宜燮还组织系里教师翻译过大量的联合国文件，提高了青年教师的业务水平。

此外，李宜燮还参加了审校《罗伊回忆录》《戴高乐传》及《英汉大辞海》。三书共约70万字。他与常耀信教授共同主编了《美国文学选读》，该书已被不少学校列为考研必读书。退休后，他还为南京大学陈嘉教授审定《英国文学史》。

李宜燮学识渊博，德高望重。他曾任中国英语教学研究会副主席、华北地区英语教学研究会主席、中国外国文学学会理事、天津市外国文学学会副理事长、天津莎士比亚研究会顾问、南开大学学术委员会主任。他曾与许国璋教授等作为中国的外语教学代表赴日本交流访问。他为人谦和，待人友善。他在指导研究生期间，与加拿大专家科斯比教授（Prof. Cosby）进行了成功的合作。曾有《剑桥国际名人录》等三个国际名人录的编委会写信向他索取个人材料以列入名人录，被他婉言谢绝了。他谦逊的美德令人肃然起敬。

李宜燮兢兢业业，生命不息，工作不止。韦荣臣教授回忆道，在李先生去世前几年间，每次他去看望李先生，总是见他不顾高龄坚持工作。在那段时期里，李宜燮帮助陈嘉教授审定《英国文学史》，还为南开大学翻译中心翻译了大量资料。

李宜燮勤勤恳恳地在外文系工作了几十年，对外文系怀有深厚的感情。他在逝世前立下了遗嘱，把自己的存款留给系里，设立"李宜燮奖学金"，用以鼓励青年学子们勤奋读书、积极向上。

李宜燮教授已故去数年了，但他辛勤工作、诲人不倦的精神将永远铭刻在外文系师生的心中。他谦和友善，不计名利的高风亮节将永远留在南开人的记忆里。

（南　英）

高尔森

　　高尔森是我国著名的法学教授,我国国际税法学科的开创者,并以其在合同法、专利法和国际经济法等领域的诸多建树受到学界关注。了解他的坎坷人生、治学风范、处世品节,对于弘扬南开的优良校风并激励年轻学子攀登奉献,都是大有裨益的。

一、坎坷人生

1.美好童年

　　高尔森 1929 年出生于安徽省安庆市,祖籍安徽巢县。高尔森的父亲毕业于武汉大学,在高尔森童年时担任芜湖商业中等专科学校的校长,并兼任芜湖农业中等专科学校校长。高尔森的母亲是安庆名中医之女,曾就读于安庆女中。高尔森童年家境祥和,幸福美好。

2.逃难少年

　　1937 年抗日战争爆发,高尔森随父母逃难武汉,随后又转移到湘西,小学和初中均在湘西毕业,1945 年考入中央大学附中,并在重庆完成了高中一年级的学业,1946 年随中央大学附中还迁南京,并在那里完成了高中二、三年级的学业。在重庆和南京,目睹国民党贪污腐败,对之深恶痛绝。

3.砥砺青年

　　1948 年,高尔森考入北京大学法学院,1952 年毕业。北大四年,时值新中国成立前后,各种新旧思潮交替,在一种较为自由的学术空气里,高尔森养成了勇于独立思考,遇事敢于发表个人独立见解的性格。

　　1952 年从北京大学毕业后,分配来南开大学从事马列主义教育工作。在七年的马列主义教学实践中,他逐渐掌握了用马列主义的立场、观点、方法看问题和指导自己的教学及研究工作的方法,并以高度的工作热情和对马列主义纯诚而强烈的信仰,赢得了师生的好评。但是,在1957年反"右"时,高尔森在课堂上下的几句诚恳言论竟遭批判,虽未划为"右派",但被定为严重"右"倾,被逼无奈,只好于1959年忍痛调离南开。

4. 抑郁壮年

安徽芜湖四二五厂,是一个大型国防工厂,1959至1979年,高尔森在这里度过了二十个春秋,主要教技术人员英语和俄语。这正是他三十岁至五十岁的人生黄金时节,但蒙冤埋没,无法报效祖国,心情怎不抑郁?每常咏陆游词《诉衷情》中一句"此生谁料,心在天山,身老沧州",这真是高尔森当年心情的写照。但后来有了报效祖国的机会,也就转念过来,觉得这二十年未绞脑汁,倒也为此后二十年的拼搏留下了条件。

5. 拼搏老年

1979年,乘国家落实知识分子政策和改革开放之风,高尔森又调回南开大学工作,从而,开始了至今这二十年的学术奋斗历程。在国家实行改革开放政策之初,通晓国际经济法律的人才奇缺,高尔森急国家之所急,不畏艰难,毅然开始了对各国和国际经济法律制度的深入研究,不顾年高体弱,二十年如一日,每天早晨五点开始读书一直到七点钟,白天一整天还要继续繁重的教学和科研工作。关于晨读的意义,高尔森常对弟子说:"晨读两小时,多干半天活儿。"高尔森以只争朝夕的精神,刻苦钻研,出版个人撰写和主编的论著共10本,发表论文近30篇,开设了多门国际经济法律课程,培训来自全国各地的高校教师、国家干部和学生,并应邀在全国多所重点大学讲学,对我国改革开放事业的发展做出了许多宝贵的学术贡献,高尔森本人也因此赢得声誉,被公认为我国当代著名法学家之一。

二、治学风范

高尔森在大学攻读国际法专业,毕业后,二十七年脱离所学专业,对于一般人而言,把大学所习拣起来已属不易,更何谈取得多少学术成就！但是，高尔森却以超乎常人的勤奋，问鼎国际经济法学，勇攀高峰。

高尔森年轻时就才华出众，在大学三年级时，曾翻译出版三本著作，其中两本译自俄文，一本译自英文。1975 年《南开大学学报（社会科学版）》创刊，创刊号上就有高尔森的论文发表。从 1979 年起，高尔森开始深入研究国际经济交往中的法律问题，他的治学风范主要有以下几个特点：

1. 敢接重担

敢于接受并承担国内尚无人或很少有人从事研究过的课题，如国际税法、专利法、英美合同法等，高尔森不仅是新中国第一本系统介绍英美合同法原理的学术论著的作者，还曾以精辟的论文对我国专利法的出台发挥了作用。

2. 务实

研究的问题都是改革开放中的实际问题，理论联系实际，急国家之所急。

3. 严谨

研究问题必小心求证，严格审查和援引论据，谨慎推理结论，凡事三思，遇人切磋，不敢随便言词，谬论误人。

4. 不为文而文

为文必有个人独立见解，否则不写，这是高尔森的座右铭。

5. 敢于批评

为了国家和人民的利益，高尔森论事不避人嫌，据理直言，这种精神在高尔森论著中体现得非常明显。

6. 涉猎面广

治学如筑金字塔，只有博才能高。因此高尔森虽主攻税法，但对许多法律领域都有研究。

7. 关心年轻人的学术成就

高尔森以主动为年轻人服务为其作为一位大学教师的天职和乐趣，曾经为许多校内外的年轻人看稿，提出自己的评论和建议，甚至改写稿件，原作者或编辑顾念高尔森辛劳，让他署名，但高尔森总是不肯，总是让年轻人独自扬名学术论坛。

由于学风严谨,高尔森的研究成果总是博得广泛的称誉,主编的《国际税法》一书于1991年获第四届天津市哲学社会科学优秀成果一等奖,并于1992年获第二届司法部高等学校优秀教材奖,截至1997年,该书已9次印刷;他所发表的论文中有3篇获得天津市哲学社会科学优秀成果奖,曾有8篇论文被多次转载,多次在重要会议上宣读论文并受到高度评价。例如1980年在全国第一次专利法研讨会上宣读题为《我国实行专利制度的必要性及有关问题》的论文,受到极高评价,会议主持人、国家科委副主任武衡同志要求立即印发人手一份,国家专利局一些领导一直称高尔森是我国建立专利制度的有功之人。又如1982年12月,高尔森在上海举行的我国第一次国际经济法研讨会上,宣读了题为《吸引外资与税收优惠》的论文,与会300多人一致高度评价,厦门大学张立教授原定在高尔森教授之后发言,他上台后只说了一句:"高尔森同志讲得这么好,我就不讲了。"该论文发表后曾被转载9次。再如1992年海峡两岸第一次学术研讨会在台湾举行,高尔森作为大陆11位法学家代表之一赴台湾参加研讨会并宣读了论文,受到欢迎;1993年在北京举行海峡两岸第二次法学学术研讨会上,高尔森宣读了题为《我国证券立法中的几个问题》的论文,有多位与会的台湾学者当面称赞,评论人马俊驹教授(武汉大学法学院院长)说:对此文"我非常敬佩,受到很大启发……具有重要参考意义。"此外,高尔森还曾应邀在香港、澳门、美国、加拿大的一些大学讲学或进行学术访问。

三、处世品节

高尔森于工作兢兢业业,一直超负荷搞学问,于利不谋,于名不争,和气待人,慈祥接物,好学无厌,诲人不倦。自己虽不富裕,却常常周济家庭条件不好的学生,令所有接触过高尔森的人无不钦敬。他对于自己的弟子,重言传,更重身教,以自己的言行,树立做人的榜样。

四、鞭策后学

高尔森学识渊博,是知名的学者,但他从不自满,每常对年轻教师们说:"我前半生历经坎坷,垂老始能在学术上拼搏,虽算没有全然虚度此生,但成就甚微。法学十分重要,但在我国是一个比较落后的学科,我国要出现世界一流的法学家,只能依靠你们这些年轻学者,再经过十几年、甚至几十年的艰苦钻研,日积月累,才能实现。中国法学发展的路还很长,只有依靠年轻人开拓前进了。"对于这样的殷切期望,年轻人常感困难太多,高尔森教授则以南开大学第一任校长张伯苓先生的办学精神鼓励年轻教师,张伯苓先生是高尔森最崇敬的老一代教育家之一。老校长能在旧中国的艰难环境中把一所私立大学办成国内一流大学,后来学子发扬这种精神,也定能克服种种困难而最终使自己在学术上达到国际一流水平。

(程宝库)

曾鼎禾

曾鼎禾，又名曾禾生。原籍四川省华阳县。由于他的曾祖父及祖父在清代相继考中进士，而得以跻身于清朝官僚的行列。曾家由此开始长期地居住在北京。1910年11月23日，曾鼎禾在北京出生。其父曾相继在清政府及北洋军阀政府内任高级官吏。后由政界转向了商界。

优裕的家境使曾鼎禾从小便有机会受到良好的教育。1923年8月，他从北京师大附小毕业后，升入北京私立志成中学上初中。三年后，顺利地进入北京师大附中上高中。1928年8月，他以优异的成绩被清华大学数学系录取。他本报考的是物理系，但由于他的数学成绩特别突出，而被转到数学系进行培养。此后，曾鼎禾就与数学结下了终生之缘。

求学期间，身为一介书生的曾鼎禾得知日本出兵山东时，他满含激愤与全班同学集体宣誓："誓死救国，抵制日货，坚持到底！""九·一八"事变爆发后，他怀着满腔的爱国热情积极参加了清华大学学生会组织的各种抗日宣传活动。京汉铁路沿线曾留下他奔波的身影，徐水的百姓曾聆听过他那慷慨激昂的演讲，保定的人民曾感受过他那一片爱国的深情。痛定思痛，善于思考的他明白"落后就要挨打"的道理，一心想通过留学，来实现"师夷长技以制夷"这个长久以来埋藏在中国知识分子心中的梦想。

1932年8月，曾鼎禾从清华大学毕业后，开始独立生活。当时，家道中落，出国只能依靠自己积攒路费。他回到自己的母校——北京私立志成中学教数学。当时每个月的薪水是一百元左右，为了出国，他一直省吃俭用。1935年8月，他终于攒足了路费，到了法国。在法国，曾鼎禾以优异的成绩考上巴黎大学，并获得了奖学金。他在巴黎的郊区租了房子，平时除了上课，查资料外，都在房中埋头苦读，几乎不参加任何交际活动。靠着这种拼搏精神，他出色地完成了学业。

1938年4月，曾鼎禾的博士论文答辩顺利通过，荣获巴黎大学数理哲学博士学位。他的博士论文《集合论及数理哲学》，共有157页，曾在巴黎印行，获得学术界的好评。此外，他的两篇副论文《论排中律》和《论超限数》也在数理哲学院讨论会上作过报告。曾鼎禾在国外留学三年；两年半是在巴黎度过的，另外半年则是在德国的柏林大学专门学习德语。

1938年6月，曾鼎禾回国时，北京已经沦陷于日寇的铁蹄之下。在那个动荡的年代里，为了生计，他迫不得已四处奔波，从南到北，从西到东，足迹几乎踏遍大半个中国。回国之初，他先是到成都。在那里，同乡把他介绍到陕西的西北联合大学农学院任副教授、教授数学。不久，农学院里因派系之争而停课，他离开了学校又回到成都。1939年9月，在清华大学数学系的老同学柯召的介绍下，曾鼎禾在成都航空机械学校找到一份工作。他担任该校高级班的教官，教授《高等微积分》等课程。漂泊的生活刚刚稳定下来，不料在第二年的三四月份，这个学校便改为完全的军事化机构，要求所有的教官集体加入国民党，曾鼎禾当然也不例外。此时，由于持续的长途奔波，加之南方湿热气候的侵袭，他的身体渐渐有些不支。1940年4月，他因患支气管炎而住进华西医院。曾鼎禾便以此为借口，由医院出据了一张肺病的证明，从而解除了与这所军校的关系。不久，他又得以脱离国民党，成为无党派人士。

1939年8月，在柯召的邀请下，曾鼎禾开始执教于四川大学。在四川大学数学系，他主要讲授实变函数论、复变函数论、连分数论。他讲的课深入浅出，易于理解，颇受学生的欢迎。为人朴实坦诚的他，在四川大学与同事们合作的比较愉快。不料校内却因理学院长的问题产生矛盾，曾鼎禾不想介入这场争执，于是放弃了这份工作，离开了自己刚刚熟悉的四川大学。

1942年2月，曾鼎禾与其妻唐必威携子来到中央大学（南京大学的前身）。在这个崭新的环境中，他们一家开始了一段较为平静的生活。在这里,他主要给学生讲授实变函数论、微分方程、高等几何等课程。当年在四川大学任教时,由柯召介绍曾鼎禾加入过中华自然科学社,进行科普宣传的工作,富有经验。1944 年,中央大学的沈其益和涂长望得知此事后,便邀请他主编《科学世界》这本杂志,也是进行科普宣传的工作。曾鼎禾爽快地接受了这项任务,担任了大约两年的主编,后因病而被迫辞职。

1949 年 8 月,曾鼎禾与其妻唐必威女士和三个孩子来到天津,任教于北洋大学。远离南方的湿热气候,他的身体状况明显好转。在这个学校他主要讲授高等微积分、微分几何、微分方程等课程。工作之余,他协助自己的老师组织读书会,在系内形成研究的风气,成了老师的得力助手。作为无党派人士,他也时时关心新中国的大事,积极参加政治学习。1952 年 6 月,在天津大学化工系教授刘云浦的介绍下,曾鼎禾加入了中国民主同盟会;调到南开大学工作后,他曾作为南大的民盟负责人,出席在北京召开的全国民盟代表会议。

1952 年 8 月,在"院系调整"中,曾鼎禾完全服从组织上的安排,把家从天津大学搬到了南开园的西村 12 号,开始了一种全新的生活。在他的教学生涯中,从未担任过任何行政职务,而一到南开大学数学系,便挑起了系主任的重担。这样,曾鼎禾在教学、科研的同时,还要管理全系的工作,于他而言是个不小的挑战。

在几所高校任教之后,曾鼎禾已积累了丰富的教学经验。他主要讲授数理逻辑和数学分析。他的口才非常出色。当时,第一教学楼的大阶梯教室经常回荡着他那洪亮的声音。他讲起课来,深入浅出,容易理解、消化、吸收,很受学生的欢迎。在他的描述下,枯燥的数字富有灵性,生硬的公式充满乐趣,课堂气氛变的十分活跃,吸引着同学们的注意力。对于系里的年轻教师,他也十分关爱。每次上完课,他都精心布置习题,然后指导青年教师上习题课。课下,学生们有了问题,经常到曾鼎禾的家中去请教。而他总是耐心地解答,还向好奇的学生介绍国外的情况,当时,他家的那间大房子常常充满了欢声笑语,还有读书、读报的讨论声,气氛十分热烈。

曾鼎禾在法国巴黎大学获得数理哲学博士学位,系里当时未开设这门课,他便经常和系里的一些教师互相交流、互相启发。虽然他的专业是数理哲学,在职务上研究的却是函数论。在研究的过程中,他不但克服了自己经验不足的弱点,而且还取得不小的成就。在二十世纪六十年代初,曾鼎禾曾指导过两个研究生,他们是蔡厚生和倪士勇,研究的方向都是函数构造论。在搞科研的过程中,他还注意借鉴国外的研究方法。在他的倡议下,南开大学召开科学论文报告会,每两年举行一次,从而增加学术交流的机会,活跃学术气氛。1960 年以前,曾鼎禾曾任全国高等院校教材编委会委员,当时我国数学教材奇缺,高校数学系的学生使用的多是没有译过来的外文的数学教材,十分不便。于是,他便发挥自己的外语优势,着手翻译国外的数学教材。他的外语功底非常好,掌握了法、英、德、俄四种外语,能够笔译。1954 年,他发表了译著《变分法教程》;1960 年,他译出《博奕论导引》,这是我国第一本介绍博奕论的专著。1958 年,天津科协创办《红旗数学汇刊》,曾聘请曾鼎禾出任主编。这份刊物持续了大约两年的时间。

在忙于教学、科研的同时,曾鼎禾教授努力克服困难,把系里的工作搞得井井有条,有声有色。当时,他带领系里的同事积极响应党中央发出的理论联系实际的号召,组织教师和学生参加一系列的实践活动,效果显著。1958 年 8 月 18 日,数学系学生成立了东方红数学仪器设计院。1958 年 9 月 8 日,数学系的学生制成模拟电子计算机。1958 年 9 月 23 日,数学系第一中队机砖小队成功地以数理统计的方法检验机砖的抗压强度。这些成果既充分显示了数学系的实力,也是对全校师生的一种鼓励。

为工作竭心尽力的曾鼎禾,不曾料到有一天祸从天降。1966 年"文革"刚刚开始,他便被免去了一切职务,离开了自己心爱的数学研究,被迫到农场进行劳动改造,经受着精神和肉体上的痛苦。

1971 年 11 月 13 日,曾鼎禾教授被突发的心脏病夺去了生命,享年仅 61 岁。为自己,也为后人留下了一场遗憾。

(侯林莉)

杨翼骧

杨翼骧,山东省金乡县人,1918年生于一个普通知识分子家庭。祖父曾为私塾教师,父亲终生任中学教师。1929年,杨翼骧毕业于金乡县立第二小学。1932年,毕业于济南育英初级中学。1936年,毕业于济南高级中学,同年考入国立北京大学文学院史学系,时年18岁。

1942年,杨翼骧在昆明西南联合大学历史系毕业,获学士学位。后任西南联大历史系助教。1945年北京大学复员后,任北京大学史学系助教、讲师。1953年调南开大学历史系任副教授,1979年任教授。1985年被国务院学位委员会批准为史学史专业博士生导师。杨翼骧是目前健在的我国史学史前辈之一,他以丰硕的研究成果和朴实严谨的学风,赢得了学界同行的广泛赞誉。

一、锲而不舍的学术追求

杨翼骧幼年家境不好,父亲作为中学教师,微薄的薪水除供全家衣食外,还要供养三个子女和一个侄子上学。所以杨翼骧自幼就养成了勤俭节约、吃苦耐劳的习惯,也造就了坚韧不拔、锲而不舍的性格。

1937年"七七事变"后,北大、清华、南开被迫迁往湖南长沙,成立长沙临时大学。时杨翼骧正在家中,接到学校要求到长沙报到的通知后,因家中经济困难,未能成行。1938年,杨翼骧决心不顾路途遥远,赴长沙复学。待行至武汉,方知临时大学已迁往云南昆明,改称国立西南联合大学。杨翼骧因路费已用尽,只好暂留武汉,后经流亡大后方的亲友的陆续资助,辗转于长沙、衡阳、桂林、柳州、龙州等地,其间贫病交加,艰苦备尝,屡陷饥饿,难以为生。就是在这样的境遇中,他仍不忘读书,每到一地都流连于当地的图书馆。1938年冬,杨翼骧辗转来到南宁附近的崇善县,经人介绍在湘桂铁路第三工程总段任抄写员,工资虽然很低,但工作不忙,白天上班时间可以抽出一半时间看书,晚上更可静心学习。他从县立图书馆借来《万有文库》等大量的书籍,遨游在知识的海洋中。其间,梁启超的《历史研究法》及其《补编》,他读了不止一次,对刘知几的《史通》、章学诚的《文史通义》也反复研读,还选读了"前四史"、《资治通鉴》和《四库全书总目提要》,经过七八个月的昼夜苦读,写了近十万字的读书笔记,并由此确立了学习和研究史学史的学术追求。从此,虽几经磨难、屡遭挫折,但他矢志不渝,锲而不舍,终于成为著名的史学史专家。

史学史这门学科在中国的产生已经很晚,大致是梁启超在二十世纪二十年代初倡立的。当时在学术界对史学史能否成为一个学科还有许多疑惑,更谈不上对这门学科的重视了。杨翼骧1939年9月到西南联大历史系复学后,就大量阅读有关中国史学史的书籍资料,并写出了《晋代的史学》一文,其中《晋代史官表》系网罗《晋书》的全部资料精心制成的。1940年,姚从吾在西南联大首次开讲中国史学史课,杨翼骧兴奋不已,终于找到了可以指导自己的老师。于是上第一堂课时,他就将所写《晋代的史学》带给姚从吾审阅。姚从吾很欣赏他的志向,鼓励他坚持史学史的研习,并给予认真的指点。从此,虽然杨翼骧不时听到同学乃至一些大学者对史学史持有异议,而且因同学朋友中几乎没有对史学史感兴趣的人,独学无友,寂寞备尝,但他始终不改初衷,坚定地以史学史为研习方向。在1949年以前他已写出了《司马迁记事求真的方法与穆神》《班固的史才》《三国时代的史学》《漫淡历史的研究》等一系列史学史研究论文,成为当时年轻的史学史研究者。

1949年以后,杨翼骧继续从事史学史研究,并首次在北京大学史学系开设史学史课。因为当时倡导学马列、学苏联,史学史不是基础课,且有资产阶级学术之嫌,所以很少有人讲此课。1958年教育革命时,批判资本主义和封建主义,讲史学史又有宣扬封建史学家、宣传资产阶级史学理论之嫌,史学史课一度被取消。但是,杨翼骧始终坚信,中国史学史是祖国文化、祖国学术的重要组成部分,他避过风险,暗自坚持史学史研究,只要客观条件允许,他就不失时机地走上史学史课的讲台。

粉碎"四人帮"以后,学术的春天到来了。杨翼骧虽已年逾花甲,但仍奋战在史学史的教学和科研第一线,坚持给本科生讲课,并开始招收硕士研究生。直至 1999 年,已是 82 岁高龄,仍在指导博士研究生,同时他的科研工作也从未间断。随着年龄的增长,身体和精力虽不如以前了,但他研治史学史的雄心不减,意志老而弥坚。他的《中国史学史资料编年》第一、二、三册就是在近年辛勤耕耘中结出的硕果。

二、博而能约,成就卓著

杨翼骧自幼受到中国古典文化的熏陶,求学间又孜孜不倦,勤奋苦读,所以他具有坚实的古代文化基础和多方面的学术知识。他 5 岁时,就跟随祖父诵读《三字经》《百家姓》《千字文》等。小学六年级时,已在父亲的教读下能背诵《论语》《孟子》《大学》《中庸》《诗经》《左传》和《古文观止》的全部或部分。所以他在中学时,国文考试从不须准备就可取得高分。同时,他对新学堂中的知识更是如饥似渴地学习,接受新思想,关注新时尚。他在初中读书期间,除读了古典小说《三国演义》《水浒传》之外,还喜爱新文学,读了鲁迅、郭沫若、郁达夫、茅盾、巴金、老舍等的许多作品。这些作品不仅使他学到了文学创作的方法,还使他思想上受到教育,成为一个奋发向上的青年。

杨翼骧的高中生活是丰富多彩的,他所在的省立济南高中,聚集了许多日后成为大学教授、知名学者的教师。数学老师缪蕴辉,物理老师周荫阿,化学老师蒋程九,英文老师张友松、卞之琳、顾绥昌,国文老师李何林、季羡林等都曾给予他多方面的教育。在这样的学校里他展示了多方面的才能,经常在报刊发表诗歌、散文,他的文学才气在中学生时已展露出来。

在上大学期间和工作以后,杨翼骧依然保持着博览群书和广泛接受各种知识的兴趣与习惯。他在哲学系选修了汤用彤先生讲授的魏晋玄学,在中文系选修了刘文典先生讲授的文学批评和温李诗,在经济系旁听了陈岱孙先生讲授的财政学。工作以后,杨翼骧仍不减对文学的兴趣,许多文学名著,他都读过,且有自己的文学观点。由于他爱好广泛,在哲学界、文学界都有不少朋友。

广泛的兴趣、爱好使他具有了广博的知识,但他深知治学要由博返约、博专结合。他自从成为北京大学史学系的学生之后,就以历史学作为了自己的毕业事业。因此他更大的精力乃是投注在历史学科和史学史专业上。杨翼骧的学术成就可分为两个方面。一个是一般意义上的历史研究,一个是史学史研究。

在中国史研究方面,杨翼骧从二十世纪五十年代起,参与了一系列史学界热点问题的讨论,发表了一些引人注目的学术见解。例如,二十世纪五十年代初,关于项羽是否曾为农民领袖的问题,史学界尚无太多的研究,杨翼骧发表《为什么项羽是农民起义领袖》(《历史教学》,1954.5)一文,肯定项羽在秦末反抗暴秦、推翻秦王朝中的重要作用,认为项羽代表了农民阶级的政治利益,是秦末农民起义领袖之一。此文受到学术界的普遍重视,引发了一场热烈的学术讨论。二十世纪五十年代中国古史分期讨论非常热烈,杨翼骧发表《关于汉代奴隶的几个问题》(《南开大学学报》,1956.2)一文,以充分的论据,阐明奴隶在汉代已不是主要的生产劳动者,汉代不是奴隶制社会。这一观点,同样引起学界的重视,在此后的有关讨论中多次被提及,并成为一种有代表性的见解。1959年全国开展的曹操评价问题的讨论,杨翼骧发表《曹操打乌桓是反侵略吗》(署名木羽,《天津日报》,1955.5.16),针对当时史学界普遍认为曹操打乌桓是反侵略的说法,予以驳议,指出乌桓不是侵略内地的外患,曹操打乌桓是为了消灭其劲敌袁氏势力,不具备反侵略性质。此文纠正了将曹操形象过分拔高的论点,在史学界影响很大,后被收入三联书店出版的《曹操论集》(1960)之中。

杨翼骧对秦汉史和魏晋南北朝史尤为精熟。早在二十世纪五十年代,他就结合教学和科研成果,撰写了《秦汉史纲要》(上海新知识出版社,1956.3)一书,作为解放后最早出版的秦汉史教材之一,在全国高校中具有广泛影响。此后他撰写的《战国秦汉史通俗讲话》(署名马襄,北京通俗读物出版社1958.5)一书,通俗易懂,生动形象,受到广大读者的欢迎。二十世纪七十年代末,他参加了南开大学历史系《中国古代史》教材的撰写工作,他撰写了其中的魏晋南北朝部分,该书被许多高校采用为教材,并获社会科学教材成果奖。

在史学史研究方面,杨翼骧是"文革"以前发表论文最多的学者之一。《三国两晋史学编年》(《南开大学学报》,1957)和《南北朝史学编年》(《南开大学学报》,1964.1),用原始资料编排了这一历史时期中国史学的重要史家、史著和史学活动,并对史家生卒时间和史书成书年代等予以详细考辨,不仅为史学史研究者提供了翔实的资料,同时也开启了一种新的史学史研究形式,在史学史界影响极大。

1980年上海人民出版社曾出版《中国史学史论集》,颇有对"文革"以前史学史研究成果进行总结的意味,所选文章皆为学术精品。杨翼骧撰写的即有《中国史学的起源与奴隶社会的史学》(《天津日报》,1961.12.16)、《裴松之与〈三国志注〉》(《历史教学》,1963.2)、《刘知几与〈史通〉》(《历史教学》,1963.7-8)三篇论文入选。

"四人帮"倒台后的1979年,全国历史学界的一大盛事就是由郑天挺先生主持编纂《中国历史大辞典》,杨翼骧与华东师大吴泽教授共同担任史学史卷的主编,他专职负责中国古代史学史部分,除撰写部分辞条外,还审核了全部辞条2000余条。此书面世后,立即受到海内外学界的注目与好评,日本、香港及大陆均有评论文章,盛赞其集科学性、系统性、知识性、稳定性、简明性、实用性于一身,是"不可多得的一部很好的工具书"(《史学史研究》,1984.3)。

《中国史学史资料编年》第一册(南开大学出版社,1987.3)、第二册(同上,1994.9)、第三册(同上,1999.2)是杨翼骧多年研治史学史心血的结晶。这三册书,将自先秦至明代的有关史学史的原始资料广泛网罗,严谨编排,并加有详细的考证和精辟的按语,实是一部中国古代史学史,其内容之完整、史料之可靠、编法之独特,都是当今史学史界所仅见的。该书第一册面世后就得到《光明日报》《史学史研究》和《历史教学》等报刊所发评论的广泛赞誉,称其是"首创性的具有为后人修桥铺路性质的书"。

三、严谨治学,认真做人

杨翼骧把认真二字贯穿于治学与做人两方面。在学术上,他常讲治学要有"四心"，即雄心、专心、细心、虚心。其中细心就是要严谨治学。他撰写文章从不马虎从事，从查阅资料到甄选证据，从论述方法到文章誊写，都认真细致，一丝不苟。为了一个遣词用语，往往要反复推敲，为了一条史料常常是反复核对。因此才使他发表的文章，经得住时间的考验，受到史学界长久的好评。在主编《中国历史大辞典·史学史卷》时，由于撰稿人员分散，文成众手，体例不一，汇齐初稿后，他不辞辛苦，逐条审定修改，对有的辞条甚至重新改写，为此他花费了两年时间，投入了大量精力，并两次客居上海。他的工作态度使与他一同工作的人深为感动，《中国历史大辞典》编委会还特地致函南开大学，对他的勤勉与严谨，深表赞许。

由治学推及做事，杨翼骧同样奉行认真的原则。为研究生批改论文时，他大到文章结构、论文主旨，小到一个笔划、一个标点，都认真纠正谬误，常在稿件空白处写下密密麻麻的批语。他曾讲过中国通史、中国史学史，秦汉南北朝史和历史文选等多种课程，都以条理清楚、语言生动、内容充实、富有见解，受到学生的好评。为了讲好一堂课，他总是精心准备；由于他有很好的口才，加之对授课内容精熟，他讲课时很少有讲稿，但他预先作卡片分类却很仔细，甚至连板书的内容和格式都要设计好。

"治学先学做人"，"治学是为了做人"，"治学是为了做一个有文化素养和品德高尚的人"。杨翼骧常常这样教导自己的学生。他自己更是时刻以此自勉。他谦虚谨慎，尊人自重，严于律己，宽以待人。他早在"文革"以前就担任过历史系副主任，"文革"以后又曾担任古籍研究所所长，被选为1984年度学校先进工作者，任九三学社南开大学支社委员会主任委员，被多家社会科学家辞典或名人录编入，等等。对于这些，他从不提起，不作炫耀，不求闻达，表现了一个学者的优良品格。他名重史学史界，但与人交往，热情诚恳，有谦谦君子之风。他教育自己的学生，不要沾染"文人相轻"的坏毛病，同学之间要互相尊重，互相帮助。他特别嘱咐学生做了大学教师，不能看不起中学老师和小学老师，对自己孩子的老师要待以老师之礼。在他结交的朋友中，既有闻名学界的学者，也有一般的工人和书店营业员，对于后者他从不摆学者的架子,而是以礼相待,诚恳交往。

　　与杨翼骧接触过的人,都会对他的睿智与幽默留有深刻的印象。他心胸豁达,言谈恢谐,与他交谈,哪怕是极严肃的学术问题,也不会感到枯燥和艰涩,他往往会于旁征博引之中,穿插一些恢谐的典故,使人于愉悦的笑声中,加深了对他的学术观点的理解。在日常谈话中他也常常使用幽默恢谐的语言,甚或开个儒雅的玩笑,这不仅说明他的口才好和有幽默感,更反映出他所具有的与人为善的品格。

　　人们传颂着他乐于助人的佳话。他听说有个学生的家属在校外工作,路途遥远,就主动奔走于学校有关部门,为其联系调动之事。当学生从潮湿的房子搬入新的楼房时,他亲自前往探望新居,为学生的居住条件得到改善而高兴。对于与自己一起工作的青年教师,他关心其生活,也关心其在业务上的提高,为其提供听课的机会,还为其审改论文,推荐发表。

　　如今,杨翼骧教授虽已当耄耋之年,但仍以乐观向上的态度对待生活和事业,兢兢业业地从事中国史学史的研究与著述,为历史学科的发展作出自己的新贡献。

（宁　　泊）

陈荣悌

陈荣悌，我国著名配位化学家、教授，中国科学院院士。1919年11月7日生于四川省垫江县峡云乡的一个小康之家，少年时代就立志为振兴祖国而发奋学习。1941年毕业于四川大学化学系，后又考入武汉大学研究生院深造。1944年毕业并于同年考取公费留美。1952年在美国印第安那州立大学获得博士学位，曾任美国西北大学和芝加哥大学研究员。为了回国参加祖国的社会主义建设，1954年他冲破美国政府的重重阻挠，取道欧洲，辗转回国。在北京报到后，负责接待他的高等教育部负责人语重心长地告诉他说：新中国建设百废待兴，特别是科教事业人才更为奇缺。在天津南开大学要开设热力学专门化，可是由于师资缺乏，此事议了几年直未能如愿，组织上希望他到南开大学任职。陈荣悌遵照组织安排前往南开赴任。

当时南开园同国内其他大学一样，尚处于艰难的恢复与重建阶段，师资严重缺乏，科研设施极其简陋，一切都得白手起家。他勇敢地挑起了开设新学科的重担，一边编写讲义开课教学，一边建设实验室培养研究生，在不到一年的时间内完成了化学热力学专门化的创建工作。在1958年的"拔白旗"运动中，陈荣悌首次经受了政治上的严峻考验，有人指责他开设的化学热力学是唯心主义，要对他进行批判，并且要"拔"掉这杆白旗。面对这种无端的风波，陈荣悌无法理解，更是无法分辩，但是他坚信自己是热爱祖国和人民的，更是热爱共产党的，自己没有错，组织上会理解他的，他下定决心要把这门新开设的学科知识传授给新中国的青年一代。

在"拔白旗"的批判运动中，陈荣悌仍旧坚持在教学第一线，说来也怪，越是要批判，学生就越是爱听，听得越认真，陈荣悌讲得越起劲。尽管时间过去了几十年,陈荣悌边挨批判边教学的佳话一直流传至今。

化学领域有两个著名的定律,一个是二十世纪二十年代丹麦物理化学家布朗斯特(Bronsted)发现的均相酸碱催化定律,另一个是三十年代以美国科学家名字命名的哈米特(Hammett)方程所表达的有机反应规律;前者讨论一般酸碱均相催化中反应速率与酸碱强度之间的线性关系,后者则涉及到对位和间位取代苯基衍生物支链反应的反应速率或平衡常数之间的线性关系。两者都是经验关系式,当时人们还不知道这种线性关系存在的原因。二十世纪三十年代艾林(Eyring)等人发展了反应动力学的过渡状态理论(即绝对反应速率理论)之后,化学家们才知道反应速率与活化自由能改变的定量关系,使布朗斯特(Bronsted)定律和哈米特(Hammett)方程这两个经验关系式得到解释,并称之为"直线自由能关系"。陈荣悌积多年科研教学之经验,则认定在配位化学领域内也应存在这种类似的关系。早在二十世纪五十年代末就提出了配合物稳定性与配体酸碱强度之间的直线自由能关系,并从理论上进一步预测配合物的生成热与配体的质子化热之间也应存在线性关系,即直线培关系。

陈荣悌这一处于国际领先水平的科研成果于1962年发表在德国的《物理化学杂志》上,在国际化学界引起了极大的反响并对这一理论给予了极高的评价,一时间20多个国家的70多位学者纷纷来函表示庆贺并索取单行本,要求进行学术交流。陈荣悌作为我国配位化学开拓者和推动者之一,为中国的配位化学事业在国际化学界取得高度荣誉作出了极大的贡献。

正当陈荣悌满怀壮志,积极筹划并着手从实验上来验证配位化学中的直线自由能这个重要理论,并在配位化学研究领域取得重要进展的时候,"文革"发生了,科研教学处于瘫痪状态。陈荣悌不但无法进行他十分热爱并处于国际领先水平的配位化学科研工作,而且也和其他从海外归来的学者一样,被无端地打成了"反动学术权威""美国特务",遭到了残酷打击迫害,再一次经受了严峻的考验。陈荣悌被关进了"牛棚",并强迫他交代进行特务活动的"罪行",遭受了种种非人的折磨,然而陈荣悌即使在身心备受摧残迫害的岁月中,仍然对自己当初回归祖国的义举无怨无悔,他相信乌云不会永久蔽日,光明一定会再现神州大地。他要用自己对科学和教育事业的无私奉献,对理想的不断追求,来说明自身的清白,来表达他对祖国和人民,对党的无限热爱。因此,在那最艰难的日子里,他始终没有忘记自己所热爱的配位化学科研事业,实验不能做,课不能上,图书馆去不了,他就在家里钻研,苦思冥想,他心中一直燃烧着一把科研报效祖国的爱国之火。

粉碎"四人帮"之后,科学的春天又回到神州大地,科学再次受到重视,人才再次受到尊敬和重用。陈荣悌当时已年近花甲,正所谓"老骥伏枥,志在千里",他重新开展了中断十多年的科学研究工作;研究生招生制度的恢复,又给他源源不断地送来了大批人才。陈荣悌和他的科研小组为了弥补十年"文革"给配位化学科研事业所带来的损失,为了夺回失去的时间,在加倍努力夜以继日地奋斗着。1979年,第20届国际配位化学会议在印度召开,陈荣悌率领中国代表团参加了大会,并在大会上作了报告,宣读了他在"文革"前所做的关于配位化学中的直线自由能关系的学术报告。虽然由于"文革"科学研究中断了十余年,但当时的科研成果仍然受到了国际同行的赞许。他通过六年的努力奋斗,积累了大量的实验事实,终于证实了"配位化学中的直线焓关系",同时提出并证实了"配位化学中直线熵关系"的存在,并进而提出了"配位化学中的线性热力学函数关系"理论,于1986年荣获原国家教委科技进步二等奖。陈荣悌于同年在希腊雅典召开的第24届国际配位化学会议上作了特邀报告。他的研究成果推进了配位化学的研究,为中国和世界的配位化学事业做出了宝贵的贡献,也奠定了他在配位化学界中的杰出地位。1987年苏联科学院授予他丘加耶夫奖状和奖章。自1979年以来,他代表中国参加了历届国际配位化学会议并被选为国际配位化学会议执行理事,他足迹遍五洲,学术传四海,多次出国访问和讲学,为促进中国和世界在配位化学方面的学术交流,挺进国际学术界的相互了解,做出了卓越的贡献。

陈荣悌一边搞科研,一边坚持在教学第一线培育新人,辛勤耕耘。40多年来,陈荣悌取得了丰硕的教育成果。他从1955年开始招收研究生以来,先后为国家培养了硕士生30多名,博士生20多人,与国外联合培养博士生多人。陈荣悌今已 80 岁高龄,仍亲自培养博士生,经他推荐派往国外进修和留学的青年学者 20 余人,其中有不少已成为国内外科研机构和大学的教学科研人员,真是"辛勤耕耘四十载,赢得桃李满人间"。1980 年他被选为中国科学院院士(学部委员)。目前,他已在国内外发表学术论文 280 余篇;1986 年、1991 年和 1998 年三次获国家教委和教育部的科学技术进步二等奖。

陈荣悌在教育和科研实践中,先后写下了《化学热力学》《化学动力学》《动力学及反应器原理》《配位物理化学》《络合催化》等讲义;并出版《分子筛上的有机化学反应》和《无机反应机理》等译著;他集毕生科研之成就撰写了配位化学基础理论之专著《配位化学中的相关分析》,该书系统地阐述了他在配位化学方面的科研成果,受到了国际化学界的重视和好评。

陈荣悌注重理论联系实际,在面向国民经济主战场的科研方针指引下,将基础理论和实际应用结合起来。为解决我国氯碱工业生产氯乙烯所用催化剂中汞的毒害问题,1973 年他接受了市科委的氯乙烯中无汞催化剂的研制课题,在他带领下,科研组经过几年的努力,终于在实验室研制成功了具有良好催化作用的固相和液相无汞催化剂,解决了聚氯乙烯生产中的毒害问题,为环境保护做出了积极的贡献。

我国氯丁橡胶生产长期沿用二十世纪五十年代苏联援建的老工艺,转化率低、选择性差,其中管道堵塞尤为严重。1983 年化工部提出了改变氯丁橡胶生产中的落后状况问题,陈荣悌再次挑起了这一攻关任务。接受任务后,他不顾自己老迈年高、身带心脏起搏器的状况,带领科研组亲赴山西大同化工厂调查研究,多次沿着狭窄的角铁梯架,冒着危险爬上 20 多米高的反应塔,实地考察研究,取得了第一手资料,研制出了乙炔二聚 NS-O2 新型络合催化剂,取得了转化率和选择性均高的优异成果,达到了国际领先水平。该项成果 1985 年获国家发明三等奖,经推广使用后,使我国氯丁橡胶行业的生产水平和状况一下飞跃了数十年,产生了巨大的经济效益和社会效益。

作为爱国归侨知识分子的杰出代表,陈荣悌一直是我党的忠实朋友。归国后他参加中国民主促进会,历任南开大学支部委员、天津市委副主委。1987年当选为中国致公党天津市主委,作为民主党派和知识分子代表当选为全国政协委员。陈荣悌不仅致力于科研和教学事业,而且关心政治,热爱祖国,真诚地拥护党的领导,参政议政。他在1989年全国政协七届二次会议上,作了题为《从"脑体倒挂"看我国四个现代化建设和教育危机》的发言,表达了自己心中的深切感受。他透过"脑体倒挂"现象,通过对历史的、现实的、以及世界各国的劳资分配情况的对比和分析,尖锐地指出了"脑体倒挂"的弊端和恶果。为了科学教育事业的兴旺和发展,为了国家和民族的未来和希望,陈荣悌先生大声疾呼,必须尽快改变"脑体倒挂"这一不正常现象。陈荣悌恳切的发言击中时弊,得到了中央有关领导的重视。1990年他在全国政协上的大会发言《自然科学的基础研究是四化建设的长远战略任务》也受到中央的重视。1993年,他又当选为全国政协常委、天津市人大常委会副主任。他真诚地拥护中国共产党的领导,关心政治,热爱祖国,热爱人民。他把报效祖国和人民的一腔热情全部投入到了自己所从事的教育、科研事业之中。

他坦诚地说:"我是从事教育科研工作的,我并不熟悉政治。但是,就我一生的经历和体验,纵观古今中外的经验和教训,我深切地体会到,政治制度的落后是导致科学技术以至国家和民族孱弱的根本原因,政治的开明和公正对科学技术事业的发展和进步起到至关重要的作用。我年轻的时候热衷于教育救国,一方面是由于没有机会接触到马列主义,另一方面是由于对旧中国腐败的政治制度的反感和厌恶。我在古稀之年参加全国政协,我一定要认真履行自己的职责,就我一生的经验和知识为国家大力发展科学教育事业献计献策。"

陈荣悌一生历经沧桑,通过新旧中国的嬗变和东西方世界的兴衰,对科学、教育与国家兴衰密切相关的感受尤为深刻。因此,他对这个问题思考很深,议论甚多,引起了有关部门的高度重视。

陈荣悌是中国知识分子的优秀代表,和中国历史上的仁人志士一样,具有爱国主义的崇高品质。他曾多次向自己的学生讲"我钦佩楚国的三闾大夫屈原虽九死而犹未悔的报国之心,我主张科学教育救国、兴国,主张讲民主、讲法制的爱国主义,为了报效祖国和人民,我愿意贡献出自己的一切,终生无怨无悔。"他用自己赤诚的爱国之心从事教育科学事业,参政、议政,他十分珍惜国家和人民给予他的政治权力。他深入社会各阶层,倾听民众的呼声,广探各方的意见和建议。每当了解和发现关系国计民生的问题,他总是要深入进行调查研究,多方搜集资料,认真总结,仔细分析,草拟议案,向有关部门提出自己的意见和建议。几年来,陈荣悌在全国政协大会上先后作了《从"脑体倒挂"看我国四个现代化建设和教育危机》《自然科学的基础研究是四化建设的长远战略任务》《我国金融信贷存在的问题及其对策》《反腐倡廉要标本兼治》等多项提案和发言,他的这些议案和发言,观点鲜明,论据充足,逻辑严密,击中时弊,抓住关键,绝无牢骚怨恨之语,充满报国爱民之心。

陈荣悌生活简朴,注重节省,为人孝悌,性格随和。他曾多次向学生讲:"超过必需的量就是浪费"。他身体力行,以身作则,处处严格要求自己。1995 年 6 月,他在北京同时参加了全国政协常委会会议和中国科学院院士会议,有天早晨从驻地京西宾馆出来,要去友谊宾馆参加中国科学院召开的一个会议,秘书坚持要他乘出租汽车,他却坚持要乘公交汽车。他们挤上了 4 路公共汽车,到了木樨地车站下车后,正穿过马路准备转车时,一辆急驶而来的自行车撞上了先生,险些被撞倒,胳膊被划破,渗出了一大片血珠,引起了行人的围观,但是他们当中都无人知道这位连乘出租车费都不愿报销的人却是一位资历深厚、地位显高的全国政协委员、天津市人大常委会副主任和中国科学院院士,更不知道他是曾身患癌症、作过手术、并带心脏起搏器的 76 岁高龄的老先生。了解他身份的人也许又不能理解:这样有地位的人,为什么连乘出租汽车费都不肯花呢? 陈荣悌的回答是"科研经费有限,出差能省就省一点"。

他对个人的生活享受可以说毫无追求,他先后当选为天津政协委员、常委,全国政协委员、常委,天津市人大常委会副主任,地位高了,"权力"大了,但他简朴之风依然如旧,他的办公室里的桌椅书架都是二十世纪五、六十年代的老"古董",已经陈旧不堪。

人生好比一条长河,每一片浪花都闪耀着人生的光彩。爱国忧民,勤奋好学,简朴寡欲,孝悌仁爱,这就是陈荣悌院士的人格所在,这也是我国知识分子的感人至深的精神境界。

(林华宽)

何炳林

何炳林是我国著名高分子化学家、教授、中国科学院院士。1918年8月生于广东番禺沙湾乡。何炳林的父亲何厚珣是个经营谷米业的商人,生有6个子女,何炳林排行第五。何厚珣虽是个商人,却从不要求子女经商赚钱,务求学有所成,为振兴中华出力。在他的思想熏陶下,二子何炳梁在东吴大学毕业后即赴美留学,在密歇根大学获博士学位,返国后历任中山、暨南、厦门大学教授;六子何炳桓毕业于清华大学,曾任广州市政协副主席。何炳林天资聪敏,但幼时淘气爱玩耍,其父唯恐耽误他的前程,便送他到以管理严格、教学认真而著称的广州培正中学就读,这为其日后发展打下了良好基础。

抗日战争爆发,由于国民党腐败无能,抗战年余便先后弃守大片国土。何炳林这时已高中毕业,目睹山河破碎,人民饱受蹂躏,便怀着报国之心和强烈的求知欲从广州千里迢迢到了昆明,并结识了来自天津的女同学陈茹玉,这对一南一北的青年男女一道考取了西南联合大学化学系。

1942年6月,何炳林以优异的成绩在西南联大毕业,后在化学系作研究生并兼任助教。抗战胜利后,蒋介石又发动内战,使人民陷入苦难的深渊。1945年12月1日,国民党政府为了镇压"反内战、争民主"的群众运动,派出大批军警特务闯入西南联大、云南大学等校,殴打罢课学生,并投掷手榴弹,制造了"一二一"惨案。何炳林亲眼看到同学因参加民主运动遭到残酷镇压,感到无比愤怒。他了解到这些进步同学大都是共产党员,自此同情共产党,积极投身到民主运动中去。

1946年,何炳林与陈茹玉结为伉俪。是年,北京大学、清华大学、南开大学分别迁回北京、天津。何炳林夫妇同到南开大学任教。这时战火燃遍大江南北,他们甚为感慨,为了实现"科学救国"的抱负,怀着报国之心和对祖国前途担忧的复杂心情,分别于 1947 年秋和 1948 年春赴美留学。双双进入印第安那州立大学研究生院深造。行前,何炳林的友人问他何时归来,他心情沉重地说:"等我们国家情况好了我就回来"。

1949 年 10 月 1 日,天安门升起了五星红旗,何炳林夫妇和留美学生奔走相告,欢庆祖国得到新生。他们深感到报国的时候来了,要紧的是要以百倍的努力学有所成,早日投身到祖国社会主义建设的洪流中去。正当他们孜孜不倦地向科学进军的时候,美国发动了侵朝战争,并以原子弹相威胁,又下令不准在美国学习理、工、农、医的中国留学生回国,违者罚款一万美元或判处五年以下徒刑。1952 年 2 月,何炳林、陈茹玉夫妇共同在印第安那州立大学获得博士学位。但在美国强行扣留中国留学生的情况下,何炳林不得不到美国的纳尔哥化学公司担任有机化学副研究员,两年后跃升为高级研究员,主要研究农药及用于水处理的药物。1954 年春,南开大学化学系陈天池教授请他代买 2 磅强碱性阴离子交换树脂,未料当时生产厂家不卖,并告知这是国防用品,国家禁止出售。何炳林后知这树脂用于从铀矿提取、分离原子弹原料铀所需的物品。由此他考虑到,美国有原子弹,中国也要有原子弹,否则将被他们欺负。于是向公司申请将原来的研究方向改为研究强碱性阴离子交换树脂。他的才干和优异的工作成绩受到公司的特别重视,他与陈茹玉夫妇已获得丰厚的年薪并建立了舒适的家庭。但优越的的生活条件和美国政府的禁令都没能阻止他对祖国的思念。他一面工作,一面四处奔走呼吁,继续向美国政府递交回国申请书。因此多次受到美国移民局的审讯,并明确表示不准他回国。1953 年秋,他得知中美将在日内瓦进行停战谈判,于是约集十几位同学和朋友共同给周恩来总理写了一封要求回国的联名信,每人都庄重地用毛笔签了名。这封信后来通过印度驻联合国大使梅农转尼赫鲁,最后转交到周总理手中。1954 年,周总理率中国代表团参加日内瓦会议。美方代表开始矢口否认扣留中国留学生一事,周总理取出何炳林等人写给他的信作为证据,美方才无言以对,不得不承认事实。1955 年春,美国政府终于同意准许何炳林等人回国。何炳林身在异域，心怀祖国，他回国前，用自己积蓄的钱买了一些回国后工作急需的仪器、书和制造离子交换树脂的 10公斤苯乙烯和 5 公斤二乙烯苯原料，装进一只不引人注目的旧箱子里，这样才得以顺利过境。

1956 年 2 月，何炳林回到了阔别十年之久的祖国。当他怀着激动的心情回到他的母校南开大学时，受到他的老师杨石先教授和其他老师、同学的热烈欢迎。何炳林在南开大学任教的短短两年多里，几经艰辛，成功地合成出世界上当时已有的全部主要离子交换树脂品种。1958 年建立了高分子教研室，他任室主任；同时主持建成我国第一座专门生产离子交换树脂的南开大学化工厂。该厂所生产的苯乙烯型强碱 201 树脂首先提供给国防工业部门，用于提取国家急需的核燃料——铀，为我国原子能事业的诞生立下了汗马功劳。当他得知原子弹爆炸成功的喜讯时，激动得热泪盈眶，无比欣慰地对妻子说："我们回来对了，报国的愿望终于实现了。"为此，国防科工委于 1989 年向何炳林颁发"献身国防科学技术事业"奖章。8 月 13 日，毛主席亲自到南开大学，视察了他领导建立的离子交换树脂车间。1959 年 5 月 28 日周总理又亲自到南开大学视察他的实验室和离子交换树脂车间，同他亲切地交谈了近一个小时，详细地听取了他的介绍，对他的开拓奉献精神和取得的杰出成就给予了高度的赞扬。他于 1959 年被评为天津市劳动模范，1964 年当选为第三届全国人大代表。

正当他雄心壮志准备再攀高峰的时刻，突如其来的"文革"重重打击了他。何炳林被视为走"白专道路""资产阶级学术权威"，被迫离开了实验室和生产车间。他和妻子痛心疾首，他们的爱国之心、报国之志受到了伤害。他默默地忍受了个人在精神和肉体上的种种摧残和屈辱，但心里想的还是工作。他利用一切可能的机会关注、学习国外先进的科学知识，并带队下厂去解决生产技术问题。他是一个很执着的学者，"文革"中，校化工厂部分人要停产闹"革命"，他不顾个人处境奋然抗争。正如有的同志经常提到的那样："当时何先生是学术权威，已无权随意进化工厂的门，任何抗争都无济于事。但他实在指望以自己的力量为人民挽回一些损失，对自己有什么损害都无所谓，即使他无力回天时,他还是要做,能做多少算多少"。他就是这样一个服从真理、刚正不阿的热爱社会主义、热爱南开的爱国知识分子,这在南开大学有口皆碑。1976年底,"四人帮"被打倒了,国家重又获得了新生。何炳林目睹我们党拨乱反正,平反一切冤假错案,彻底批判"极左"错误,领导我国进入了以经济建设为中心,实现中国现代化的新时期,深有感触,从而坚定了对中国共产党的信念。他在一篇文章中写到:"在乱世中,看到了像周总理那样一生忠贞为国忧的老一辈共产党员的光辉形象,看到了党敢于承认并纠正错误的大无畏精神……这是党更加成熟的标志。"正是出于这种深刻的认识,他1978年申请入党,1979年4月他光荣地加入中国共产党员。

1980年以来,何炳林的事业得到了空前的发展。他于1980年被评为全国劳动模范,1981年被评为天津市特等劳动模范。他锐意进取的开拓精神,使他永不满足已有的成绩。1980年他担任了南开大学化学系主任的职务,在全校第一个试行了党政分工。1981年他筹建并兼任了分子生物学研究所副所长,对这一边缘学科的研究机构给予了业务上的指导和人力上的支援。1984年南开大学将原化学系高分子教研室"离子交换树脂研究室"扩充为高分子化学研究所,他担任研究所所长。1985年国家教委指定南开大学和天津大学支援新建立的青岛大学,何炳林兼任了第一任青岛大学校长。1986年又将南开大学化工厂归并到高分子所,实行所办厂,促进了化工厂的生产和高分子所的教学、科研的发展。他还担任了许多学术上的职务:1980年他当选为中国科学院化学部委员、常委,后来又先后担任了中国化学会常务理事、高分子化学委员会副主任,《中国科学》编委、《高等学校化学学报》《高分子科学》中英文副主编,《离子交换与吸附》主编,《Reactive Polymers》及《Biomaterials, Artificial Cells and Artificial Organs》杂志编委及中国生物材料和人工器官协会副理事长等职。另外,还担任了中国石油化工总公司技术顾问。何炳林及其研究集体共同创造了南开高分子学科的辉煌,为国内外同行所注目。1984年,高分子学科被国家批准为重点学科。1985年,经国家科委批准建立博士后流动站,1989年,国家计委批准建立"吸附分离功能高分子材料"国家重点实验室。

何炳林还为促进国际学术交流进行了不懈的努力,作出了宝贵的贡献。1978年他参加了在加拿大召开的由联合国教科文组织发起的"化学化工在工业中的作用"会议。他代表中国代表团发了言。通过与各方面的接触,促成了加拿大麦吉尔大学、多伦多大学与南开大学的友好合作关系。1981年他去日本参加了中日高分子科学讨论会,在会上介绍了"中国离子交换树脂的发展"。1982年去美国参加国际"纯粹化学与应用化学"会议。1983年他负责筹备和组织了在天津召开的第五届"血液灌流与人工器官"国际学术讨论会,并宣读了6篇学术论文,受到了国内外与会者的好评。1986年他赴苏联参加血液灌流会议。1987年赴美国参加生物材料会议,1988年赴苏联基辅参加生物材料国际会议,均在会议上提出论文报告,获得与会者的关注和好评。

何炳林长期致力于高分子学科的教学工作,为我国培养了一大批高分子科学人才。几十年以来,他亲临教学第一线,曾开设五门有关高分子的课程,编写并不断补充和修改"高分子化学"讲义。他在教学上严肃认真的科学态度是人所共知的。在他花甲之年,他亲自指导的4名学生被安排在两公里远的化工厂做毕业论文。他几乎天天步行往返,到化工厂去指导他们的实验、审核他们的实验数据。1982年以后,何炳林专心致力于研究生的培养。他根据学科发展和国家建设的需要,贯彻教书育人、提高教育质量的方针。在培养方法上注重理论联系科研实际并延伸到联系生产实际,对研究生的理论水平和实际技术能力提出了更高的要求。通过多年的教学实践,他较早地提出了跨学科培养研究生的主张。重视招收除高分子专业以外的化学学科其他专业和生物领域的生物化学、微生物以及化学工程、医学药学等多种不同专业的优秀学生攻读学位;组织有丰富教学经验的教授和有成就的年轻博士有计划地讲授高分子学科和其他课程,以适应现代化科学技术和国家经济建设对高级专业人才的需要。他注重培养学生的创新能力和解决问题的实践技能,使之成为德才兼备具有协作攻关精神的跨世纪人才。何炳林在长期的教育实践中取得了显著成就,曾获全国普通高等学校优秀教学成果国家等奖(1989)、天津市一等奖(1992)。

何炳林是卓越的学术领导人,长期坚持基础研究和应用基础研究。

经过几十年的研究实践,在大孔离子交换树脂及新型吸附树脂的结构与性能方面,取得了新发现,在理论上和实践上作出了重要贡献。1956年他从物理结构方面研究离子交换树脂时,首先发现在加入一定量的惰性溶剂下,使苯乙烯—二乙烯苯共聚合时,得到具有许多毛细孔的大孔树脂。1959年他又发现,在线性聚苯乙烯存在下,使苯乙烯—二乙烯苯共聚合,也得到上述大孔树脂。这是在结构和性能上与凝胶树脂有很大区别的树脂,是第二代的离子交换树脂。大孔树脂即使在干态下也有几十至几百埃的大孔(称物理孔)。它具有许多远远超过凝胶树腊的优良性能。如比表面积大、孔径大、机械强度好、交换速度快、溶涨率低、抗有机物污染性能强、无论在干态和有机溶液中均可使用,对有机物的交换分离性能良好颜色浅,有利于分析化学上的应用。此发现当时处于世界前列,后来成为国内外合成大孔离子交换树脂的基本方法之一。

在积极开发新的功能高分子材料的同时,何炳林开展了深入的有关大孔树脂基础或应用基础理论的研究。他研究了烯烃和双烯烃的共聚合动力学和孔结构的形成机理,发展了大孔树脂的合成方法。可以根据需要合成比表面从几个 m^2/g 到 $1360m^2/g$,孔径从几十到几万 A 的大孔树脂。他研究并建立了比较完善的孔结构测试方法,阐明了结构与性能的关系,证明了大孔结构与性能的关系,证明了大孔树脂的孔结构与性能的关系及与功能基有同等的重要性,开发出一批多功能树脂。对于大孔离子交换树脂及吸附树脂的结构与性能的研究及对功能高分子的发展起到了推动作用。这些工作获得1987年国家自然科学二等奖。

他的应用研究工作范围比较广泛,由此获得不少的经济效益及社会效益,如(1)D390弱碱性阴离子交换树脂用于精制链霉素具有良好的选择性,所制得的链霉素质量达到了国际先进水平,其中二链胺(毒性较大)的含量远低于国外的产品,已取得很高的经济效益。(2)D001-CC阳离子交换树脂用于莰烯直接水合制异龙脑不仅可不用冰醋酸及氢氧化钠,还可以使间歇操作变成连续操作,简化工艺,消除污染,降低成本,提高质量。(3)在大孔苯乙烯—二乙烯苯共聚体上引入含不对称碳原子的基团,利用其对光学活性氨基酸对映体亲和力的差异,提出拆分 D、L 氨基酸的新方法。(4)H 系列吸附树脂用于血液灌流、净化血液。仅天津市的医院与北京市的医院在二十世纪八十年代初用这种树脂抢救了百名重症安眠药中毒患者。(5)NKA 型树脂具有独特的化学结构,既能吸附水溶性的结合胆红素,又能吸附脂溶性的未结合胆红素,用于从肝损伤患者腹水中去除胆红素已临床应用,取得很好的医疗效果。(6)球形碳化吸附树脂用于人工肾,从血液中吸附肌酸酐尿酸效果很好,是活性碳所无法比拟的。此种树脂还用作色谱的固定相。(7)系统性红斑狼疮系不治之症,以免疫吸附树脂对患者血液灌流,以证明能用于临床。(8)用 HA-I 及 HA-Ⅱ吸附树脂进行血液灌流,同样可治疗尿毒症。(9)用大孔树脂作载体,将酶固定化,可将氨基酸拆分等。以上的新技术研究,大大丰富了离子交换树脂与吸附树脂的内容。

开拓新的研究领域,促进交叉学科不断发展是何炳林又一科研特点。他反复强调科学研究要有战略思想,要有高的起点。只有准确地把握本领域学科发展的动向,积极探索新的相关领域,才能保持学科长盛不衰。近年来,生命科学的发展为高分子学科提出了许多崭新的命题。他结合自己的工作基础和科研特点,联合武汉大学、北京大学、南京大学等有关研究单位,主持并承担了"高分子生物医用材料基础研究"国家自然科学基金重大项目(1993-1997),该项目属于涉及化学学科、材料学科和生命科学的交叉学科研究项目,瞄准生物医用材料的国际发展趋势,着重探讨生物降解高分子材料、血液净化材料、抗凝血材料、药物控释材料、生物功能高分子材料等药用和医用材料的设计、合成、性能以及这些材料的介面反应和作用机制。何炳林组织高分子化学、有机化学、生物化学和微生物学的研究人员出色地完成了科研任务,该项研究不仅取得了创新性的理论成果,而且展现了良好的应用前景。该项目得到项目结题评审专家组的较高的评价,并荣获 1999 年教育部科技进步一等奖、国家科技进步三等奖。专家评语中指出:该项成果为具有重大影响和有重大发现的创新成果,其先进性属国际领先。

何炳林夜以继日奋斗了四十余年,为国家培养了本科生 603 名,硕士生百多名,博士生 40 名和博士后 8 名。已在国内外发表科研论文 600 多篇,综述文章 100 多篇,主编了《离子交换与吸附树脂》一书。他主持与领导了多项课题研究和技术攻关,获得国家及省部级科技成果奖励 20 余项并取得十多项鉴定成果及专利。他优异的工作成就和开拓进取精神得到国家和学校的充分肯定,在何炳林等人的努力奋斗下,南开大学高分子学科成为国家重点学科并被批准建设国家重点实验室,这在全国高分子化学学科领域是唯一的。他身体力行积极倡导教学、科研与生产相结合,大力开展应用开发,促进科技成果实现产业化,为我国的科技进步和国民经济的发展做出了重要贡献。

壮心不与年俱老,夕阳正是最红时。80 岁高龄的何炳林院士仍然辛勤耕耘在南开这片园地上,祝愿他生命之树常青,科教之叶永茂。

（李平英　孙君坦　史作清　张政朴）

陈茹玉

陈茹玉，我国著名的有机磷化学家、教授、中国科学院化学部院士。1919年生，福建闽侯人，1931年天津圣功小学毕业后，以优异的成绩考入当时的省立第一女子中学，依靠公费的资助，得到继续求学的机会。抗日战争爆发，她满怀着对灾难深重祖国的深情，只身南下昆明，考入了西南联合大学化学系，1942年毕业。随后，她抱着"科学救国"的理想，撇下刚出生的儿子，与丈夫何炳林远涉重洋，赴美求学，1950年获美国印第安那州立大学化学系硕士学位，1952年获博士学位，由于她学习刻苦、成绩优秀经导师推荐成为西格玛赛（sigmaxi）会员（这是美国在学术上的一种荣誉）。然后在美国西北大学化学系任博士后研究员，从事新偶氮染料的合成及用于蛋白质结构分析的研究。

新中国成立后朝气蓬勃的发展，召唤着身在异国的学子，尽管她和丈夫何炳林在美国工作、生活较为优裕，但是他们仍念念不忘自己贫穷落后的祖国，恨不得马上回国为祖国服务。陈茹玉从《华侨日报》上看到了许多国内解放后令人振奋的消息，感到中国真是起了天翻地覆的变化。1949年中国学者在美国成立了"中国科学工作者协会"，她积极响应、支持，并参加了这个组织。在这个协会中有不少爱国人士，也有不少与她一样切盼回国的人，她们互相传递有关回国的信息。

一天，在依温斯顿（美国西北大学所在的城市）她意外地收到一封来自祖国的信，这就是她深深怀念的恩师杨石先教授写来的亲笔信。恩师语重心长地写道：旧中国已经消亡，新中国已经诞生，百废待举，人才缺乏，希望她早日回国参加建设。恩师的召唤使她激动不已，于是她一次又一次地跑移民局，提出申请，但都遭到了阻挠。移民局对她的申请感到意外，认为她在美国受到如此重视，生活待遇也不错，为什么还要离开呢？为此移民局多次劝告她申请在美国的永久居留权。然而他们怎么能理解海外赤子思念祖国的炽热之心呢？

　　有一次移民局打电话通知她要来家访，让她等候，而来访者竟然是一位会讲汉语、能认汉字的"中国通"。因为她申请回国的理由是大孩子留居在国内外祖母身边，外祖母年事已高，无力照顾孩子，做父母的怎能扔下自己亲生子女而不管呢？这位"中国通"马上接着说："现在如果有一架天平，一头放着两个孩子（当时他们身边有两个孩子），一头放着一个孩子，你们说是两个孩子重，还是一个孩子重？"她立刻答道："孩子在父母心上是无量、无价的宝贝，没有重轻的问题。"那人又讲了许多所谓人性论的东西，她听得心烦了，插话道：你对我们父母与儿子分离这么多年没有同情感，岂不才是真正违反了人道主义吗？"中国通"说来说去总占不到上风，只好满屋东看西瞧，最后抓不着什么把柄，只得灰溜溜地告退了。

　　当时她很清楚，只与移民局的人唇枪舌剑是没有用处的，必须找到一个强有力的支柱，那就是自己的祖国和祖国的领导人。1953年，她听说周总理将出席日内瓦会议，于是决定和一些志同道合的留美中国学生联名向周总理上书，投诉当时的美国政府不准中国理工留学生回国的行径。但是信怎么送到周总理手里呢？经过一番周折，这封信通过印度驻联合国大使梅农先生帮助，由尼赫鲁总理转交给周恩来总理。在日内瓦会议上，周总理指责美国无理扣留中国留学生的行径，当时美国国务卿杜勒斯造谣说中国留学生不愿意回国。周总理就把这封有20多位理工留美学生签名的控告信拿出来，杜勒斯无言以对。这样，迫使美国政府撤消了无理的禁令。渴望回到祖国怀抱的海外游子们，无不为之欢欣鼓舞，雀跃相庆。在周总理的亲自关怀下，陈茹玉全家最终得到获准离美归国。

　　1956年1月，陈茹玉终于回到了朝思暮想、阔别了9年的祖国！当她一踏进祖国的大门，看到了五星红旗时，眼眶里的泪水夺目而出。她终于回到了祖国，报效祖国的理想终要实现了！

　　陈茹玉回国后，任教于南开大学化学系，开始从事半微量有机分析化学的教学和研究工作。这一领域当时在国内还是空白。她一面教课,一面筹建半微量有机分析室,她把自己从国外带回的昂贵仪器和化学药品等无偿的捐献给国家。经过她的努力,实验室建立起来了,同时,她还为我国培养出一大批有机分析方面的人才。

有机磷化合物具有特殊的生物活性,它们可用作杀虫剂、杀菌剂、除草剂和植物生长调节剂等,不少含有机磷化合物还具有良好的抗癌活性,在国民经济中起着重要的作用。陈茹玉是我国开展有机磷研究的最早的学者之一,她对有机磷化学及其生物活性化合物的合成和反应进行了大量系统的研究。直到目前我国在这一领域仍然保持着国际先进水平。1958年,在校长杨石先教授的倡导下,她开始从事农药化学和有机磷化学方面的教学与研究,参加筹建了农药和有机磷两个研究室,并担任有机化学教研室副主任。那时我国农药化学刚刚起步,国内果树、蔬菜蚜虫等一些害虫危害严重,小麦锈病成灾,急需农药防治。1959年,她带领助手很快完成了对人畜危害不大但对害虫有很好防治效果的敌百虫、马拉硫磷等有机磷杀虫剂的研制,并且在校内建成了敌百虫生产车间,填补了我国农药方面的一项空白。

1962年,南开大学元素有机化学研究所成立,陈茹玉担任农药室主任,并开始了对新型除草剂及植物生长调节剂的研制工作。她首先从农药基础理论的研究开始,一方面对多种结构新型化合物的合成方法、生物活性进行研究,不断总结其中的规律;另一方面又开展了对植物源农药的分离、提取和结构鉴定工作。在她的指导下,一些农药新品种相继研究成功。1965年,她与其他科研人员共同研制出我国创制农药的第一个新品种"除草剂一号",此工作荣获国家科委颁发的新产品发明二等奖。

十年动乱中,陈茹玉虽身处逆境,但丝毫没有放弃科研工作,继续为研究新型除草剂顽强工作着。1970年,她与同事研制成功防除野燕麦的新型除草剂"燕麦敌2号"和植物生长调节剂"矮键素"等。

十一届三中全会和全国科学大会召开了,陈茹玉高兴极了,她以更高的热情投入到教学科研工作当中。1979年,她担任南开大学元素有机化学研究所副所长兼农药室主任。瞄准国际农药学科发展的最前沿课题即计算机辅助下研究农药活性与其结构关系,1981年派助手到日本京都大学进修一年,然后她与助手在国内率先开展定量的构效关系(QSAR)工作,1982 年她带团出访日本、美国考察农药化学,掌握农药科研和技术发展的新动向。不久,她就研制出了植物生长调节剂"7841",此药可使大豆、花生等作物增产 10％到 30％,并获得国家专利局颁发的发明专利权。她还相继创制出对人畜具有低毒特点的除草剂"灭阔磷",现已通过小试鉴定,并获得发明专利权。

十一届三中全会以来的近 20 年,是陈茹玉最繁忙的时期,她不仅搞科研、带研究生,还要参加大量学术交流活动,为推动我国农药化学的发展和与国际接轨做了大量工作。她多次参加国际、国内农药化学、磷化学会议。1982 年、1983 年、1986 年、1989 年、1992 年与 1995 年她分别赴日本、法国、德国、前苏联、韩国等国参加国际磷化学会、国际农药化学会及国际杂原子会议,并在会上宣讲了她的科学报告,得到了与会专家的好评。陈茹玉教授既是一位治学严谨、成就卓著的科学家,又是一位慈祥可亲、诲人不倦的好老师。她在南开大学辛勤执教 40 多年,桃李满天下。1978 年恢复研究生制度后,她又参加研究生教材的编写。至今,陈茹玉已培养出 50 多名研究生,其中博士生 20 多名、硕士生近 30 名。她指导过 8 名博士后,其中 6 名已出站。此外,陈茹玉还积极参与人民政协的工作。

自 1980 年至今,她在国内外科技刊物上发表了有关有机农药化学、有机磷化学等方面的论文近 300 篇,编写出版了《有机磷化学》《国外农药进展》(一、二、三册)、《化工百科全书(农药除草剂部分)》《有机磷农药化学》等书籍。

由于陈茹玉院士为中国的教育与科学事业做出了卓越贡献,党和国家授予了她很多的荣誉。1959 年她非常荣幸的被邀请参加了国庆十周年大典,受到毛主席、周总理等国家领导人的接见;她还曾被委任为第四、五、六届全国政协委员,1980 年被选为中国科学院学部委员(现为院士),中国农药化学学会副理事长,国务院学位评议委员会成员,天津市政协副主席、科协副主席和侨联副主席等职。1982 年天津市人民政府授予她"五讲四美为人师表优秀教育工作者"称号,1983 年中华全国妇女联合会授予她全国"三八红旗手"称号,1989 年国务院侨务办公室、中华全国归侨联合会颁发给她"全国优秀归侨、侨眷知识份子"奖状,1990 年天津市人民政府侨务办公室、天津市归国华侨联合会又授予她"优秀归侨、侨眷"称号,在学术上她曾获得国家自然科学二等奖,国家教委科技进步一等奖、二等奖、三等奖等。1990 年国家科委、国家教委为表彰她对国家科技事业的特殊贡献,还特别授予她"全国高等学校先进科技工作者"称号。

陈茹玉院士虽年事已高,但报效祖国的诺言永远不忘,并时刻鞭策着她不断地探索,更加刻苦的努力,为祖国的社会主义现代化建设事业贡献自己的力量。

(王柏灵)

温公颐

一

温公颐(1904－1996)，原名温寿链，中国当代著名哲学家、逻辑学家和教育家。1904 年 11 月 4 日出生于福建省龙岩县好坑村。少年时家境贫寒，靠宗祠补贴在家乡读完小学和中学。1922 年考入北京大学预科，1924 年升入本科哲学系，1928 年在北京大学毕业。

大学毕业后，温公颐自 1928 年 8 月起，先后在浙江吴兴南浔中学和湖北襄阳省立第五中学任教。1929 年夏，应北大代理校长陈佰年先生之邀回北京大学任校长室秘书兼预科讲师，主讲《哲学概论》等课程，此后历任北京大学本科讲师、教授等职。1930 年起，温公颐在北京还兼任过北京师范大学等院校的教授，主讲哲学概论、道德学、逻辑学、中国哲学史等课程。解放后，温公颐曾任河北女子师范学院教授、河北北京师范学院中文系主任等职。

1959 年 10 月，温公颐应邀来南开大学主持恢复和组建哲学系的工作。1962 年起任南开大学哲学系系主任。1983 年被国务院任命为逻辑学专业博士生导师。1987 年退休后，继续担任培养博士生和学术研究的工作，直至 1996 年在天津逝世。生前还担任过北京市和天津市的政协委员、中国逻辑学会顾问、天津市哲学学会和逻辑学会理事长等职务。

温公颐一生在北京大学、北京师范大学、南开大学等高校执教长达六十七年，为国家培育了大批哲学、逻辑学专业理论人才。他教学与学术研究工作广泛涉及哲学、逻辑学、道德学、中国哲学史和中国逻辑史等领域，著述 300 余万字。其中，《哲学概论》和《道德学》两书在台湾多次再版,《先秦逻辑史》获首届天津市社会科学优秀成果一等奖,他主编的《中国逻辑史教程》1992年获全国高校优秀教材奖。温公颐为我国哲学、逻辑学等学科的教学工作和科学研究的发展作出了杰出的贡献,他不仅在国内有着广泛的影响,而且是世界知名的学者。

二

　　温公颐早年在北京大学预科和哲学系本科读书期间,已广泛研读了中国古代和西方近代许多著名哲学家的著作,这不仅为他以后对哲学的研究探索奠定了坚实的基础,而且形成了他早期哲学思想的基本倾向。

　　在北大预科读书时,他最先接触了中国古代思想的哲学精华,并深深为之所吸引。《庄子·天下篇》中有关"芴漠无形,变化无常,死与生与,天地并与,神明往与!芒乎何之,忽乎何适?万物毕罗,莫足以归"等深奥的哲学问题久久萦迴在他的脑海里,并最终促使他走上哲学探求之路。后来,经过对程朱理学的学习,使温公颐又对孔孟的儒学正宗思想产生了浓厚兴趣,使他萌生了孔孟的人伦日用之学应为哲学研究的中心、社会政治伦理观念建构与维持的基础的思想。

　　升入哲学系本科之后,温公颐又系统地学习了西方哲学思想。先是康德、黑格尔哲学,后是以培根、洛克等人为代表的唯物主义经验论思想,都对他日后哲学观念的形成和发展发生过重要的影响。特别是通过中西哲学思想的比较,使他深切地体会到中西哲学的互补性,认为只有融汇中西方哲学,才能达于对哲学之最高原理的整体性把握。哲学研究不仅在求善,也在求真,并在求真、善、美三位一体。中国哲学中的"道",西方哲学中的"本质""上帝",都是哲学家终身研索不已的对象。这种对哲学的见识,是温公颐早期学术思想的基本内容,也是他日后学术思想发展的核心线索。在北京大学毕业后,1937年他编著出版的两部大学丛书《哲学概论》和《道德学》中所阐述的思想皆本于此。

　　《哲学概论》一书是温公颐从1931年起在北京师范大学主讲"哲学概论"一科时编写的讲义。后几经修改,最后经北京大学的贺麟教授校阅并作序,1937年由上海商务印书馆出版。《道德学》一书是温公颐

1933 年在北京师范大学担任"道德学"课程主讲时编写的,1937 年由上海商务印书馆出版,出版前曾由汤用彤教授和汪三辅教授审阅。这两部著作是温公颐早期学术思想的代表作,均被收录于当时由商务印书馆主编的"大学丛书"之中,后又在台湾等地多次再版。

除以上两部著作外,温公颐还在北京多所高校讲授过中国哲学史课程,并著述了一部 40 余万字的《中国哲学史》的书稿,于 1949 年前后交给商务印书馆准备出版。但后来因解放战争期间商务印书馆的诸多变故,使这部书的出版工作被搁置起来。多年以后,当他回忆起这部书的情况时曾说过:"该书原稿以儒家的唯心主义思想为宗,如果出版也不适用于社会主义大学。因此,我重新写了《中国古代哲学史》约 20 万字,力图用马克思主义的方法阐述古代唯物主义和唯心主义的斗争,辩证法和形而上学的斗争。但全书未成,又遭了十年浩劫。"从这里提到的两部书稿,可见温公颐曾在中国哲学史研究方面投入过很大的心力,并取得过丰硕的研究成果。

1949 年以后,温公颐学术研究的中心转向了逻辑学领域。他积多年讲授逻辑学课程的经验,综合当时国内流行的几本原苏联的逻辑学教科书,并结合我国社会义革命和建设的生动事例,编著了《逻辑学》一书。该书 1958 年由高等教育出版社出版后,被多所院校用作教材并数次再版,受到学术界的广泛好评。1959 年第六期的《读书》杂志曾载文评述道:"温公颐先生著的《逻辑学》一书,无论从体系上,或是从理论的阐述方面都是比较完整、稳妥的。"此后,温公颐又结合工农业生产中逻辑方法的运用问题,写成了一本逻辑学通俗读物《类比推理在实践中的运用》,对推动当时逻辑知识的普及起到了积极的作用。

三

1959 年冬,温公颐应邀来南开大学,主持重建哲学系的工作。南开大学自建校伊始,曾设有哲学教育系,1952 年院校调整时该系被撤并,仅有的一些教师也被分配到京津的其他一些院校。因此,温先生到校之初,校内既缺乏哲学专业的教师,又不具备建系的基本条件。他作为当时南开仅有的一位哲学专业二级教授,凭借自己丰富的教学经验和在国内学界的影响,全身心地投入到建立哲学系并填补南开在学科建设上的空白这项具有重要意义的工作中。

1960年南开政治经济学系内建立了哲学专业并开始招生,温公颐担任政经系副主任兼哲学专业负责人。1962年哲学系正式成立,温公颐担任系主任并兼任哲学史教研室主任。在此期间,他亲自主讲哲学原理、逻辑学和中国哲学史等课程,并邀请当时在津的河北大学哲学系教师来校讲学,保证了系内教学工作的正常进行。同时,温公颐还言传身教,不辞辛劳,大力培养青年教师,热心地扶持新分配来系的青年教师担任教学工作,安排青年教师到其他院校进修,使新建的哲学系较快地形成了基本课程设置规范、教学与科研的方向和门类齐全的规模,为哲学系以后的发展奠定了坚实的基础。

进入二十世纪八十年代,温公颐在南开工作的重心转入培养研究生和学术研究方面。1982年开始招收和指导逻辑学专业硕士生,1983年被国务院任命为逻辑学专业博士生导师,1986年开始招收博士研究生,并为两届逻辑专业研究生班的教学做了大量的指导工作。温公颐为南开大学设立逻辑学专业硕士点和博士点作出了特殊的贡献。

同时,温公颐的学术研究事业也进入了鼎盛时期。他凭借自己学贯中西,博通古今,和数十年讲授与研究逻辑学、中国哲学史的深厚学术功力,在新开拓的中国逻辑史领域中取得了极为辉煌的理论成就。在他77岁至88岁(1981—1992)的11年间,温公颐在指导培养了多名博士研究生的同时,独立撰写并正式出版了《先秦逻辑史》《中国中古逻辑史》和《中国近代逻辑史》三部重要的学术专著,主编了获国家优秀教材一等奖的《中国逻辑史教程》,还主编了一部包括传统逻辑和现代逻辑内容的《逻辑学基础教程》,写作并发表了一系列中国逻辑史研究的学术论文,总计150余万字。因此,这一时期也是最能代表他的学术思想成就的时期。

温公颐在他晚年的中国逻辑史研究中,富于创见性地提出并充分论证一系列新的学术思想和理论观点。如在《先秦逻辑史》一书中,他提出中国逻辑史"发轫于邓析,奠基于墨翟,比古希腊的亚里士多德还要早100多年"。在中国逻辑史的对象问题上,温公颐将学术界的观点归为广义的和狭义的两类,为该领域学术研究的顺利发展指明了方向。对于中国古代逻辑史上学派的划分问题,温公颐依据先秦逻辑思想发生和发展的线索,将先秦逻辑史分为辩者逻辑思想和正名逻辑思想这两个主要的派别。温公颐还倡导以逻辑范畴为线索来研究和表述中国逻辑史。他认为,逻辑史的写作必须始终坚持马克思主义关于逻辑与历史的统一观,而二者的统一点即在逻辑范畴上。他还提出并领导了国家博士点项目"中国逻辑史范畴研究"的科研工作,在这一领域进行了新的开拓和探索。

温公颐晚年完成的中国逻辑史系列专著,在国内中国逻辑史研究领域产生了广泛而深刻的影响,书中提出的许多理论问题,引起了学术界的热烈讨论和进一步地探索。他的这些著作,不仅在国内为众多学者所关注,被用作专题学术理论研究的参考书和逻辑专业研究生的教材,而且被中国图书进出口总公司推介到海外。正是由于温公颐在指导研究生和学术理论研究方面的杰出工作与丰硕成果,使南开大学逻辑学专业成为国内中国逻辑史研究的学术中心之一,成为国家逻辑学专业人才培养的基地。

四

温公颐极其热爱教育和研究工作,他将全部生命与心血交付于其中的唯一事业,就是教书育人、研究学问。到了晚年,他的最大心愿就是尽可能多地将自己的研究心得奉献给祖国和人民,用凝结着他的心血的论著继续启迪后来之学人。

1982 年,他在一篇自传中写道:"我已经 78 岁,精力远不如前。……《中国逻辑史》预计全书在 80 万字以上。这也许是我最后一部著作。'春蚕到死丝方尽',我愿以耄耋之年,继续写作,直到最后一刻为止。"

1985 年盛夏的一天,温先生对当时担任他助手的崔清田教授谈道:"我在刚完成的《中国中古逻辑史》连珠体部分的文稿后书曰:'此稿写作时适值盛暑,室温高达 30℃以上,汗流浃背,恰似农夫耕耘滴汗不止一样。我这样做,不过是想多留下一鳞半爪的东西而已。'从今天起我放自己三天假，喘一口气。"

正是在这种精神的鼓舞下，温公颐实现了他学术生涯的最后拼搏，创造了他在南开的一个惊人的治学奇迹。而这一切又是在令人难以置信的极其艰辛的情况下完成的，不仅是他已近九旬的高龄，而且还拖着病残之躯（左眼在"文革"中受害致残，右眼高度近视，又患有帕金森氏症，双手不停地抖动），不顾病痛，不畏寒暑，勤力无间，始终不懈，可以说已到了舍生忘我的程度。

温公颐教授这种高尚的品格、宝贵的精神、坚强的意志，以及由此物化而成的精勤著述，使他的晚年如同绚丽夕阳的光辉，他赢得了广大师生发自内心的爱戴与敬佩。

五、主要论著

《哲学概论》（大学丛书），上海商务印书馆，1937 年出版。

《道德学》（大学丛书），上海商务印书馆，1937 年出版。

《逻辑学》，高等教育出版社，1958 年出版。

《类比推理在实践中的运用》，河北人民出版社，1959 年出版。

《先秦逻辑史》，上海人民出版社，1983 年出版。

《逻辑学基础教程》（主编），天津人民出版社，1987 年出版。

《中国逻辑史教程》（主编），上海人民出版社，1988 年出版。

《中国中古逻辑史》，上海人民出版社，1989 年出版。

《中国近古逻辑史》，上海人民出版社，1993 年出版。

《温公颐先生文集》，山西高校联合出版社，1996 年出版。

另在《哲学研究》《南开学报》《逻辑学论文集》等刊物发表论文数十篇，详目略。

（崔清田）

巩绍英

巩绍英(1920—1973)，辽宁阜新市清河门镇人。少年时期除上学之外，由祖父传授"十三经"与古典诗词。巩绍英悟性极强，由此开始，终生迷恋文史与诗词。然而国难不已，山河破碎，又使巩绍英政治早熟。"九·一八"事变时，年仅十一岁的巩绍英就参加了小学生的反日爱国活动，宣传抗日主张、抵制日货。十五岁的巩绍英发誓"抗心存国脉"，瞒过家庭，背着学校，只身到北平，寻求抗日之路。1935年，在北平庆安高中读书期间，爆发了"一二·九"运动。巩绍英立即成为一位积极的参加者，并参加平津学生南下扩大宣传团的活动。这时，他开始学习马克思主义的著作和书刊，同时与中共地下党员接触。1936年6月回家"诀别"，誓死抗日。返回北平后，即转赴西安，拟投奔陕北苏区，因"关系"不畅而"溪深无路人桃源"。无奈又回北平，即参加了朝阳大学的"民先"工作。1937年元旦，经北平"学联"和"民先"介绍，与同志结伴赴山西太原，参加民训干部教练团。"卢沟桥事变"后，被委派为"山西牺牲救国同盟会"安泽县特派员、总动员委员会副委员长。同年11月加入中国共产党。1938年8月参加抗日决死队，开始戎马生涯。1945年抗战胜利后，奉命调赴东北。在三年解放战争中，历任昌北县委副书记、奈曼旗委书记、四平市委副书记。1948年12月任辽北省教育厅副厅长。1949年5月至1952年底任辽西省文教厅副厅长、厅长。1952年12月至1954年2月任东北师范大学研究部副主任、主任。1954年2月调北京，任人民教育出版社副总编辑，主持中学历史教材的编纂工作。1961年9月调中华书局任副总编辑。1964年4月来南开大学历史系任教，9月兼任图书馆馆长。1971年初借调到中国历史博物馆，逝世前任命为副馆长。

巩绍英从少年起就热爱文史,在抗日烽火和三年解放战争期间也未曾间断。二十世纪四十年代初,他曾想到延安学习和研究历史,但为了革命工作的需要,把个人的志趣放在了一边。读书是他戎马生涯之外唯一的爱好,在马背上披览了当时条件下能收集到的各种文史著作。有时在马背上读书竟到了着迷的程度,以至掉在行军部队的后边,部队不得不派人寻找。巩绍英是所在革命队伍中有名的文化人,能诗善文。1948年11月2日东北全境解放,12月他便被任命为辽北省教育厅副厅长,厅长则是著名的文化人林汉达先生。

巩绍英1952年在东北师范大学任职时讲授过中共党史,然而他更钟情于中国古代史。1954年调入人民教育出版社分工领导历史编辑室,实现了工作与志趣的契合。当时他主持的最重要的一件事是组织专家、学者编辑中学历史教科书。他对专家学者极为尊重,发挥所长,协作共事,以友相待,以身作则,很快与编研人员结为同志与密友。在他的主持下,经过两年夜以继日的辛勤劳动,比预计的计划提前完成了教科书的编辑与出版。著名历史学家邱汉生(编纂者之一)在巩绍英逝世二十年后作了如下的深情的回忆和评价:"在巩绍英的领导下,编辑出版了新中国第一套历史教科书,得到史学界及历史教师的赞扬。他史学理论修养深邃,尤长中国古代史,治学勤奋,利用工作间隙,读完了二十四史,这在史学界也是罕见的。"1956年《历史教学》刊载了由巩绍英主笔,署名"人民教育出版社编辑部"的文章:《中学历史教科书编写工作中的几个原则问题》。文章系统、全面、深刻地论述了有关总体把握中国史的"历史分期""历史上的民族关系""历史基本线索""个人在历史上的作用""中外关系"等九个基本问题,至今仍有重要的参考价值。

1958年巩绍英与邱汉生、陈乐素共同著文提出中学历史教学要"补充乡土教材",这是一个具有重要意义的远见卓识,对今天的中学历史教学仍有现实指导意义。

1958年在思想和学术界掀起了"厚今薄古"的狂飙,随之出现了"打破王朝体系""打破框框""打倒帝王将相"等口号,所向披靡,锐不可挡。其影响之一是把古代史和历史人物几乎一风吹掉。在当时的形势下,巩绍英是比较清醒的一位。他在狂飙把人们吹昏了头的时刻,于1958年写了《历史教学改革中几个认识问题的商榷》一文,有针对性提出:"重视近代史和现代史,也重视古代史,使古为今用,吸取其精华,剔除其糟粕,而不是存今废古,割断历史。"又说:"正确对待个人在历史上的作用,把历史看成具体的历史事件和具体人物的活动所构成的,具有丰富、生动的内容的一门科学,而不是抽象的社会学公式。"在那个时代能有如此的理论勇气和真知灼见,是难能可贵的。离开那个时代,是很难理会其中蕴意的。

1963年至1964年春,巩绍英任中华书局总编辑,领导历史丛书组,负责组织《中国历史小丛书》《历史知识丛书》《高等学校文科教材》三套书的编辑出版工作。中华书局当时"历史丛书编辑室"主任浦一之1989年回忆巩绍英的工作与为人,写道:"绍英同志来中华后,和吴晗同志、金灿然同志(中华书局总编辑)一起,重新研究了选题计划,把选题扩大到三百余种。当时小丛书已出版五十余种,绍英同志提出在1962年内要达到出一百种,鼓励大家全力以赴。经过全组同志的努力,一百种的任务提前完成了。1962年冬,在人民大会堂新疆厅召开了庆祝大会,有一百余人参加,叶圣陶、邓拓、吴晗等同志在会上讲了话,肯定了成绩,勉励大家继续努力,希望把《中国历史小丛书》办成历史小百科,会议在热烈的气氛中结束。""绍英同志勤于治学,成天手不释卷,直至深夜,受到大家的赞扬。他心胸开阔,知识广博,对某些学术问题有独到的见解。他那勤奋学习的精神,深受同志们的佩服。他为人谦和,平易近人,非常注意对青年人培养,循循善诱,诲人不倦。凡逢晚上无事时,常到同志家聊聊天,谈谈学问,受到大家的尊重。"

1963年4月巩绍英来南开大学历史系任教,家未安顿好即投入紧张的备课。秋季开学即给毕业班讲授"中国政治思想史"。巩绍英把教师职业视为圣事,也是多年的夙愿。这次再执教鞭,格外高兴。这在《采桑子——1963年9月5日南开大学历史系第一次授课后有感》中有真切的记录:"十年不识灵山路,鹫岭云深,碧海波深,闲却禅关一片心。拂衣重上青莲座,贝叶经新,桃李枝新,散尽桃花不著尘。"开设《中国政治思想史》是历史系建系以来首创,据知,也是当时国内高校历史系仅有的。1949年以后,特别是1952年院系调整和新的历史教学大纲公布后,"中国政治思想史"的教学与研究不绝若缕。巩绍英能在短期开出此课,是他长期积累的结果。他从二十世纪五十年代后期开始即有志研究中国古代政治思想史,在中华书局工作期间,即着手编辑、并拟出版《中国古代政论文选》。他系统地披览了浩繁的历史著作,从《二十四史》和众多的文集中选出了百篇名作。由于成竹在胸,所以能在很短时间内把授课所需要的一切准备妥当,除了课堂讲授外,他还印发了讲义、参看资料和书目,当时能作到如此齐全的教师是不多的。巩绍英讲课并不太善言词,也缺少幽默,但他以严密的逻辑和不着虚言的丰富内容,像磁石一样吸引住听课同学。他也在教学中获得了无限的乐趣和难得的心灵的满足,《答同学新年赠诗兼以自慰》记述了这种情怀:"一灯瑟瑟欲穷年,敢拟南华天下篇!月上卢沟思鼓角,枝围栎社倦丹铅。盘桓皂枥犹前导,焯烁荆山望后贤。仆扑齐梁惟此乐,春风弦诵自陶然。"

巩绍英与同学相交,越师生而任朋友,他常从东校门寓所步行到学校西南村同学宿舍促膝谈心、话家常,毕业同学结婚,他也赶去祝贺。同学们也是他的坐上客。有时他回北京一些日子就去给他看家。学生不仅把他视为可敬的师长,更视为朋友,向他诉述心中的喜怨哀乐,融融之情,感人肺腑。在日后的回忆中,他对这次的教学感到十分惬意,是他人生中的一大乐趣,是最美好的一页。他与同学的情交与日弥深,曾作《采桑子——忆1964年毕业同学》表达了依依之情:"白云浩浩青鸾杳,海北天南,雁碛蛮烟,看遍江帆无数山。红霞烂漫东风老,翰墨香传,杨柳枝妍,春去春回又一年。"在"文革"中不能说没有他的学生起来造他的反,但多数一直与他保持着深厚的友谊。

时不我与,事不我依。1964年以后,人们又被拖进新一轮的阶级斗争漩涡,教学再次失序,巩绍英的课被"运动"所取代。他与其他教师一起参加同学们的"半工半读",又到乡下参加"四清"等。人们普遍有有风雨飘摇之感,为了向"革命"靠拢,视专业如敝屣蔽屦,而巩绍英对未来,对自己的追求仍充满了希望和信心。在运动之余,他对中国古代政治思想史进行了更深入,更系统的研究。到"文革"之前,写了近二十万字的文稿,其中有:《商周奴隶主的政治思想》(刊于《中国历史博物馆馆刊》1976 年)、《春秋战国时期的封建主义文化变革》(《南开大学学报》1964 年)、《先秦两汉儒学的宗教化运动》《汉武帝的独尊儒术和汉朝的杂霸政治》(刊于《人民日报》1965 年 9 月 17 日)、《魏晋南北朝时期的思想源流》《唐太宗政治思想简论》《唐中叶以前的反佛教斗争—谈佛教在中国的发展道路》(刊于《中国哲学》第一辑 1978 年)等。这些文章对中国古代思想史的把握具有高屋建瓴之势,每篇文章都上下纵论数百年,脉络清晰,知识渊博,显示了大家风范。其中对儒家宗教化的讨论,在当时可谓空谷足音;对佛教在中国发展道路的勾勒,一泻千里,纵论了佛教与专制王权、与儒家、与阶级斗争的复杂关系。

巩绍英爱读书,也爱藏书。但他不求珍本而求实用好版本。每收集到实用的好版本,他便把"古本"处理掉。他兼任南开大学图书馆长时,由于经费有限,他提出不要重收藏,要为教学和科研服务,针对当时藏书情况提出"成龙配套,填平补齐"的购书方针,组织人员到备地采购了一大批书。其实他对收藏也很注重,1964 年他批准用重金收购一套明版《历代名臣奏议》,一时遭到来自各路"外行"的猛烈抨击,成为"崇古""浪费"的典型。时过境迁,稍稍恢复清醒,连那些"外行"也念起他的胆识和果断。此书现已成为"镇馆"宝之一对外展示。

巩绍英喜爱古典诗词,又是一位诗人,他只作旧体诗。从十五岁起,直到逝世,连续不断。东方出版社 1998 年出版了《巩绍英诗词全编》,共收 620 篇,由其弟巩绍贤作注。全诗分三个时期,即 1935 年至 1949 年;1949 年至 1966 年;1966 年至 1973 年。此书记述了他的情感,喜怒哀乐、悲欢离合跃然纸上,同时也是他的经历之史诗。巩绍英的诗词严格遵循古典诗词的格律,语言也从古,用典极丰,从一个侧面反映了他的博学多才。

1971 年,巩绍英被借调到中国历史博物馆参加通史陈列修改工作。当时学校仍处于无事生非之时,工宣队占领了学校,清理阶级队伍已暂告一段落,大批的教师下乡落户,留下的人整天空谈"斗批改"、反"右"倾,真是百无聊赖。正值此时,历史博物馆来借人。就实而言,巩绍英对借调到博物馆搞陈列不能说没有兴趣,但更主要的是他想做事,想摆脱无聊的空谈才赴京的。由于他是专家，又是老革命，被指定为中国通史陈列修改的负责人。当时的"史学革命"之风吹得正猛，天天大喊"要重新改写历史"，今天批这个，明天批那个，而巩绍英上不着天（上"无线"，没有口衔天宪的人物作靠山），下不着地（不是博物馆的正式人员，也没有正式头衔），如何修改？实在不易，应该说是一件处处充满险情之事。他对这些很少理会，凭着自己所认定的马克思主义和史学的良心，群策群力，当断而断。当时正值"批林批孔"的高潮，孔子是"钦定"的千古罪人。跟着跑，一骂到底，百事了无。可是他认为，历史评价与"运动"应有所不同，要一分为二，于是由他决断，对孔子进行批判的同时作了必要的肯定。没有想到了大忌，在他去世之后仍遭到"鞭尸"之祸！文博系统有人指斥他是"资产阶级专家"，称"历史博物馆用错了人"等等。在打倒"四人帮"之后，才为他重新恢复了名义。出于对他的怀念，《中国历史博物馆馆刊》发表了他的遗文，并特地加了"编者按"："巩绍英同志自1971年至1973主持我馆中国通史陈列的修改工作，对重建通史陈列付出了辛勤劳动，作出了很大贡献。"在借调中国历史博物馆期间，他还参加了"出国文物展"的筹备工作，地点在故宫武英殿，时值隆冬，没有取暖设备，又不准烤火，手脚生冻疮，但他每天都用温暖的手轻轻地抚摸着那些国宝，乐以忘忧，亦且忘食，甚至忘掉了自己患有严重的糖尿病和心脏病。他曾作诗抒怀。其中一首曰："晓日瞳瞳青琐开，九天阊阖看春回。商彝周鼎新文苑，玉砌雕栏小钓台。四壁沧洲尘外趣，一张云锦日边裁。夜珠照乘蒲轮稳，夹道香飘御苑槐。"

　　翻开巩绍英的日历，从1949年以后，有一个一直使他难以解开的"结"，这就是所谓的党性和个性关系的问题。巩绍英作为一名"老革命"，无疑有着相当高的党性，他服从"党的决定"，对党的领导人一向十分尊重，即使在他身陷逆境时也没有发生过动摇。然而他又是一位颇有个性和自我追求的人，有着相当强烈的独立性与独立意识。其实他所追求的个性很简单，这就是从事文史方面的研究和教学之类的事。但是像他这样的高级干部似乎不能不作政治工作。于是一直有纠缠不清的政治与业务的关系问题，有所谓的"个人主义"问题。受到批评后也不能说他没有接受批评的诚意，但是又割不断执迷于文史的情结。

这样就长期处于两难选择的窘境。用他自己的话说：“别人要升官，我自己要丢官”。然而在那个极端突出政治的时代，想“丢官”也不是一件容易的事，他必须背上“不关心政治”“重业务，轻政治”“个人主义”等等重压。果真，麻烦接踵而至。

1955年巩绍英主持中学历史教科书的编纂工作，他与其他专家一起同心协力，全心投入，编纂工作进行的十分顺利。正当此时掀起了一场新的政治运动——由反胡风而兴的“肃反”运动。巩绍英身为单位党的领导人对这场运动竟视有若无，要他与身边的“胡风分子”谈话、交锋，他推倭再三，不得已草草几句而了，于是有“搪塞”之责。他以“既无经验，也无信心”为由，数次提出辞去运动领导人的职务，都遭到拒绝，并给予口头批评。更为严重的是，他竟不顾形势说出这样的话：“要我领导搞历史课本，我拼命也要完成任务；要我领导运动，我就躺倒。”今天如何看反胡风运动？姑且不论，反正胡风和“胡风分子”是平反了。巩绍英的话说得太早了，在当时他的言行也犯了大忌，用古代的话，这是“抗旨”，于是遭到党内撤职处分，通报国家机关。

这之后运动一个接着一个，巩绍英似乎并没有从严厉的处分中吸取足够的“教训”，也没有学会圆滑应世和逶迤的能力，他还要坚持能坚守的自我意识和个人兴趣。在众口一词、轰轰烈烈批判个人主义是万恶之源的日子里，他又慢条斯理地说：“个人主义对自己有鞭策作用，其中也有为党工作的一面。”巩绍英说的个人主义自然不是对个人主义的庸俗理解，更与损人利己等等毫无关系。关于巩绍英的人格与品质评价在历次的组织或行政鉴定中有载，如“虚心踏实，生活俭朴”，“作风正派，平易近人，能团结同志”，“对工作认真负责，没有领导架子”等等。他说的个人主义只是就个人的起码的独立性而言的，如他说过：“业务是个人的理想，不要计较一时的是非与毁誉，要把理想寄托于未来。”说到自己的选择时：我个人“希望对古籍整理工作有所贡献，并结合这一工作对历史科学研究有所成就。”还有，1958年之后，他对“三面红旗”也有点跟不上，发了几句疑问，怀疑事情是否过了头。上述这些言论自然是不容于时的，还被汇编为“巩绍英错误思想与言论”，供人批判，以儆效尤。回首往事，如果稍微冷静一点，也多少尊重一点人，巩绍英的上述说法该是何等的合理、合情、合适呀！然而在那个精神发狂的时代，巩绍英不能不被置于被批判的地位！

其后，有关领导多次要巩绍英出任相当重要的领导职位，应该说这不仅仅是为了落实政策，也应该说是一种钟爱，因为他实在没有什么问题。然而巩绍英更恋于文史研究，都一一谢绝了。在突出政治的时代，像巩绍英这样的高级干部，不入政治之彀，无论如何也是无法摆脱"轻政治，重业务""革命意志衰退"等恶名的。"文革"中遭难应该说与此有着密切的关系。

巩绍英十分重才学。对那些有才学而遭不公正际遇的人，只要有机会就会伸出友谊之手。有两位著名的历史学家因遭疑度日艰难，巩绍英以身作保，力荐来南开，但终因犯疑而未成。每忆及此事，他都为摧抑人才的现象而长叹。有一位博学老先生，多有物议，巩绍英不计小节，请到图书馆任职，发挥所长，愉快地工作到逝世。巩绍英还兼管一点《南开大学学报》事宜。当时一位青年教师把注意力转向社会史的研究，将处女作《清代的婚姻制度与社会地位述论》一文交给他，请他指教，他看后十分欣赏，立即建议在学报发表。然而有人却说：什么时候了，还发表这种文章。巩绍英爱莫能助，只能表示遗憾！现在可以告慰先生的是，当年的青年教师现在已是著名的社会史专家，社会史研究也蔚然成风！还有，"文革"初期，他的老友、北大的一位著名教授"畏罪自杀"。过来的人都知道，当时"自杀"都要戴上"背叛"的罪名，如果还有点什么"罪"，那就是死有余辜了。巩绍英面对噩耗，悲痛万分，作《哭友人》二首以寄情怀。

巩绍英的耿直在"聪明人"的眼里是属于"呆痴"和"迂腐"之列。"文革"期间，红卫兵让"牛鬼蛇神"们自报身份，多数人报以恶名。问及巩绍英，他干脆地答道："共产党员！"音未了，劈手一记耳光；再问，依然如故，又是一记耳光。如是多次，巩绍英的浩然正气坚不可摧，打人者悻悻而去。1967年巩绍英出外旅游被抓回来，遭到批斗，他若无其事，手中摇着扇子，斯文地说："看看祖国的山河比看武斗好吧！"有人上去把他的扇子夺走撕坏，他又斯文地说："有理慢慢说，不要撕东西吗！""文革"中不说假话者不多，巩绍英当属不多者之一。

"牛棚"给巩绍英提供结识新朋友的机会。过去一些人因他是"高干"而仰视之,多少有些距离。而今才知道他不只是铁骨铮铮,又是一位人情味十足的血性之人。有些大教授在劫余之后,心事茫然,他劝慰他们往前看,尚有来日。对"少年"则多方鼓励,他特别关心一位"小牛"(如今已是知名的数学家),伸出友谊之手,结为忘年交。一位有成就的中年学者被迫害致死,留下孤儿寡母,又被下放农村落户,回校无落足之处。巩绍英当时已到北京工作,他得知后,主动将自己的房子借给可怜的母女暂住。那时的孤女,如今已是有成就的学者,忆及此事,不胜感激!看管、审查他的人员,有忠诚可靠的工宣队老师傅,有革命意气风发六亲不认的少年,开始都充满敌意,但越审查越怀疑自己,于是由敌意转为敬意,尤其对他的真实的人格,无不佩服,遂后结交为亲密的朋友。人们有时会相信虚幻,从长远看会更珍重真实!

巩绍英身患多种疾病,糖尿病与心脏病尤为严重,他每天都要自己注射胰岛素。照理,他本可以病为由免除任何过重的体力劳动和活动。然而在那个"革命"湮没人道、不分轻重倡导不怕死的时代,加之普遍的医盲和他自己从来不把病视为病,于是他与常人一样,参加"下乡下厂",1969年还参加了战备疏散的千里行军。人们怎么会把革命与残忍混为一起?说起来他对自己的要求也太严苛了,他常说:"革命者活着就是为了工作,与其活二十年做十年的工作,不如活十年做二十年的工作。"他这样说,也这样做,每天工作时间都长达十几个小时,写作时经常通宵达旦,这也加速了健康的恶化。

巩绍英热爱生活,情趣广泛,酷爱诗词,以诗会友;迷恋自然风光,喜游山水;对戏曲有很好的欣赏力,尤好曲艺。在他的诗词中有多首题咏。有暇也收藏一点古字画,尤爱扇面。他说,我没有钱,只能收点二三流的作品,聊以弥补好古之心。

逝世前巩绍英从北京回南开再次登上讲台。像1963年那次讲课一样,把讲义、资料、参考书目印发给同学。在大批判的调门一日高于一日的情况下,有几人愿意登台?又有几人会把讲稿印发出来授人以柄?巩绍英全然不顾,敬业精神高于一切!他逝世的前一天(1973年11月27日)到医院做惯例检查、取药,医生要他立即住院。他说:"不要紧,待我把课讲完后(还有两周)再住院。"第二天,即逝世那天上午,他照常去上课。傍晚心脏病猝发,溘然长逝! 巩绍英没有留下一句遗言,然而他诚实的一生是一篇永恒的遗言!

巩绍英把讲坛喻为"青莲座",他就"圆寂"在"青莲座"!

我们不须为他"招魂",他永远安详地坐在"青莲座"上与我们相对论学!

(刘泽华)

王金鼎

　　王金鼎，生于 1920 年 2 月 12 日，河北定县人，出身于高级知识分子家庭。祖父王振垚，前清举人，曾留学日本，讲学于保定莲池书院。父亲王启光，北洋大学采矿系毕业，历任工程师、矿长等职。王启光让子女从小读诵诗经、左传、四书等，并以传统的伦理道德教育子女，对王金鼎幼年的思想产生了一定的影响。

　　1931 至 1937 年在北平四存中学读书期间，王金鼎受到进步作品的影响，特别是 1935 年他参加北平"一二·九"学生运动担任交通员时，目睹军警宪特大刀飞舞滥杀无辜。学生的残酷现状，更激起了他单纯的抗日救亡思想和仇恨腐败政府的意识。1937 年 4 月王金鼎参加了民族先锋队组织，走上了革命道路。

　　"七·七"事变后不久，王金鼎离开北平南下到武汉，10 月参加我党领导的"平津流亡同学会"，12 月由该会及"民先队"介绍到西安，不久入安吴青训班学习。从此他与家庭断绝了经济联系。

　　安吴青训班是我党中央青委直接领导的"抗大"式学校，王金鼎喜欢这里的一切，特别是人与人的关系及领导同志的作风。在学习期间，他树立了为共产主义奋斗的理想，并于 1938 年 4 月 1 日光荣地加入了中国共产党。

　　1938 年 11 月党中央从安吴青训班选调一批青少年干部，陆续组成 6 个西北青年战地工作团，王金鼎担任第一分团的政治指导员（化名王平夫），开始了青年工作，并参加了反扫荡战斗。

　　1941 年，为了开展敌占区城市工作，党中央决定抽调一批干部派进城市。王金鼎便是这批干部之一。经过训练，他被派往天津。1942 年 8 月 25 日王金鼎辗转到达天津，从此开始了地下斗争的生活。

当时在敌区工作的方针是遵照毛泽东同志提出的"隐蔽精干,长期埋伏,积蓄力量,以待时机"十六字方针,采取"单线联系,独立活动"的斗争方法。临行前领导交待王金鼎,到天津要广交各界朋友,打下社会基础,利用社会关系和一切可能的机会"钻到敌人心脏"里,长期埋伏下来,待时机成熟,迎接解放。

在既无党的直接领导,又无任何社会关系的情况下独立在敌占区开展工作,对年仅 22 岁的王金鼎来说,其困难可想而知,但他做得十分出色。

1943 年 2 月,王金鼎通过社会关系进入达仁学院。从此他一边以读书(后来教书)作掩护,一边加紧进行地下工作。

1945 年 7 月,王金鼎用两年半的时间修完四年的课程,以优异的成绩提前毕业,并留校任教。一年后,他到工商学院任讲师,利用教学的方便条件,宣传唯物史观,宣传进步思想。他讲课内容精辟,语言简洁,逻辑性强,深入浅出,深受学生欢迎。

在达仁学院和工商学院,王金鼎深入广大师生,了解他们的政治态度,团结进步人士。例如当时侯仁之先生在达仁学院任教,公开讲授历史唯物主义,具有明显的爱国主义与反日情绪。王金鼎主动接触他,在进一步了解其社会关系并考察其政治态度之后,决定以他为核心在上层人士中展开工作。1944 年夏,王金鼎通过侯先生认识了翁独健、洪煨莲、孙冰如、杨思慎、刘子键等学者与知名人士,为以后的工作奠定了一定的社会基础。在学生中,王金鼎也培养了一批积极分子,并根据工作需要,发展了部分党员,如 1943 到 1948 年五年间发展了邵淑惠同志等四名党员。

1943 年到抗日胜利前,王金鼎克服重重困难,搜集了大量的有关日伪在天津的侵华资料,调查研究日伪在天津的情况,并把其中的重要资料和信息秘密传递到了解放区。

1947 年国内部分城市爆发"五·二〇"反饥饿、反内战、反迫害运动,王金鼎领导发动了工商学院的罢课运动,并培养了一批积极分子,为解放前护校工作打下了基础。

为了宣传我党的政策和主张,王金鼎攒钱买了一台收音机,每当夜深人静就秘密收听新华社新闻,边听边记录,往往听到破晓时分,休息一两个小时又去上课。有重要的新闻或党中央的方针政策,就让邵淑惠同志刻印出来,散发或邮寄给一些进步人士、民族资本家、社会名流,传播革命的道理,撒播革命的火种。

在共同的革命斗争中,1947年,王金鼎和邵淑惠结为伉俪。

1948年国内形势大转变后,王金鼎更加广泛地宣传国内形势,宣传我党的方针政策,扩大积极分子队伍,并动员民族资本家,进步师生拒绝南迁,有力地保证了护校护厂反南迁斗争的进行。同时对国民党上层人物进行策反工作,争取了天津伪警察局长李汉元率14000名警察接受解放军改编,对维护天津市解放时的社会秩序起到了重要作用。

1949年1月15日天津解放。王金鼎意气风发地全身心投入到新中国的建设工作之中。

新中国成立后,达仁学院被并入工商学院,改称津沽大学。因王金鼎解放前一直在这两所学校学习和工作,1951年春,人民政府任命他为该校教授、教务长和党支部书记,以加强对该校的领导。

在津沽大学,王金鼎坚决执行、正确贯彻党的知识分子政策和统一战线政策,团结全校各方面力量,有力推动了津沽大学的教育工作向社会主义方向迈进。

1951年,中央决定对全国高等学校院系进行调整。1952年3月底"天津市高等学校调整委员会"组成,王金鼎先后担任调委会办公室副主任、主任,实际负责天津市高校院系调整和建校(新建天津大学校舍,扩建南开大学校舍)的具体工作,花费了大量心血。

院系调整后期,王金鼎正式调入南开大学,任教授、副教务长、党总支书记(当时南开中共党员不多,只设党总支)。

当时全国解放不久,高校面临的重要任务是尽快确立新的教育体制,建设社会主义新大学。而当时的南开刚刚经历院系调整,显得有些混乱:最强的工学院被调入天津大学,又并入了津沽大学商学院和天津大学理学院;教师也作了较大变动,兄弟院校不少教师来到南开,还有一些从国外回来的专家。面对这种情况,王金鼎认为关键在于把全校上下拧成一股绳,齐心协力投入学校建设。他提出"不利团结的话不讲，不利团结的事不做"。为此他注意巩固学校领导班子的团结，广泛深入群众，正确贯彻知识分子政策和统一战线政策，团结一切可以团结的力量，调动一切可以调动的积极因素，并从思想上切实提高了广大师生的觉悟，使他们自觉贯彻党的教育方针，从而保证了教育改革工作的进行，完成了党交给的任务。

王金鼎一贯相信群众，依靠群众。来到南开后，他深入广大师生之中，很快同群众打成一片。当时南开工会俱乐部每天下午五点以后开放，王金鼎不管多忙，也要去那里，和教师们下棋、打桥牌、谈心、交朋友，听取各方面的意见。很快，教师们都喜欢上了这位从不摆架子、诚挚亲切、谦逊有礼的领导，并把他当做知心朋友、信任他，尊重他。

王金鼎尊重知识，尊重专家，注重吸收德高望重的知名学者参加校、系级领导工作。如他曾建议杨石先教授出任校长（当时任第一副校长，正校长付缺），并为杨老配备了助手，以不影响他的科研和教学工作。当时的院长、系主任也都是校内学有专长、熟悉教育、具有威望的教授。对学校其他领导同志，王金鼎大力团结，与他们建立起亲密合作关系。例如，他曾协助刘披云副校长在南开建立起一系列规章制度，如会议制度、干部制度、学生守则等等，使学校工作制度化。此外，还协助刘副校长深入各系进行调查研究，确立起各系办公室的组织机构和人员配置，既加强了党对各系工作的保证和监督，又注意让系主任有职有权，尊重和发挥他们对系里教学、科研、行政等各方面工作的领导作用。当时系主任不少是民主党派成员，更多的是无党派人士，他们的积极性得到了很大调动。

王金鼎是一位懂得和善于团结知识分子并受到他们尊敬的领导同志。他本人是高级知识分子，又长期在教育界工作，理解知识分子，能从关心爱护的角度出发团结广大的知识分子。他总是深入广大师生，和他们谈心、交朋友，了解并积极解决他们的思想、工作和生活中的问题和困难。他经常在马蹄湖边的大礼堂演讲，结合知识分子和学生的思想实际，讲政策，讲形势，几乎每周一次给学生作人生观等问题的报告。当时中文系有位老教授每次必去，认为"听金鼎的报告，生动活泼，又解决问题"。他的讲话极受欢迎，当时不管是报告还是演讲，只要是他作的,总是场场爆满。

王金鼎为人诚恳,以心待人。因此,知识分子愿意找他谈话,与他交朋友。当时,南开校、系两级的负责人,如杨石先、郑天挺、吴大任、冯文潜、陈舜礼、萧采瑜、高振衡、陈天池、李何林、李霁野等都与他有密切交往。他们中不少人在二十世纪五十年代中或六十年代初入了党,应该说,这些老知识分子的进步,在一定程度上是与王金鼎的作用分不开的。

在王金鼎的努力下,南开大学党组织得到发展。1956年春南开成立党委,王金鼎当选为第一届党委书记。

1956年8月,王金鼎由南开调到天津市委任文教部副部长,后任部长,一直到"文革"开始。

1978年7月,王金鼎调回市委任文教组长,负责文教系统的揭批查,同时带工作组来协助南开六人领导小组主持拨乱反正的工作。

拨乱反正应从哪里入手,一开始很多人对此并不十分明确。王金鼎一进校就明确指出,必须从平反冤假错案入手,只有把工作的重点放在对冤假错案的平反上,落实干部和知识分子政策,才能调动起知识分子他们那被长久压抑的积极性,推动其他各项工作的开展。

为帮助南开恢复工作,王金鼎首先摆正知识分子的地位。他说,办大学靠谁?要靠知识分子,靠老教授,靠懂教育的老专家。为此,他在各种场合旗帜鲜明地宣讲党中央关于平反冤、假、错案和落实知识分子政策的精神,公开批判"四人帮"炮制的极大伤害知识分子积极性的"两个估计";坚定地支持滕维藻、胡国定等老教授和崔希默等老同志站出来大胆工作;以主要的精力和大量的时间,亲自做知识分子的工作,和知识分子深入交谈,听取他们的要求、意见、建议以至批评,与他们坦诚相见,解除部分人仍然存在的一些疑惑,鼓励他们积极投身刚刚恢复的教学工作和荒废已久的科研工作。

王金鼎两次到南开工作,两次都正当南开处于艰难之时,虽然时间都不长,但对南开发展的影响是很大的。二十世纪五十年代初,百废待举,王金鼎正确贯彻党的政策,团结广大师生投身学校建设,进行教育改革,使南开走上社会主义的发展轨道;"四人帮"粉碎后,王金鼎排除重重阻力,坚决执行党的正确路线,切实平反冤假错案,调动一切积极因素,帮助南开恢复正常工作,使南开重上正轨。

王金鼎一生时时处处以国家利益为重。早年他为了民族解放走上革命道路,又为了实现祖国未来的共产主义蓝图而不懈地进行革命活动;新中国成立后,他为祖国的发展兢兢业业、任劳任怨地工作。"文革"中他身心遭受严重摧残,从1979年1月开始,他身患癌症,手术九次。病中的王金鼎仍关心着别人,关心着工作,关心着国家的发展。1997年7月1日香港回归祖国时,病重的他兴奋得彻夜未眠,赞扬邓小平同志决策的正确。——他的一生可谓是爱国的一生。

1997年12月30日,王金鼎同志溘然长逝。

王金鼎同志走了,给人们留下了深深的回忆,人们是不会忘记他的。

附:解放后王金鼎同志的其他任职情况:

1949年12月至1966年6月天津市第一届至第六届人民代表大会代表;

1960年河北省人民代表;

1949年至1965年天津市第一届至第四届政协委员、常委;1952年至1966年中共天津市历届党代表大会代表;

1960年至1966年中共天津市委代理常委;

1983年中共天津市委第四届党代表大会上当选为中共天津顾问委员会常委。

(罗春梅)

刘披云

一

刘披云，化名荣简，四川省乐池县人，1905年出生在一个地主家庭。在读完小学和中学后，就读于上海大学，在校时接受了马克思主义思想，于1925年4月加入中国共产主义青年团，同年7月转为中国共产党员。在国内第一次革命战争时期，历任上海南方大学团支部书记、共青团上海大学特别支委书记、团江浙区区委委员、上海学生联合会党组书记、上海市民代表会议执行委员、第八届全国学生总会委员长、中央农民运动讲习所连指导员等职。他积极参加"五卅"运动和反对汪精卫叛变革命的斗争，参与组织武汉总罢工、总罢市和总罢课运动。

1927年，四川省委在"三·三一"惨案发生后，主要领导同志被杀害，刘披云奉党中央之命，离开上海大学，和傅烈等同志去重庆建立中共临时省委，恢复党的组织，继续开展党的工作。在土地革命战争时期，刘披云历任中共四川临时省委宣传部长、川西特委书记、中共四川省委常委兼宣传部长等职，并被选为党的六大代表。

刘披云于1935年到日本学习。1936年回国后，积极参加抗日救亡运动，并翻译过《唯物史观日本经济》和《历史唯物论》等书。1940年5月到延安。历任延安行政学院教育处长、延安大学教育处长兼社会科学院院长、代理延安大学副校长。在解放战争时期，历任哈尔滨特别市政府秘书长、东北人民政府交通部秘书长等职。

新中国成立后，1949年至1952年期间，历任川南行署副主任兼川南区党委宣传部长、川南人民革命大学副校长、中央高等教育部教学指导司司长。1953年10月赴津，历任南开大学第二副校长、副校长兼政治辅导处主任、中共南开大学党组书记、天津市高校党组组长、中共南开大学党总支委员和中共南开大学常务委员、天津市市委委员等职。1958年9月调云南省,历任云南省副省长兼省文教办公室主任、中共云南省委常委、云南大学党委书记兼校长、云南省政协副主席等职。在"文革"中,刘披云被诬陷为"叛徒"监护审查,在身心长期遭受严重摧残的情况下,坚定不移地相信党,相信群众,坚持学习马列著作,坚持斗争,经受住了严峻考验。

十一届三中全会后,尽管他年事已高,但丝毫不计较个人得失,以高度负责的革命精神投入了社会主义建设事业,生命不息,战斗不止。1983年5月6日因病在昆明逝世,终年79岁。

二

刘披云到南开大学时,由于负责学校工作的第一副校长杨石先教授是民主人士,刘披云实际主管学校全面工作,直到1958年调离学校去云南。

经过1952年的院系调整,南开大学面临着改革旧教育制度、重建新的教学体系的问题。刘披云到南开后深感责任重大,经调查研究后,他采取了三个主要举措:

1.抓教学组织机构

针对新中国成立以后新形势的要求,学校的机构改革势在必行。刘披云到任后,贯彻党中央和高教部的精神,于1954年根据国家需要,将原来的14个系合并成8个系,增强师资力量,增添教学设备,同时还明确了系领导的责任,在人员配备上增设了系助理(党员秘书)、教学干事、政治辅导员、行政干事等职务,加强了系一级的工作班子,使系主要领导从大量繁琐的日常事物性工作中解脱出来,将主要精力放到教学工作的指导上。与此同时,在全校成立了26个教研组,以教研组为基本教学单位开展科学研究,为以后成立教研室打下了基础。

2.抓教学秩序和教学管理

管理工作的首要任务就是要有健全的规章制度。规章制度的健全与否,关系到学校各项工作是否能依章办事,顺利落实。刘披云面对当时教学秩序混乱、学生纪律松弛、违纪现象屡有发生的情况,首先从建立各项规章制度抓起。在他的主持和校领导集体的努力下,经过半年多的修订,《南开大学章则汇编》于 1955 年底出版,这是解放以后的第一本规章制度汇编。

在此基础上,刘披云还主持制定了南开大学第一个五年计划《南开大学(1954 年—1958 年)事业发展和教学改革实施计划》(草案)。计划的总目标是提高教学质量,加速师资队伍建设,加强教研组工作。在具体细则中明确提出了学校的任务和要求,对学校的发展规模、教学改革等一系列内容也提出了实施办法。

对待学生的学习和在校生活,他坚持严格要求,细心关怀。二十世纪五十年代初期,学生社会活动较多,学习不够安心,学校纪律较为松懈。刘披云则特别强调学生的主要任务是学习,坚持实施整顿校纪的规定。1954 年 1 月 24 日和 27 日两次召开全校大会,刘披云亲自对学生作了关于整顿纪律的报告。每次做报告,他都先调查,广泛征求意见,所以报告的内容针对性很强,有表扬,也有批评,有正面经验,也有反面教训,报告充满了哲理,很受大家欢迎。此后,学生旷课和其他违纪行为大大减少,学习纪律明显好转。1955 年 10 月 21 日,学校制定了《南开大学优秀生、优秀班评比办法》。他提倡在学生中评"三好",调动学生各方面的积极性。他还关心学生生活,与学生对话、谈心。为了丰富学校校园生活,他鼓励学生开展课外体育活动,锻炼身体,增强体质,和体育教研室一起研究,对学生的课外活动作出了规定。在学校资金非常紧张的情况下,他利用基建节余基金,在天津高校中第一个建起了游泳池。

此外,为了解决办学规模和成人教育问题,他还主持筹办了函授教育和夜大等工作。

3. 抓政治思想教育工作

刘披云在 1954 年 10 月至 1956 年 10 月间,亲自兼任学校政治辅导处主任,抓学生的思想政治工作。他多次在全校学生大会上做报告,进行学习目的的教育和革命传统教育,要求学生树立崇高信仰,要有报国之志、建国之才,为革命为人民遵守纪律,努力学习,成为品学兼优的合格的社会主义新人。1957 年 5 月 12 日,他还亲自接见学生会干部和代表,听取大家对学校行政工作的意见,耐心细致地为大家讲解学校工作精神,并要求学生尊师重教,安心学习,不怕艰苦,努力培养新的道德品质。为了加强学校共青团的作用,以共青团的工作带动全校的思想建设。1956 年他组织召开了南开大学首届团代会。

三

刘披云在任期间,意识到狠抓教学工作的重要性。他经常深入教学第一线了解情况,一有时间他就去听课。在他主管学校工作的几年里,教学工作逐年好转,教学质量明显好转。

在开展以提高教学质量为中心的教学工作时,刘披云曾对教师提出四点要求:(1)按教学大纲上课;(2)教研组每学期修订一至二门课程;(3)所有教研组应讨论教学内容,改进课堂讲授方式,作为提高教学质量的中心任务;(4)讲课应贯彻直观性原则,充实课堂实验和演示。他还在 1954 年校务会议上说:"要保证教学质量,不但教师教得好,还要学生学得好。要使学生学得好,很大程度上取决于教师对学生的指导。""教师要钻研课堂教授方法,提高讲课技术","在教师的主导作用下,培养学生独立工作能力,对学生要多帮助,要耐心"。

由此,他积极鼓励老教师上讲台,让他们精湛的专业知识得以传播和发展。同时在师资建设上采取"送出去,请进来"的办法一方面将有学术发展前途的学科骨干送出国进修,像王梓坤、李赫垣等就是当时派往苏联的留学生。在国内邀请专家来校讲学和作学术报告。当时北京大学化学教授张青莲、语言学教授王力、中国科学院梁树权和陈世骧以及数学家华罗庚都来校作过学术报告。另一方面又积极引进人才,改善知识分子待遇。此外,还聘请外籍华裔学者来校讲学。1957 年聘请苏联专家马克丁诺夫担任了化合物化学课的讲授,为我校硅和硼有机化学的研究奠定了较好的基础。这种人才培养的方法,为以后南大创知名学科做了准备。

科研工作是高校中不可缺少的一个重要环节。刘披云对科研工作同样给以足够重视。1954 年南开大学成立了科研科。1955 年以后,南开大学恢复和建立经济研究所,成立了化学研究室、历史研究室等科学研究机构。科学研究的风气在全校逐步形成。为了大力开展科研工作,端正对科研的看法,让广大教职工消除顾虑,大胆进行科学研究,在刘披云主持工作期间,学校还成功地举办了两次科学讨论会,盛况空前。

1955 年 6 月,刘披云和校领导及科研部门一起起草了《科学研究 20 年远景规划》(草稿)。在《规划》中提出"密切结合教学和国家建设,大力开展科学研究工作,提高教学质量,发展科学满足国家建设的需要。"按照规划精神,刘披云和杨石先副校长一起开始抓南开大学科研项目建设,并建立了科学研究会,同时还建立了一年一度科学报告会制度。

1955 年 5 月 11 日,刘披云主持的第三次校务会议上通过了《南开大学关于开展学术上的自由讨论和批评的决议》,该决议的出台活跃了学术空气,带动学校的科研工作蓬勃发展。1956 年,刘披云担任学校临时学术委员会副主任。为了加强学校的学术性活动,他采取多种形式,邀请专家学者定期召开座谈会,为学校创造良好的学术气氛。

刘披云认为,学生作为科研的后备力量,也应具备一定的科研能力。因此,1956 年 10 月 31 日,校务会议讨论有关培养学生独立思考和独立工作能力的问题,起草了《南开大学学生科学小组暂行条例》(草稿)。为了培养学生的工作能力和从事科研的兴趣,他让教授、副教授担任学生导师,要求学生定期举办科学讨论会,积极开展科研活动等等。

学校的校刊、学报是学校科研、学术活动的阵地。刘披云十分重视校报的质量工作,要求由校各教研组选出 1 至 2 名通讯员,加强与学报的联系。1955 年 11 月 3 日,《南开大学学报》(经济科学)第一期正式出版,共有论文 11 篇,使南大科研对外交流迈出了新的一步。

四

刘披云是知识分子出身的革命干部,他充分意识到搞好知识分子工作,做好统战工作的重要性。因此,他来校后,积极贯彻党的统战政策和知识分子政策,爱护关心知识分子,努力改善知识分子的工作和生活条件,创造良好的教学科研环境,使当时的校内广大教师受益匪浅。他一向尊重知识分子,当时校务委员会的主要领导都不是党员,他在来校的第一次大会讲话中就说:"我愿在杨主席(校务委员会杨石先主席)的领导下,扎扎实实地做好实际工作。"他不仅这样说,而且身体力行。在以后的工作中他都与其他校领导配合默契,同心同德。凡是遇到决策性问题,无论事情大小,他都主动征求杨校长的意见。他还多次向高教部建议,应该把杨石先提为校长,有利于工作。

刘披云切实关心知识分子的生活待遇。他多次讲到,他的工作就是为大家提供条件。他给杨石先配助手,解决杨石先兼职过多、社会活动过重的问题,让杨校长腾下手来安心做学问。同时也给有专长的老教授都配备了助手。他还积极吸收条件成熟有影响的专家入党,陈天池、吴大任、魏埙等著名专家就是在这个时期入党的。他遇事主动征求党外人士的意见,做好党外民主人士工作。1957年3月9日,在他的推动下,成立了"九三"学社南开大学支社委员会,使其共同为南开的大政方针出力献策。

为了保证教师有充足的资料设备,他主持修建了图书馆和实验室,购置大量图书设备。解放前30年全校共有图书20万册;解放后到1958年,图书馆藏书55万册,包括马列书籍和各种科学研究资料。实验室的发展也很惊人,解放初全校只有8个实验室,而到1958年就增加到了69个实验室。1954年3月30日,高教部部长杨秀峰和首席顾问列别捷夫,在杨石先、刘披云的陪同下,参观了南开大学物理、化学、生物、数学实验室和图书馆,对学校当时的状况和建设规划工作给予充分肯定。

五

南开大学在抗战时遭到日军的轰炸和破坏,后虽复校重建,但到解放时已没有几座像样的教学设施和教学大楼。面对这种的状况,刘披云上任后立即大搞基本建设:铺马路、盖楼房、建实验室、修锅炉房,建卫生室、洗澡堂……他多次去高教部争取经费,要计划,跑审批,并带李万华、张涛、申泮文等同志去北大、清华、复旦、同济、南京大学和兰州大学等参观学习。张涛同志回忆当时的情景说:"那时为校园垫土,校园内小铁轨四通八达,轱辘马满园奔跑,人推马拉一片繁忙。"终于在短短的几年里使南开大学校园建设初具规模。1952年至1959年期间,我校修建的教学楼和生活用房相当于解放前的四倍。另外,还修建了体育场、游泳池和宽广平坦的大中路。1952年前学校的建筑面积是22986平方米,到1957年底已达到84829平方米。1958年,天津市和河北省合并,省委和省人委又批准我校修建中心教学大楼(现主楼),刘披云让分管基建的同志征集好几种设计方案,将这所大楼的设计确定方案造出模型,反复征求多方面的意见。大楼长达151米,高12层,有70个教室,8个阶梯教室,第7层还有研究室和陈列室,还有专供外文系使用的语音室和录音室。大楼的后部还有个可以容纳500人的阶梯教室(小礼堂)。大楼的竣工,包含了刘披云的一份心血。

在基建工作中刘披云敢于打破常规,不因循守旧,因此节省了许多经费。1953年10月26日《人民南开》报道"本校建筑垫土工程增产节约成绩很大,一年共垫土90000多立方米(包括体育场)。如包工需要用经费13亿元。本校自做用了11亿多元。为国家节约2亿资金。"(注:当时的1万元等于现在的1元)为了贯彻"三好方针",开展体育活动,他用节省下来的经费修建了游泳池。这一举措,在天津高校中影响较大,也说明他的远见和魄力。

在基建工作中,施工现场非常艰苦,刘披云经常到现场视察,对工程进度、基建设计都亲自过问,事必躬亲。他对基建管理人员要求也很严,要求他们跟班管理,对工程中发生的问题,就地解决。他还主张多植树,绿化校园,保护环境。建设一处,绿化一片。

六

刘披云同志是一位参加革命多年的老干部,也是一位知识分子出身的老革命。在南开大学最需要党的领导,最需要发展建设的时候,他服从党的安排,下到基层,担当起治理整顿学校,建设南开的重任。

刘披云不仅工作出色,而且为人正直,廉洁奉公。许多与他一起工作过的老同志都称赞他待人诚恳、坦率。他有"三严",一是责己严;二是对中层干部要求严;三是要求子女严。在工作中,对和他意见不同的干部并不强求一致,而是求同存异,然后再做深入细致的思想工作。在生活上他关心同志,和他一起工作过的同志都受到过他的爱护和照顾。因此,他在老教师中很有威信,得到大家的尊重。

刘披云虽然资格老,级别高(国家行政七级),但他从不居功自傲。每次党的组织生活会议,他都准时参加,以一个普通党员的身份发表意见和建议。在工作中作风民主,没有"架子",很随和。他经常下学生宿舍、办公室,还同年轻人一起娱乐跳舞。刘披云对自己要求也很严格,在生活上非常俭仆,尽管身居要职,但从不多吃多占,公私分明。他不喝酒,不请客。外出办私事,从来不用学校的公车。有一次,天津市在干部俱乐部举办联欢会,允许带家属观看,学校派吉普车去接刘披云时,他的女儿也要搭车去,刘披云当时说:"要去自己骑车去,这不是你坐的车。"刘披云原住东村36号,北村9号楼盖好后,因面积不大,许多人不愿搬。刘披云带头搬进比他原来的住房少四十多平米的住房,家里七个孩子还有保姆,实在住不下,自己就在办公室里搭个铺,住在办公室里。

刘披云同志在短短几年中,为南开的建设和发展创造了良好的条件,以实际行动推动和促进了学校的各项工作。和他一起工作的同志,谈起他来都异口同声地说:"刘校长是一个实干和办实事的老革命。"朴实的语言,胜过华丽的词藻,南开人为我们党有这样一个好干部而自豪。因此,他至今仍为南开人们深深怀念。

(卢会敏　郭连良)

臧伯平

一、青少年时代

臧伯平,学名臧树棠,1913 年出生于河北省唐县臧城涧村。6 岁入本村初级小学读书。12 岁考入唐县县立高级小学。高小毕业后,家长送他到县城一家商店当学徒。但他始终未忘自己要当一名老师的心愿,终于在 1929 年的一天,他偷偷地离开这家商店,独自来到河北冀县,考入了河北省立第六师范学校。

当时的冀县,教育比较发达,共产党的组织已在省立六师建立,秘密地开展活动。臧伯平进入六师后,很快就受到共产党宣传教育的影响。他通过阅读进步书刊,逐步认识到:要打倒帝国主义,推翻反动政府的黑暗统治,就必须在中国共产党的领导下组织起来,团结一心,共同斗争。在反对反动校长、驱逐反动教员的斗争中,他的思想觉悟和理论水平不断提高。1929 年,当他只有 16 岁的时候,就加入了共产主义青年团,并担任了六师团支部书记。不久,又由共青团员转为中国共产党党员。

入党后,臧伯平更加刻苦地读书,并积极从事革命活动。根据党组织的指示,他经常到城里十四中学进行宣传活动,并发展了七八个党员,建立了党支部。他还和其他进步学生一起,走出校门,深入工厂、农村,揭露国民党反动派的罪恶,传播共产主义思想。当他的这些革命活动被学校当局发觉后,遂于 1930 年暑假后被勒令转学。后由党组织设法将他转入河北省立第二师范学校(即保定二师)读书。

臧伯平到保定二师后,担任了二师的团支部书记,同时他还是西关区团委书记。由于活动频繁,臧伯平的党员身份暴露。我地下党保属特委及时将他调往北平,继续以一个学生的身份作掩护,从事党的地下活动。

1931年初,臧伯平来到北平,考入民国大学国文系。在北平,他担任了民国大学的团支部书记、西城区政治交通员、"左联"北平市西城区负责人等职。不久,他的身份再次暴露,党组织又把他调回保定工作。

1931年暑假后,臧伯平回到了保定。保属特委仍派他到保定二师工作。这时二师的校长是张云鹤,此人比较开明,二师的党组织和他已有来往。他主张学生读书自由,默许学生在校内进行进步活动。同学们也拥护他。也正因为这个原因,臧伯平这个曾被二师开除的学生又恢复了学籍。实际上,由于革命斗争的需要,臧伯平由一个大学生又变成了一个中学生。

二、护校运动

臧伯平回到保定后,继续担任保定二师的团支部书记。这时发生了"九·一八"事变,中华民族面临着生死存亡的严重危机,抗日怒潮日益高涨。保定进步师生的爱国运动在各校内此伏彼起,二师的斗争尤为激烈。在保定反动当局的授意下,国民党反动分子和国家主义派分子,加紧了对校内进步学生迫害,保定特种公安局就几次到二师搜捕进步学生,妄图把二师的党团组织一网打尽。1932年春,反动当局竟然登报宣布开除50多名进步学生,勒令30多名学生休学。4月份就提前放了暑假,并撤换了张云鹤校长,查封了二师。在这种情况下,二师学生掀起了一场震惊平津及华北地区的护校运动。臧伯平在护校运动中,担任护校委员会委员、宣传部副部长及纠查队队长。反动当局出动上千名的军警、宪兵及正规部队,把学校团团围住。二师学生宁死不屈,团结战斗。他们同敌人对峙了半月之久。最后,敌人强行冲进校园,用机枪、步枪向手无寸铁的青年学生开枪扫射,打死9人,重伤4人,逮捕35人。臧伯平也被捕入狱。

二师的护校运动,虽然在敌人的武力镇压下失败了,但它扩大了共产党的政治影响,播下了革命火种,教育和锻炼了广大青年学生。

三、铁窗生活

从 1932 年 9 月 12 日到 1935 年 5 月 12 日,臧伯平在敌人的监狱里,度过了两年八个月的铁窗生活。在狱中,敌人把每个"犯人"都编号造册,臧伯平的编号是 144 号。臧伯平、王家宾等 17 名从保定二师被捕的学生,都被关在保定第四监狱。敌人很害怕他们闹事,就给他们戴上脚镣手铐,分别关在单人囚房里。

臧伯平和其他从二师被捕的学生党员,秘密地建立了狱中党支部,领导狱中的斗争。他在两年八个月的铁窗生活中,领导和参与了三次集体绝食斗争,参加了抗议监狱当局虐待"犯人",要求延长放风时间,要求改善伙食,要求改善居住条件,要求读书看报,要求向亲友通信等各种形式的斗争。这些斗争,打击了敌人的嚣张气焰,也使同学们得到了锻炼和提高。就拿他们提出要看书看报的事来说,开始监狱当局根本不理睬,但经过斗争,敌人怕出乱子,还是同意发些狱中藏书给大家看。这些坐牢的共产主义信仰者,把监狱当作课堂,用来学习和提高自己,不废青春时光,不做精神俘虏。臧伯平后来发表了大量的论文、诗词、小说、回忆录,他深厚的文学功底在很大程度上"归功"于这一时期的狱中自学。

后来,臧伯平和其他人还让亲友利用探视的机会,冒险把党内印发的《土地问题指南》《苏维埃宪法浅说》以及《中国革命史大纲》《社会发展史》《唯物史观》《资本论浅说》等革命书籍,经过改装或其他办法送进监狱。臧伯平利用坐牢时间,认真地研读了一些马列主义理论。他后来长期在领导岗位上工作,其理论知识有一部分也是在狱中获得的。

臧伯平等人还创办了狱中刊物《突进周刊》,每周出一期。没有笔,他们就把含铅的牙膏皮撕下一块,搓成细卷代替铅笔。没有纸,他们就以包书皮为名,买些纸来,裁成小小的单张作稿纸。就这样,难友们在这个刊物上写了不少文章。臧伯平写的《对津村秀松国民经济学的批判》一文,受到大家的好评。对此,他至今仍记忆犹新。

1935 年 5 月 12 日,臧伯平和其他 6 位二师同学刑满释放。当他走出监狱、回望牢门时,无限惦念仍然战斗在狱中的难友,默默地祝福他们保重身体，早日回到党和人民的怀抱。

臧伯平迈着坚定的步子，充满信心地去迎接新的战斗。

四、坚持斗争，积极找党

臧伯平出狱后，人身虽恢复了自由，但心情却非常沉重。使他焦急不安的是，他中断了与党组织的联系，今后该怎么工作、怎样斗争呢？

这时的臧伯平，经过几年学生运动的锻炼和监狱斗争的考验，已由一个年轻幼稚的热血青年成长为一名机智、勇敢、坚定的革命者。他一面积极工作，一面积极找党。在此期间，他参加了河北省立民众教育实验学校高小教员训练班的学习，结识了曾经担任中共博野中心县委书记、也在寻找党组织的王智远同志。他们在训练班秘密进行革命活动，发展了几名党团员，建立了临时党支部。训练班结业后，臧伯平由王智远介绍，到河北省固安县第一高级小学任国文教员。他以教书作掩护，开展革命活动，组织进步同学阅读革命书籍，发展党团员，建立了党支部。

"七·七"事变后，臧伯平回到了家乡唐县。那时日军已侵占了保定和定县，唐县的国民党县长吓跑了，县城内由一群土豪劣绅、地痞流氓组织成立了"维持会"，挂起了膏药旗，还组织了反动武装县保安大队，准备迎接日军进城。

臧伯平看到这种情况，心情无比愤恨。他找到同村的张生祥、臧志两个青年人，谈了自己的想法："咱们要发动群众，组织武装，进行抗日斗争。"两个年轻人听后都很赞成。正在他们着手组建队伍时，八路军骑兵支队到了河北省曲阳县。臧伯平立即动身，前去与骑兵支队的政委肖锋联系，得到了他的支持。臧伯平回来后，成立了唐县人民抗日武装自卫委员会和唐县人民抗日游击队。不久，他们智取了唐县汉奸组织"维持会"的武装，各区、村也相继成立了人民武装自卫队。群众的抗日积极性很高，时间不长就收集粮食四五百石，长短枪 300 余支，县游击队扩展到 250 多人。

群众性的抗日游击战争开展起来后，臧伯平没有正式接上党的关系，这使他非常焦急。他再次向肖锋提出这个问题，后经肖锋介绍，臧伯平找到了河北省委的刘秀峰同志,正式接上了组织关系。党组织对他的工作给予充分肯定,指示他继续发动群众,进一步扩大人民武装,并由他把唐县县委成立起来,立即与失去关系的党员联系,发展壮大党的组织。

臧伯平接受任务后异常兴奋,连夜返回唐县,由他和蔺延祥、申焕林、刘耀德等人组成了唐县县委,臧伯平(化名李华)任县委书记。不久,成立了唐县人民政府,由张冲任县长。在唐县县委、县政府的领导下,抗日组织发展迅猛,农救会、青救会、工救会、妇女救国会、人民自卫队等组织相继建立,县人民武装发展到三四百人,群众性的抗日救亡运动轰轰烈烈地开展起来了。

五、艰难的历程

臧伯平任唐县县委书记后不久,1937年12月间,他被坏人肖吉庆诬陷为"托派"。肖吉庆曾在保定二师上学,是国民党党员。他与进步学生为敌,破坏学生运动,臧伯平和其他同学曾打过他。对此,肖吉庆一直怀恨在心。后来,他混入抗日队伍,妄图破坏抗日,寻机陷害臧伯平。当时的晋察冀军区除奸部未经调查即相信了肖吉庆的鬼话,将臧伯平和县委的几位负责人同时逮捕关押起来。唐县的党组织陷于瘫痪状态,抗日斗争受到很大影响。臧伯平看到自己为之奋斗均事业遭到不应有的损失,深感不安。同时,他对自己被误为托派亦甚感痛心。由于当时抗日斗争异常激烈,经常转移关押他的地点,使他经受了类似"林冲发配沧州"之苦难,但他都坚强地挺了过来。因为他坚信党组织总有一天会把自己的问题弄清楚的。

1939年9月,在中共北方分局书记彭真的关怀下,查明所谓"臧伯平托派问题"纯属坏人陷害,随即处决了肖吉庆,宣布臧伯平无罪,然后分配他到河北省灵寿县任教育科长。

在抗日战争最艰苦的岁月,臧伯平的工作调动相当频繁。1940年,党组织调他到建屏县(为纪念分区司令员周建屏在此地牺牲而设的抗日根据地所属县)任县长。这里是个游击区,环境复杂,生活艰苦,斗争激烈。县内既有为日军所控制的地区,又有我抗日政府所领导的村庄。臧伯平在建屏县工作期间，经常出没于敌人的堡垒与壕沟之间，多次被日军包围，都是在群众的掩护下，经过与敌人的巧妙周旋或激战冲出重围、化险为夷的。敌人抓不住臧县长，就要花招，抬个轿子宣称说："臧县长已经投降啦，就在轿子里，我们还让他当县长。"胆大的老百姓就从轿帘缝里偷看，发现轿子里坐的是个留胡子的老头，才明白是敌人搞的诡计。因为他们知道，臧县长是个风华正茂的年轻人。

1943年，臧伯平又调到灵寿县任县长。在晋察冀边区政府的领导下，灵寿县开展了大生产运动，农业获得了大收成，粉碎了敌人的经济封锁，改善了群众的生活，支援了前线的抗日战争。臧伯平还亲自参加生产劳动，夫妻二人将自己生产的大部分粮食都交了公粮。他们还在自己的住房附近开了一块菜地，自己动手下种、浇水、松土、施肥，蔬菜生长得很茂盛。

1944年夏，臧伯平参加了晋察冀边区在河北阜平县召开的高干会议。会议总结了边区的除奸工作，清查了"左"倾路线造成的冤案。程子华、刘澜涛等领导同志出席了会议，正式宣布臧伯平被诬陷为"托派"是冤枉的，应予以彻底平反，重新分配工作。会后，臧伯平被调至第四专员公署任专员。

1945年，臧伯平调任晋察冀边区第十一专署任专员。后来十一专署与一专署合并为五专署，臧伯平仍任专员。解放战争后期，华北地区集结了敌我双方的几十万兵力，北平外围战斗正在激烈进行。那时杨成武将军任前线总指挥，臧伯平兼任后勤司令员，负责组建野战医院，指挥民兵、担架队及粮秣的运输供应工作，保证了四、五个纵队兵力的后勤供应，支援了前线，为我军解放涿县、高碑店、定县、易县、涞水、清风店、石家庄等地，做了大量工作。当时粮食都是分别存放在隐蔽的山村与冀中地区，要通过敌人的封锁线才能把粮食送到前线。为了保证几个纵队官兵的粮秣供应，臧伯平有时要组织四个县的两万民兵，筹集两千余辆马车，冒着敌机轰炸和敌军的堵截，连夜抢运，他一次次都出色地完成了任务。

1947年，石家庄刚解放，臧伯平就奉命到石家庄市工作，先后担任市建设局局长、市政府秘书长、副市长、市长等职务。刚刚回到人民手中的石家庄,百废待兴,国民党反动派的残余势力还存在着,平、津两市尚未解放。臧伯平深感保卫和建设石家庄责任重大、意义深远。

臧伯平在石家庄工作期间,为粉碎国民党军队对石家庄的军事进攻,壮大石家庄人民的自卫的力量,支援平津战役作出了重大贡献。全国解放初期,他带领全市人民进行了"三反""五反"运动,打退了资产阶级的进攻,使石家庄市成为矗立在华北平原上的一座英雄城市。

1951年春,毛泽东主席在石家庄住了近两个月,他多次接见了市委书记毛铎、市长臧伯平、市公安局长封云甫等负责人。毛主席听了石家庄市的工作汇报,并做了重要指示。毛主席的亲切关怀,使他们受到很大的鼓舞,给臧伯平留下了终身难忘的印象。

1952年,臧伯平任河北省建设厅厅长。1954年任中央二机部七局局长,从事国防工业的基本建设工作。他奔赴四川、湖北、甘肃、内蒙、陕西、东北等地,深入实际,调查研究,进行选场、建厂,工作做得很出色。

六、教育战线育英才

臧伯平长期在教育战线工作,并担任高等教育的领导职务,为我国的教育事业做出了很大贡献。

1958年,臧伯平担任了北京航空学院(现北京航空航天大学)党委第二书记。他经常深入到教师、学生中去,同师生打成一片,成为他们的知心朋友,使思想政治工作有声有色、卓有成效,保证了教学、科研任务的完成。

1964年,臧伯平调到南开大学任党委书记,后兼任校长。在南开期间,他坚持党委领导下的校长负责制,坚持教师教书育人、学生又红又专的办学方向;他主张学生要了解社会,接触实际,组织他们到军队军训,到工厂实习,到农村同农民同吃同住同劳动,把理论与实际结合起来;他重视教育毕业生听从党的召唤,到基层去,到边疆去,到祖国最需要的地方去;他大力支持教研人员搞发明创造,经常深入教研第一线了解情况、解决问题，鼓励科研人员的刻苦攻关；他非常关心教职员工的生活，亲自筹划、联络，解决了职工用煤气做饭问题。臧伯平为南开大学的建设付出了大量心血。

臧伯平还曾任天津大学革委会主任、校长。尽管他在天津大学工作的时间较短，但他克服了"文革"所带来的种种困难，忍辱负重，拨乱反正，为天津大学的建设付出了辛勤的劳动。

1979年，臧伯平调到教育部任副部长，主管民族教育、成人教育、职工教育。为了开展民族教育工作，他先后到宁夏、甘肃、内蒙、广东、海南、云南等少数民族聚集的地区，调查民族教育的情况。在甘肃、宁夏的戈壁滩上，在内蒙的蒙古包里和大草原上，在傣族的竹楼里，在西双版纳的丛林中，都留下了臧伯平的足迹。他收集了大量的宝贵意见，为党和国家制定民族教育政策提供了依据。对调查中发现的问题，他都及时与当地教育行政部门研究解决。对好的经验，他及时加以推广。

臧伯平开创并主持了我国高等教育自学考试工作。他认为，建立高等教育自学考试制度，是实现我国宪法规定的"鼓励自学成才"的一项重要措施；它作为一种新的教育形式，具有其他高等教育形式所不具备的特点，即：最大的开放性、广泛的适应性和社会助学的多样性；从这个意义上说，它是一所最大、最开放、花钱最少的社会大学；办好这样一所大学，于国于民都是件大好事。早在1980年，臧伯平就主张创办高等教育自学考试，得到了党和政府的充分肯定和大力支持。1981年，国务院决定建立国家高等教育自学考试制度，并成立了全国高等教育自学考试指导委员会，臧伯平任副主任。在他的直接指导下，先在京津沪辽等地试点，然后推向全国。臧伯平对自考的组织、经费、大纲、计划、验收等具体问题都亲自过问，并经常深入考点，了解情况，解决问题，指导工作。他每到一地，都受到群众的欢迎，人们称他是"为群众办好事的人"。经过5年多的实践，高等自学考试受到社会各界的好评，出现了父母送子女、子女陪父母、妻子伴丈夫赴考和夫妻同堂应试的动人情景，逐步形成了个人自学、社会助学和国家考试相结合的一种新的教育形式。1988年国务院发布了《高等教育自学考试暂行条例》，使此项工作走向正规化和制度化。从 1981 年到 1990 年的 10 年间,高等自学考试报考人数逾千万人次,有 40 多万学员获得大专和本科的毕业证书。这项工作弥补了我国高等教育的不足,把大学办到了社会上,为国家培养了大量人才。自学考试以自学为主,非常适合有工作、有家庭负担的成年人,也满足了一大批不能考入高校的待业青年的学习要求,学习方法灵活,考试严格,投资少,收获大,具有很好的经济效益和社会效益,它在实践中日益显示出自己强大的生命力。由于我国成人教育特别是高等自学考试成就显著,引起世界许多国家的关注,国际成人教育理事会于 1983 年正式吸收中国为该组织的成员国。臧伯平作为中国高等教育自学考试的开创者,人们将永远不会忘记他。

为了做好职业教育工作,臧伯平还亲自率领中国教育考察团到美国、法国和日本进行访问考察,把国外在大企业中的业务培训和大农庄中的耕作训练等经验带回国内,以供参考。此外,他还在乌鲁木齐主持召开了国际扫盲年的纪念活动,把中国扫盲工作所取得的成绩和经验介绍给世界各国。

七、学习的楷模

臧伯平是位革命家。他的革命生涯,颇有点传奇色彩。他从 16 岁起投身革命,几十年风风雨雨,历尽千辛万苦,九死一生,幸免于难。革命的大熔炉锻炼和培养了他坚定的共产主义信念和无产阶级立场。不管是在敌人的法庭上,还是在国民党的监狱里,不管是在顺利时,还是在逆境中,不管是在残酷的战争年代,还是在社会主义建设时期,他总是始终如一地、创造性地、忘我地工作着。他组织性强,服从安排,能上能下,毫无怨言;他谦虚谨慎,团结同志,平易近人,是我们学习的光辉榜样。

臧伯平从一个年轻幼稚的爱国学生,成长为一名坚定的共产主义者,他的成长道路值得当代青年学生仿效。他始终把自己的命运和祖国的前途紧密地联系在一起,把自己的一生献给了党的事业。他经常深入基层,密切联系群众,与人民打成一片。他刻苦钻研革命理论,甚至在敌人的监狱中也不放过学习的机会。他为南开大学的建设付出了辛勤的劳动,做出了很大贡献。在十年动乱中,他受到无理的批判斗争,身心受到很大摧残,致使左眼失明,肋骨被打断三根,但他始终坚信共产主义和共产党的领导,对毛泽东始终怀有崇高的敬意。他拥护党的十一届三中全会以来的路线、方针、政策,对党和国家充满着希望。1982年、1988年他连续两届担任全国政协委员,通过参政议政,发挥着重要作用。这就是一个老共产党员的立场和胸怀。

臧伯平也是一位教育家。他在革命战争年代,就担任过国文教员。从1958年开始,他先后在京津三所大学担任党委副书记、书记和校长等职务,长达20年之久。这期间,他潜心研究高等教育理论,对高校情况十分熟悉,积累了丰富的治校、治学经验。特别是他对坚持党对高校工作的领导、坚持高校办学的社会主义方向、做好高校的思想政治工作、教书育人和又红又专、走教学与科研、动脑与动手相结合的道路等问题,都有着自己独特的见解。臧伯平从1979年任教育部副部长、主管成人教育工作后,一干又是十几年。他先后兼任全国职工教育委员会副主任、全国自考委副主任、全国成人教育协会会长、中国逻辑与语言函授大学校长等职。他对新中国的高等教育和成人教育事业的发展,倾注了大量心血。

臧伯平还是一位作家。早年,他在民国大学国文系学习时,对文学发生了兴趣。长期的革命生涯,深厚的文学功底,使他具有较高的政治理论水平和写作能力。他在工作中经常作报告、写总结、讲党课、发表文章。他先后发表了长篇小说《破晓》、诗集《步尘小集》、回忆录《七月风暴》和《足痕》等作品。这些都是他自己的亲身经历和真实写照。臧伯平不仅酷爱文学,也喜欢书画。在他的客厅里,挂满了书画家的珍品,使来访者赞叹不已。

残酷的战争环境,艰苦的生活条件,恶劣的监狱生活,繁忙的工作,"文革"中的批斗,损坏了臧伯平的健康,但也锤炼了他的意志,使他具有坚定的无产阶级人生观和宽广的胸怀。他性格爽朗,办事雷厉风行,工作起来总好象有使不完的劲。"老骥伏枥,壮志不已"。如今,臧伯平已是高龄老人了,但他却仍然关心着国家大事,参加政协会议,外出视察工作,调查研究问题,关注着我国成人教育和高等自学考试的发展,继续为社会主义现代化建设事业发热增光。

　　这,就是一位革命老人的奋斗足迹。

　　这足迹,还在继续向前延伸。

　　　　　　　　　　　　　　　　　　　　　（丁炳善）

翟家骏

　　原南开大学党委副书记、监委书记翟家骏早年即参加革命,他的一生约有三十年左右的时间是在硝烟弥漫的战争年代度过的。1961年7月,转业到南开大学,继续为天津地方的发展和南开的建设贡献自己的光和热。

一、峥嵘革命岁月

　　翟家骏,1911年3月出生,河北省高阳县北尖窝村人。因家境贫寒,出生后不久便送给了别人家。在他五岁那年,养祖父被人打伤致死。凶手仰仗有大资本家撑腰,得以任意横行,逍遥法外。这件事让幼小的翟家骏第一次看到了旧社会的黑暗与不平等。

　　1924年,他考入西陶口高小,不久因家庭困难而辍学。1927年,考入安新县师范讲习所,后在本村做小学教员。翌年暑假,冯玉祥所属鹿钟麟部在安新县城建立了国民党县党部,翟家骏得以初次接触到三民主义学说,遂于10月登记参加国民党。当时,同在国民党党部内的田绥祥(在大革命时曾与共产党有过联系),见翟家骏有思想、有抱负,便把密存的一箱进步书刊拿给他看,促使翟家骏的思想发生变化,下决心脱离国民党,寻找共产党。

　　1929年夏,翟家骏考入河北大学附属中学,从此与国民党断绝了关系。在该校他有机会阅读了大量的进步书刊,接受了马克思主义,参加了赤色反帝大同盟组织。1930年10月,经陆治国(中共保属特委负责人)、王履太介绍加入共青团,不久转为中共党员。应保属特委的指派,翟家骏开始着手在安新、高阳从事党的创建工作,先后在高阳西部、北部和安新西部建立了党的组织,发展了一批党团骨干,并与保属特委负责人陆治国一起在容城县建立了党的组织。

1931年夏,中共保属特委委员习从真到安新县巡视工作,在这里建立了中共安新县特别支部,指定翟家骏为特支负责人。为了控制县教育局,进一步开展党的工作。翟家骏等发动数百人,要求县教育局解决失学、失业等问题,提高教师待遇,进而发展成撤换教育局局长的斗争,形成与当地豪绅杨木森的对峙。由于广泛地发动了群众,动用了机枪、长枪等武器,最终使敌方处于了劣势。事后,豪绅以"共产党要犯"为名控告翟家骏,当时的省政府将翟家骏、李清霞等五人扣押了十余日。中共地下党组织借召开纪念"九·一八"大会之机,发动群众进行游行示威,要求释放翟家骏等人,终于迫使看守所打开牢门。为争取暂时不离开安新,继续开展党的工作,翟家骏等即利用"安属"与"新属"(安州与新安两县合并为安新县,但仍保有"安属"与"新属"这样的旧称)两地封建势力之间的矛盾,巧妙脱身。这件事在1936年冬,党中央召开的北方地方党委书记会议上还受到了毛泽东的称赞①。

1932年6月,翟家骏调任保属团特委委员,专职参与高(阳)、蠡(县)暴动的组织领导工作②。7月初,他应邀出席高阳县委会议。会后,他根据会议精神到高阳县北辛庄、布里、赵堡店等村传达特委关于组织农民暴动的决定,做暴动前的准备工作。高蠡暴动共历时4天,行程百余里,所到之处积极进行革命宣传,并开展分粮、分衣等活动。但最终因受左倾路线影响,暴动前期准备不够充分,缺乏经验,在高阳东南北辛庄村遭武装镇压而失败。一时,高阳县白色恐怖气焰嚣张,保属特委遭到严重破坏,全县"以巨额悬赏通缉巨匪翟家骏"。翟家骏在保属特委的介绍下,秘密转移到北平团省委任支部巡视员。

1937年抗日战争爆发后,翟家骏回到故乡,同刘亦瑜、陈乔等地下党的同志们一起参加了吕正操领导的抗日人民自卫军,任二团二营教导员。12月,翟家骏升任第四团政治部主任、党总支书记(当时团内无

---

① 会上,李致光(中共绥远省工委书记)在汇报绥远省工作时,顺便谈到了当年河北省安新县党组织怎样利用封建势力之间的矛盾开展斗争,毛主席当即称赞了这种做法。

② 1932年6月,中共中央召开了北方各省委代表会议,提出了在北方开展游击战争,创建北方苏维埃的任务,高蠡暴动即是河北省委在这一背景下的一次重要尝试。

政委职)兼安国县抗日总动员委员会主任(即县总责任人,当时在冀中部队团职兼任县行政领导的只此一人)。其间,翟家骏亲自会见河北省商会副会长卜文朴等在当地较有名望的人,晓之以民族大义,启发他们的抗日爱国热忱。翟家骏还积极协助当地党政机关组建抗日武装,实行合理负担,使安国县出现了空前的抗日热潮。

1938年7、8月,翟家骏任冀中军区二分区二十四队大队长。他到高阳接职时,杨木森特意打电话来假意逢迎。同志们闻听纷纷提醒家骏勿忘家仇,他则以民族利益为重,从抗日统一战线出发,不记旧怨,给杨木森耐心讲解抗日救国的道理。

1939年春,翟家骏任四分区十七团政治委员。他充分发挥基层党支部的战斗堡垒及党员的模范作用,认真抓好部队合编后的整训工作,使全团出现了生机勃勃的景象,战斗力明显提高。

1943年3月,翟家骏调任泰运分区政治部副主任兼地委委员。由于自然灾害和日伪军掠夺,部队供给不足。翟家骏与战士同甘共苦,不搞特殊,千方百计改善部队生活。当他发现棉籽油价格较便宜后,便想了个以油代粮的办法,用粗粮面掺上野菜用油炸着吃,效果很好,很快推广出去,受到广大指战员称赞。

解放战争期间,翟家骏先后担任冀鲁豫军区卫生部政委、冀中军区保卫部部长等职。全国解放后,翟家骏先后任华北军区空军干部教导总队政治委员、第六航校政治部主任、第十航校政治委员、空军法院院长等职。在其回忆录中,他通过一些典型案例,回顾和总结了任第六航校政治部主任、空军军事法院院长等工作。他认为,保卫工作需要实事求是,埋头苦干,对待案情,犹需要抓住某些重要环节,从现场勘察开始,反复切实进行查对,才能求得确实无误的弄清案情。

二、忘我南开公仆

"只要有口气,就要干革命。"这是翟家骏常说的一句话,透着军人特有的直爽和干练。为着这种坚定的信念,他不顾在艰苦的战争岁月中所患的严重的哮喘病,放弃了部队在北京西山提供的优厚居住条件,以脱掉军装,不再继续享受部队待遇为代价,坚决要求继续为党和人民工作。在上级领导的安排下，1961 年 7 月，翟家骏转业到南开大学任党委副书记、监委书记，主要分管组织、宣传、统战、人事、保卫、团委、工会、监察等工作。

虽然翟家骏在空军航校担任政委职务多年，有着丰富的从事政治思想工作的经验。但是，从一名部队首长转为地方高校领导，工作方式发生了很大的变化。翟家骏到校后主管事项较多，面对矛盾不少。他在一开始就做好了"必将遭遇大风浪"的思想准备。

他没有将部队中"首长负责制"的做法简单套用到学校工作中，而是为了尽快适应新环境，一方面积极听取高仰云（时任南开大学党委书记）、杨石先（时任南开大学校长）等老同志的意见；另一方面主动邀请系里的负责同志到家里，向他们了解情况，并亲切询问他们的工作，听取他们的意见。在刚到学校的那段日子里，他经常是夜以继日地工作，很快适应了学校的工作方式和特点。处理工作时，他注重广泛听取大家的意见，但绝不轻易苟和，始终坚持原则。所有与他共过事的人都说他为人耿直、坦诚、对工作一丝不苟。在主管的各项工作中，时刻注意把握好党的路线、方针和政策，自己也始终保持着一个党员、军人那种艰苦朴素、实事求是的优良传统。

虽然从学历上看他只是初中肄业，但他自幼勤奋好学、惜时如金，总是在繁忙的工作中，抓紧一切可以利用的时间读书学习，认为这是搞好工作必不可少的一个重要因素。他有较强的阅读能力，能熟练地阅读和运用文言文。家人回忆说，他精力旺盛，每天只要有时间就坐在写字台旁，连卫生间里也放着他的书。晚上常常是合衣而卧，只睡三五个小时，便又起来办公或读书。就是利用这些点滴积累起来的时间，翟家骏四十岁开始自学了俄语、英语和德语，能够阅读俄文原版书刊。他还习惯于自己动手写开会的发言稿，并经常在《人民南开》上发表文章或诗词。原党委秘书李云回忆说，每次去翟家骏家，无论时间早晚，都见他或是伏案疾书，或是埋首研读，书架上、桌头、床边摆满了《毛泽东选集》《马恩全集》、古代诗词选集以及一些古今中外的名著和反映战争年代的小说等书籍。他常对年轻人说，"你们也应当多看一些历史书籍，从中可以学到很多东西，指导今天的工作实践也是颇有益处的"。

　　翟家骏待人处事的一贯准则是实事求是,不掺杂任何的个人恩怨。他刚上任不久,曾让党委的同志起草一份《南开大学党的建立和发展》的文件,拟将南开大学党组织的建立和发展过程整理成一个完整的资料,作为党内绝密材料予以留存。由于主笔人还很年轻,是工农干部出身,加之受左倾思想的影响,认为知识分子都带有明显的资产阶级作风,应当进行彻底的思想改造。所以在写作中,以至在叙述和评论中时有偏颇之词,对于一些老知识分子的思想和做法几乎全面否定。翟家骏在认真研读了原稿之后,坦诚地向作者提出了自己的意见,指出,撰写南开大学党的建立和发展,一定要保证其内容的客观和公正,要从全局上把握和认识问题,不能轻易地肯定或否定一个人。在干部人事的安排上,他也强调任何学术问题的争论都不能随便当作思想问题来批判,更不能把思想问题引申为政治问题来斗争。

　　翟家骏在工作中对自己严格要求,以身作则地执行党的各项方针政策。1962年以后,国家正值困难时期,学校要裁减部分工人和教职工家属。翟家骏因主管人事工作,遂从自己的家属做起,将在图书馆工作的儿媳妇列入了第一批裁减人员的名单。

　　虽然他时时处处严格要求自己,但却非常平易近人,关心下属。当时,为了更好地照顾学校领导的生活起居,学校特别为几位书记、校长们配备了生活秘书。翟家骏谈及此事时说,学校生活与军队不同,校园本身并不大,而且日常生活中的柴米油盐、信札稿纸等在学校中都可以很方便地买到,不必要安排什么生活秘书,这样做有可能会助长官僚主义、享乐主义的作风,亦会招致"脱离群众"之嫌。由于多方面的原因,他自己不好擅自更改这一沿袭多年的规定。但是,每次生活秘书前来帮助做一些事情,他必然会热情接待,多次特别地对生活秘书的帮助表示感谢。

　　每年的冬季天气一冷,翟家骏的严重哮喘病就会发作,常常是剧咳不止,气都喘不上来,晚上更是无法睡眠。但只要遇有公事来访,他都坚持接待。每天对党委工作的日程安排,必定仔细阅读,尽快批示。他说:"我分管这些工作,无论如何也要负责到底,病着也不能积压工作。"1963年冬天,翟家骏又一次哮喘病发作,数日之后,身体虚弱得连路都走不了了。学校专门安排他去广州疗养。到达广州驻地后,对方并没有按其应有的级别安排条件较好的住房,一些随行的同志都不免为其不平,认为身为一个老革命干部,又是重病期间,理应享受应有的待遇。可是翟家骏对此毫无怨色,更没有在广州找当年的老战友们走关系,换房子,而是说:"来到这里疗养,目的就是治病,能够尽快恢复体力,投入工作才是最重要的事情。"

"文革"时期,翟家骏也不例外地被抄家、挨批斗、进牛棚和下农场劳动,饱受了肉体的折磨和精神的凌辱。在日复一日的大型会、中型会上,工宣队逼迫他承认自己是"叛徒、内奸",他每次都严正地回绝以"不是!"而且还上前一步反问道:"历史就是历史,谁也篡改不了,我坚持实事求是,有何不对?"每一次批斗,翟家骏都愤怒地抗辩着,然而抗辩又引发出更强烈的攻击,他就以沉默来对抗。长期的迫害并没有丝毫动摇过他对党、对人民的信任。当一些老干部再也无法忍受那种黑白颠倒、暗无天日的生活,绝望地以自杀了却生命的时候,翟家骏的家人对他的状况也很担心,怕他倔强、耿直的性格经受不住这种打击。他在听了家人安慰的话后立即说,"你们不用为我担心,我不会死。我一生坦坦荡荡干革命,从没有干过一件对不起党和人民的事,我坚信跟着党走不会错,历史是谁也更改不了的,总有一天一切都会真相大白!"落实政策表明,翟家骏所谓的历史问题都是子虚乌有。

从1980年起,翟家骏因严重的哮喘病,长期住院接受治疗。但是,即便躺在病床上,他依然心系南开,惦念着学校的师生,关心着南开的发展。1976年7月28日凌晨,唐山发生强烈地震,波及天津,南开也蒙受了重大损失。全校建筑物受损面积共约95468平方米,占总面积的55%,严重影响了教育教学活动的正常开展。震灾发生后,当时南开大学的主要领导找到翟家骏,请他想办法帮助联系木材,用于校舍的修缮工作。翟家骏欣然应允,他说"我身体不好,不能亲自去,那我就给我当年的老战友写封信,请他们帮忙。"翟家骏通过罗玉川(时任林业部长)成功地从内蒙古、黑龙江为学校解决了几百方木材,很好地协助南开完成了重建校园的物资筹备工作。

在医院度过的3年中,面对病痛的折磨,翟家骏并没有停止工作。

他开始撰写革命回忆录,夜以继日,笔耕不辍。几年来,病情稳定时他在病床上架起一个小桌子写;病情不稳定时,他就左手插着输液的针管儿,右手坚持着写作。就这样写了改、改了写,一直坚持到生命的最后一刻,共完成了《回忆高蠡暴动》《再述高蠡暴动》《高安之地历史反面人物杨木森》《痛定思痛回忆逢浩劫》《刑事案件回忆选件》等十几万字的回忆录。用他的话说,"目的只有一个,就是为了要把自己亲身经历的革命征程和一些重大事件做一个总结,留给后人,以资借鉴。"1983 年 6 月 18 日,翟家骏同志被病魔夺去了生命。南开师生,悲痛不已,瘦岛同志为之写挽诗一首:

> 忽报噩耗难自持,翟公无日不相思。
> 前年病榻谈何健,含泪而今写挽诗。
> 曾记风华正茂时,君盗天火进蒿藜。
> 安新聚众砸官府,高蠡农民起义师。
> 七七炮响卢桥失,辅吕从戎战日敌。
> 方辟冀中根据地,挥戈南进展红旗。
> 战争时期飒爽姿,和平年代路崎岖。
> 南开空校皆从政,砥柱中流笑浪击。
> 革命一生耿且直,老而弥盛众人知。
> 平冤正史君归去,无愧先师马克思。

（翟春红）